中国农业碳减排

AGRICULTURAL
CARBON REDUCTION IN CHINA

区域关联与协同机制

Regional Correlation
and Synergistic Mechanisms

何艳秋 等 著

社会科学文献出版社
SOCIAL SCIENCES ACADEMIC PRESS (CHINA)

本书受到国家自然科学基金青年项目
"农业碳排放区域关联及协同减排机制研究"（编号：71704127）
四川省自科基金项目
"多维协同视角下农业绿色低碳转型研究"（编号：23NSFSC3732）的资助。

前　言

碳排放增加和随之而来的全球变暖正威胁着人类的生存和发展，大气中的碳浓度以前所未有的速度增长，给气候系统带来严重且不可逆转的后果，减碳已成为全球关注的焦点。农业不仅是碳排放的重要来源之一，而且也极易受到气候变暖的影响。有研究表明，世界食品系统排放量中约2/3来自农业，且畜牧业和水稻种植产生的甲烷占全球食品系统排放量的35%，即使其他所有领域的温室气体排放量立即归零，仅全球食品系统的排放就足以阻碍《巴黎协定》将全球升温控制在1.5℃以内目标的实现。可见，如果不对农业施加约束性减排措施，全球整体减排目标则无法实现。同时，现实也警示我们，碳排放持续增加引起全球变暖，造成自然灾害和极端天气频发，给农业生产带来负面冲击，威胁着人类的生存，若不尽快改变农业、林业和土地利用方式，失业、饥饿等社会问题就会进一步加剧。所以，实现农业绿色低碳转型已刻不容缓。

我国人口数量约占世界人口的1/5，兼具碳排放大国和农业大国的双重身份，减排责任大且任务艰巨，作为负责任的大国，我们向世界做出承诺"2030年前实现碳达峰，2060年前实现碳中和"。为使农业跟上"双碳"目标的步伐，政府也出台了一系列政策安排和举措。2018~2022年的中央一号文件分别将"开展农业绿色发展行动""农业农村绿色发展""绿色技术助力绿色农业""农村生产生活方式绿色转型""推进农业农村绿色发展"作为关键词；2021年3月，《农业面源污染治理与监督指导实施方案（试行）》明确表示要以钉钉子精神推进化肥农药减量，加快农业全面绿色转型；同年，首部农业绿色发展专项规划《"十四五"全国农业绿色发展规划》将打造绿色低碳农业产业链、提升农业减排固碳能力作为重点任务；随后，《2030年前碳达峰行动方案》也特别提出要推进农业农村减排固碳，全面应对气候变化。在这些政策支撑下，农业正在逐步向着更为可持续的方向发展，但由于碳污染的公共属性和区域间经济关联的增强，仅靠各个地区的单方面行动难以达到较好的减排效果，更需要构建全国"一盘棋"、打破行政阻隔、多元主动参与的区域协同治理模式。为此，我国开始探索碳交易市场的建立，并从地区试点迈向全国统一，为我国工业碳减排做出了巨大贡献。虽然早在2012年，国家发改委就颁布了《温室气体自愿减排交易管理暂行办法》，明确提出农林碳汇、畜牧业养殖和动物粪便管理等均可作为温室气体自愿减排项目纳入碳交易市场，但由于农业碳排放过于分散，其整体参与度并不高，碳交易市场对农业碳减排的推动作用也非常有限。鉴于农业产业的重要性和特殊性，在以任务分配和行政考核为主的减排思路下，更需要建立一套区域协同治理机制，形成区域减排合力。

为此，本书将推动区域农业减排合作作为研究目标，通过构建农业碳排放核算体系，探究农业碳排放区域关联的具体形式，分析区域碳关联的影响因素，以及挖掘地区现有的协同减排策略，试图搭建起农业碳排放的区域协同治理机制，进而为我国探索可行的低碳农业区域协同发展制度提供前瞻性的理论探索，也为实现我国"双碳"目标提供参考依据。

目 录

第一章 绪论 ………………………………………… 1
 第一节 问题的提出 ……………………………… 1
 第二节 研究内容、研究目标和拟解决的
    关键科学问题 ………………………… 4

第二章 中国农业碳排放研究现状和核算框架 ……… 10
 第一节 农业碳排放核算框架的建立 …………… 13
 第二节 农业碳排放的时空演变特征 …………… 16
 第三节 农业碳排放时空演变规律的
    原因分析 ……………………………… 24
 第四节 农业碳排放与农业经济发展的
    协调性分析 …………………………… 36
 本章附录 ………………………………………… 55

第三章 中国农业碳减排成本分析 ………………… 64
 第一节 农业碳减排成本的测算及分析 ………… 65
 第二节 农业碳减排成本的经济弹性 …………… 74
 第三节 农业碳减排成本的影响因素分析 ……… 77
 本章附录 ………………………………………… 87

第四章 技术进步、产业集聚与农业碳排放的空间关联 ·········· 98

第一节 技术进步、产业集聚与农业碳排放关系的相关文献 ·········· 98

第二节 农业碳排放空间关联的理论分析 ·········· 101

第三节 农业碳排放空间关联的数据验证 ·········· 105

第四节 技术进步与农业碳排放的空间关联 ·········· 110

第五节 农业产业集聚与农业碳排放空间关联 ·········· 127

第五章 区域农业碳转移分析 ·········· 170

第一节 区域碳转移的相关研究 ·········· 170

第二节 农业碳转移的测度和分析 ·········· 172

第三节 农业碳转移的价值评价 ·········· 179

第四节 本章小结 ·········· 187

第六章 中国农业碳排放空间关联网络结构 ·········· 194

第一节 农业碳排放空间关联度的测算及分析 ·········· 195

第二节 各省区市在农业碳排放关联网络中的重要性分析 ·········· 199

第三节 农业碳排放区域关联原因的非参数QAP回归 ·········· 215

第七章 中国农业碳减排的区域协同 ·········· 226

第一节 区域农业协同减排理论分析 ·········· 229

第二节　模型的建立和选择 …………………… 231
第三节　区域协同减排策略分析 ………………… 241
第四节　区域协同减排实现条件分析 …………… 248

第八章　中国农业碳减排区域协同成效和机制 ……… 277

第一节　区域碳减排协同度的测度与分析 ……… 278
第二节　区域协同减排的成效分析 ……………… 283
第三节　区域协同减排机制的搭建 ……………… 295

第九章　结论和建议 ………………………………… 304

第一节　结论 ……………………………………… 304
第二节　建议 ……………………………………… 313
第三节　研究展望 ………………………………… 317

后　记 ………………………………………………… 318

第一章 绪论

第一节 问题的提出

农业碳减排是提高农业应对气候变化能力,发展绿色生态农业,兼顾农业经济效益和环境友好,最终实现农业可持续发展必不可少的重要环节。农业作为我国碳排放的重要组成部分,其减排效果的好坏直接影响到我国整体减排目标的实现与否。随着农业产业集群化发展、农业产业链的区域延伸、农产品的跨区域转移和农业技术的区域扩散,各地区农业碳排放存在显著关联,减排仅仅依靠某个地区的单方面行动很难取得较好成效,必须通过区域间的协同行动才能从根本上解决问题。随着农业可持续发展规划的颁布,农业绿色转型已势在必行,而农业绿色转型离不开碳减排。从农业碳排放区域关联入手,分析区域合作减排的可能性,厘清区域合作减排的障碍,深入分析各区域在合作治理中的角色和地位,最终建立起"1+1>2"的区域协同减排机制,对实现农业的可持续发展和达成我国"双碳"目标具有重要意义。

已有研究表明,大气中甲烷浓度的增加约有70%是人类生产活动的结果,而农业是排放甲烷的主要活动源,即使其他所有领域的温室气体排放量立即归零,仅全球食品系统的排放就足以阻碍《巴黎协定》将全球升温控制在1.5℃以内目标的实现（Clark and Tilman，2017）。有研究者预测，如不采取有力措施降低农业碳排放，2050年农业碳排放量将再增加30%，将使全球减排行动的整体效果明显减弱。我国人口数量约占世界人口的1/5，兼具碳排放大国和农业大国的双重身份（Zhang et al.，2019），减排责任大且任务艰巨。

为推动农业绿色转型和低碳发展，2018~2022年的中央一号文件分别将"开展农业绿色发展行动""农业农村绿色发展""绿色技术助力绿色农业""农村生产生活方式绿色转型""推进农业农村绿色发展"作为关键词，将农业碳减排作为支撑其绿色发展的关键因子；2021年3月，《农业面源污染治理与监督指导实施方案（试行）》明确表示要以钉钉子精神推进化肥农药减量，加快农业减碳和全面绿色转型；同年，首部农业绿色发展专项规划《"十四五"全国农业绿色发展规划》将打造绿色低碳农业产业链、提升农业减排固碳能力作为重点任务；随后，《2030年前碳达峰行动方案》也特别提出要推进农业农村减排固碳，全面应对气候变化。可见，在农业领域推行碳减排和适应气候变化的战略举措是提高农业应对气候变化能力、促进农业可持续发展的重要途径，那么农业碳排放和工业碳排放有何异同？农业碳排放的主要驱动力是什么？农业节能减排的着力点应该在哪里？这些问题都需要结合我国农业碳排放的实际情况做详细分析。

由于各地区经济联系的增强，学者们也关注到协同减排，认为当前我国以化石能源支撑经济发展的模式并未发生根本性转变，局部碳减排不仅会进一步加剧区域经济发展的不均衡（潘家华，2021），还会引起区域间"碳转移""碳泄露"等排放空间溢出问题（石敏俊等，2012）。要解决好环境治理难题，需要打破行政阻隔、实现多元主动参与的区域协同治理模式，建立跨区域碳减排协同机制（范永茂、殷玉敏，2016；孙亚男等，2016）。我国虽然早在2011年12月就正式印发了《国家环境保护"十二五"规划》，明确提出通过大气污染联防联控制度控制区域大气污染的问题，但大气污染仍未根本解决，而且已有的区域环境管理合作实践更多关注的是雾霾治理。虽有部分学者提出了碳减排区域协同，但都仅限于观点，并未详细展开，更没有关于农业碳减排的区域协同机制的探讨。那么农业碳排放是否与工业碳排放一样也存在显著的区域关联？关联的具体形式如何？是整体关联，还是局部关联？各个地区在全国农业碳排放关联网络中的角色如何？这种区域关联的驱动力是什么？能否通过区域农业碳排放的关联形式和驱动力建立起"1+1>2"的区域协同减排机制，最终实现低碳农业？这些问题均值得我们深入研究。

本书正是基于我国农业可持续发展的背景，在农业产业集群发展、产业链区域间延伸、农产品区域转移和技术扩散的理论框架下解释农业碳排放区域关联的形式和原因，以及在关联效应的基础上，进一步通过数据测算来分析区域农业碳关联的方向、程度、模式、网络特征和各关联主体的地位、作用，以发现合作减排的可能性、合作减排中可能存在的障碍和合作减排的着力点，最终搭建起农业碳减排区域协同治理机制的基本框架，为我国探索可行的低碳农业区域协同发展机制提供前瞻性的理论探索,也为通过区域合作兼顾农业经济健康发展和农业节能减排,最终实现我国"双碳"目标提供参考依据。

第二节 研究内容、研究目标和拟解决的关键科学问题

一 研究内容

1. 建立农业碳排放核算框架,并分析其时空格局和与农业经济发展的协调性

首先,搭建了农业碳排放核算框架体系,包含了农用能源、农地利用、反刍动物饲养、作物种植和秸秆燃烧五个组成部分,为全面测算和分析我国农业碳排放提供了参考;其次,分析了我国农业碳排放变动趋势和地区差异,以便把握我国农业排放的现实情况;再次,将各省区市按农业碳排放大小分为高、中、低三个等级,并分析排放等级演变情况和演变原因;最后,将农业碳排放和农业经济发展的协调性挂钩,分析全国和八大区域经济与排放间的脱钩情况及地区差异。

2. 利用影子价格测算农业碳减排成本,并分析其空间异质性和影响因素

在测算农业碳减排成本的基础上,采用弹性分析法将农业经济发展与农业碳减排置于同一框架下,探讨碳减排模式的区域差异,寻找碳减排标杆地区,并从经济、技术、政策三维视角选取影响因素,运用可变系数面板模型分析各因素对农业碳减排成本的影响,以便从减排成本的

区域异质性中提出差异化的减排措施。

3. 用社会网络分析法研究农业碳排放区域关联的形式，并从"关系"视角解释关联的原因

一方面，利用修正引力模型测算区域间的农业碳关联度；另一方面，跳出基于地理距离和线性特征分析区域农业碳排放空间关联的传统方法，采用社会网络分析法对地区间农业碳排放的网络结构、关联程度的变化，以及各地区在排放中的地位和角色进行分析，并进一步建立非参数QAP回归，从地理关联、经济关联和技术关联三个方面分析区域碳关联的原因。

4. 从农业产业集聚和农业技术溢出二维视角分析农业碳排放的空间溢出效应

一方面，从农业技术进步水平和潜力两方面测度农业技术进步，构建空间杜宾模型探讨农业技术进步对农业碳排放空间溢出的影响和技术溢出的可能渠道；另一方面，利用区位商和协同集聚指数测算农业的专业化集聚和协同集聚，并将传统空间杜宾模型和分区空间杜宾模型结合，分析产业集聚对农业碳排放空间溢出的非对称性影响及影响的方向。

5. 从碳转移视角分析农业碳排放的空间关联

基于区域间投入产出表，对我国省域间农业贸易隐含碳转移进行核算，并对比和评价各区域农业隐含碳转移的效应与效益，以期从碳转移的角度深入分析区域农业碳关联的原因，并为科学合理地划分农业碳减排责任、制定农业碳减排策略奠定基础。

6. 在构建农业碳排放区域溢出理论框架的基础上，利用空间计量模型验证区域减排协同的策略选择

从建立区域农业碳协同减排理论分析框架入手，通过设置地理渠道、经济渠道和技术渠道，分别采用传统空间杜宾模型和分区空间杜宾模型，深入分析地区合作减排的方式、渠道以及合作的条件，为区域协同合作减排指明方向。

7. 农业碳排放区域关联效应分析和区域协同减排机制的建立

从测算区域减排协同度入手，并从降低农业碳减排成本和促进区域减排收敛两个方面探讨协同减排的效果，进而依据减排社会成本最小化、减排分摊公平化、减排标准差异化和发展权益均等化四个原则，从基础性协同治理机制、动力性协同治理机制，以及保障性协同治理机制三个方面构建农业碳排放的协同治理机制框架，为相关决策提供参考。

二 研究目标

本书立足全国，以农业碳排放为研究对象，通过界定农业碳排放气体种类，选择测算方法，以全面展示各区域农业碳排放的发展规律；在农业产业集群发展、产业链区域间延伸、产品转移和技术扩散的理论框架下，通过数据验证农业碳排放区域关联的可能逻辑、关联的模式和网络结构特征以及关联的原因；进一步分析在农业经济关联度提升、减排技术被效仿和扩散的情况下，农业碳排放区域关联度的提高是否会影响减排效果和成本，以揭示碳排放

区域关联对各区域选择减排行为的重要影响；最终构建区域协同治理机制，为政府决策提供参考。

三 拟解决的关键科学问题

第一，如何全面测算农业碳排放？现有研究还未形成统一的农业碳排放测算体系，用不同的基础数据和不同的测算方法得到的测算结果存在一定差异，也缺乏可比性。而政府间气候变化专门委员会（IPCC）对农业碳排放的核算也分散在能源、农地林地和其他土地利用以及废弃物三部分中，并未单独提出农业碳排放核算框架。所以，需要在前人研究的基础上，结合IPCC核算框架对我国及区域农业碳排放进行较为准确、全面的核算，这也是进一步把握农业碳排放区域关联和进行协同减排的基础。

第二，农业碳排放存在怎样的区域关联？为什么会存在区域关联？区域关联的形式如何？已有研究更关注碳排放存在区域关联的原因，而鲜有研究探究区域关联的结构特征，以至于难以充分把握地区间碳关联的具体形态，使减排措施浮于宏观层面。所以，首先需要从理论角度解答农业碳排放区域关联的可能形式和驱动力；然后对农业碳关联度进行测算；最后跳出线性分析框架，从"关系"视角分析农业碳排放区域关联的具体特征，并从地理关联、经济关联和技术关联三维视角解释区域碳关联的可能原因，进而找到提升区域碳关联度的方向。

第三，在什么情况下农业碳排放的区域关联度会提高？而区域碳关联度的提高对减排又会产生什么影响？已有研究虽也支持区域合作减排，但并未回答合作协同到底能否提升减排效果。因此，需要在分析农业碳排放区域关联变化影响因素的基础上，进一步界定减排效果的衡量方式，并通过实证模型探究减排协同度的提升能否显著影响农业碳减排效果，为协同减排的进一步发展提供强有力的支撑。

第四，在农业碳排放区域关联的背景下，地区间应该通过开展哪些方面的合作协同减排？大量研究分析了碳减排区域合作的原因，以及低碳经济区域协同发展的机制，却并未落脚到农业碳减排角度研究区域协同治理机制。因此，需要在研究前三个问题的基础上，找准区域合作减排的落脚点，克服合作减排中的障碍和困难，搭建农业碳排放区域协同治理机制的基本框架。

参考文献

[1] 范永茂，殷玉敏. 跨界环境问题的合作治理模式选择——理论讨论和三个案例 [J]. 公共管理学报，2016，13（2）：63－75＋155－156.

[2] 潘家华. 碳中和催生能源市场新格局 [J]. 中国国情国力，2021，(12): 1.

[3] 石敏俊，王妍，张卓颖等. 中国各省区碳足迹与碳排放空间转移 [J]. 地理学报，2012，67（10）：1327－1338.

[4] 孙亚男，刘华军，刘传明等. 中国省际碳排放的空间关联性及其效应研究——基于SNA的经验考察 [J]. 上海经济研究，2016，(2): 82－92.

[5] Clark, M., Tilman, D. Comparative analysis of environmental impacts of agricultural production systems, agricultural input ef-

ficiency, and food choice [J]. *Environmental Research Letters*, 2017, 12 (6): 064016. doi: 10. 1088/1748 - 9326/aa6cd5.

[6] Zhang, L. , Pang, J. X. , Chen, X. P. , et al. Carbon emissions, energy consumption and economic growth: Evidence from the agricultural sector of China's main grain-producing areas [J]. *Science of the Total Environment*, 2019, 665 (15): 1017 - 1025. doi: 10. 1016/j. scitotenv. 2019. 02. 162.

第二章　中国农业碳排放研究现状和核算框架

减少碳排放的基础是对农业碳排放进行全面而准确的计算，然而，迄今为止，对农业碳排放的计算还没有统一的框架。

国内较早全面测算农业碳排放的学者是谭秋成（2011），他从水稻种植、反刍动物饲养、土壤管理，以及化肥、农用能源、农膜、农药投入四个方面测算了我国农业碳排放，除秸秆燃烧之外几乎包含了所有农业碳源，结果比较接近实际值；随后，田云等（2012）和吴贤荣等（2014）在此基础上测算了 16 类主要农业碳源的碳排放总量；与田云、吴贤荣等不同的是，闵继胜和胡浩（2012）在测算我国农业碳排放时，不但在考虑种植业和养殖业品种时更为全面，而且在选择碳排放系数时还考虑了我国不同地区的差异和水稻不同生长周期的差异，测算结果更为准确；基于此研究，吴贤荣（2021）也开始考虑各地生产环境差异所引起的排放系数差异；黎孔清和马豆豆（2018）认为农业碳源主要是农地投入、水稻种植、反刍动物饲养 3 个方面；随着农业碳排放测算的不断深入，其测算领域也逐渐扩展到隐含排放和秸秆燃烧排放上（蔡慧敏，2021）。黄祖辉和米松华（2011）认为隐含在农用能源和农业、工业投入品生产过程中的碳排放被忽视和低估了，并采用分层投入产出—生命周期评价法,从隐含碳排放的角度对农业系统碳足迹进行了全面量化;之后,戴小文等(2015)从消耗中间载能生产资料所产生的间接碳排放角度测算了我国农业隐含碳排放。

与国内学者基本上都依托 IPCC 测算框架进行研究不同,国外学者除了全面测算国家或区域农业碳排放外(Parton et al., 2015; Johnson et al., 2016; Wójcik-Gront, 2020),也注重对测算方法的探讨和延伸。Johnson 等(2007)指出虽然对源自土壤的温室气体排放已经研究了几十年,但仍然有地理区域和农业系统产生的温室气体排放没有被很好地测量; Lin 等(2012)通过测算农业废弃物焚烧引起的温室气体排放量也发现,联合国气候变化框架公约下针对的农业排放源并不充分; Thamo 等(2013)依据数据来源的不同并运用三种方法对澳大利亚农业碳排放进行估计,发现三种方法下估计的排放量有很大差异,测算方法的选择对农业碳排放量的准确性影响较大; Adewale 等(2018)指出需要在更精细的时间和空间尺度上对农业系统的温室气体排放进行准确和一致的评估; Bajan 和 Mrówczyńska-Kamińska(2020)从全产业链角度开发了农业食品生产系统的碳排放测算方法。

除了全局领域的农业碳排放测算,国内外学者也关注特定领域农业碳排放的测算,包括能源生产消耗、土地利用及转化、种植业、畜禽养殖、农产品碳足迹等各个方面,涌现出了大量研究成果。在能源生产消耗方面,李国志和李宗植(2010)测算了我国农业能源消耗的 CO_2 量,发现其逐年上升; Panichelli 和 Gnansounou(2015)综合运用耦合模型和综合模型测算了生物燃料生产中的温室气体排放，并考虑了技术水平，使测算结果更接近实际；Mantoam等（2016）测算了农用机械拖拉机生命周期内能源消耗产生的二氧化碳，发现拖拉机质量和功率是影响其碳排放大小的主要因素。在土地利用及转化方面，Sovik 和 Klove（2007）测算了挪威东南部湿地建设排放的氧化亚氮和甲烷，发现在不同季节氧化亚氮的排放有显著差异，而甲烷排放却不会因季节而不同，但两者带来温室效应的潜力是相似的；李俊杰（2012）测算了我国民族地区的农地利用碳排放量和年平均增速，发现区域间差异大；Regina 和 Alakukku（2010）测算了不同耕作制度和耕作系统下土壤的碳排放量；杨乐等（2015）发现棉花秸秆、小麦秸秆和玉米秸秆是对 CO_2 排放贡献最大的三种污染源。有学者指出畜牧生产和水稻种植产生的甲烷占食品系统温室气体排放量的35%（Katayanagi et al., 2016；Crippa et al., 2021），应该得到足够重视。Zhou 等（2007）从全国角度测算了畜禽的温室气体排放量。在农产品碳足迹方面，Verge 等（2013）对加拿大居民日常食物（牛奶产品等）碳足迹进行粗略估算，发现农业生产过程中碳足迹约占其总体碳排放的 90%。

综上，对于农业碳排放的测算，虽然国内外学者已进行了大量探索，但仍未形成统一的农业碳源测算体系，用不同基础数据和测算方法得到的结果存在一定差异。而 IPCC 对农业碳排放的核算也分散在能源、农地林地和其他土地利用，以及废弃物三部分中，并未单独提出农业碳排放核算框架。所以，本章在前人研究的基础上，结合 IPCC 核算框架和我国省级排放清单指南，构建了较为全面的农业碳排放测算体系。

第一节 农业碳排放核算框架的建立

农业碳源是指农业生产活动过程中各个环节所引起的碳排放,在建立农业碳排放核算框架时需要考虑三个关键问题:碳排放气体的种类;农业的主要排放部门;碳排放测算的具体方法。

一 农业碳排放气体的种类

农业所排放的温室气体主要是二氧化碳(CO_2)、甲烷(CH_4)和氧化亚氮(N_2O),根据政府间气候变化专门委员会第五次评估报告(IPCC,2014),1吨N_2O和1吨CH_4造成的温室气体效应分别相当于298吨CO_2和25吨CO_2造成的温室气体效应,于是可以将N_2O和CH_4均转化为二氧化碳当量。

二 农业碳排放的部门

根据《2006年IPCC国家温室气体清单指南》和已有学者的研究,将农业碳排放分为五个来源。

农用能源:农用机械能源需求、农田灌溉能源需求和农村生活用能三类活动的二氧化碳排放,涉及原煤、焦炭、原油、汽油、煤油、柴油、燃料油、天然气以及电力九种主要能源。

农地利用:化肥、农药、农膜等农用物质投入引发的二氧化碳排放;翻耕破坏土壤表层而导致的氧化亚氮排放;农田本底排放的氧化亚氮。

作物种植：水稻种植的甲烷排放，水稻、小麦、大豆、玉米、蔬菜五种主要作物种植的氧化亚氮排放。

反刍动物饲养：牛、马、驴、骡、生猪和羊六种主要反刍动物肠道发酵和粪便管理两类活动的甲烷和氧化亚氮排放。

农业废弃物：仅考虑秸秆燃烧排放的二氧化碳、甲烷和氧化亚氮，主要秸秆类型为水稻、小麦、玉米、油菜、大豆以及棉花。

三　农业碳排放测算方法

为防止重复测算，我们仅考虑各种排放源的直接排放，借鉴 IPCC（2019）的排放因子法，测算公式如下：

$$E_i = \sum_{i=1}^{5} E_j = \sum_{i=1}^{5} (e_j \times f_j) \qquad (2.1)$$

其中，E_i 是某一类别的碳排放总量；E_j 为属于该类别的碳排放源 j 的排放量；e_j 和 f_j 分别代表排放源 j 的活动数据和排放系数。

排放系数的确定有三个方法层级，第一个层级是使用《2006 年 IPCC 国家温室气体清单指南》中的平均排放系数，但由于各个国家的排放系数因不同的特定燃料、燃烧技术、种养方式而有所不同，所以这个方法层是在没有详细资料的情况下对碳排放的粗略测量，没有考虑各个国家碳排放系数的差异性，而采用的一种平均衡量标准；第二个层级是使用特定国家的排放系数，这种方法比第一个层级更准确地测算了特定国家的碳排放；第三个层级是在适当情况下使用详细排放模式，以及单个工厂级的排放系数,该方法层级虽然能最准确地测量碳排放,但需要非常详细的数据,资料获取比较困难。为兼顾成本和精确度,本书采用我国特定的排放系数,见本章附录1,活动数据见本章附录2。

农业碳排放核算框架如图2.1所示。

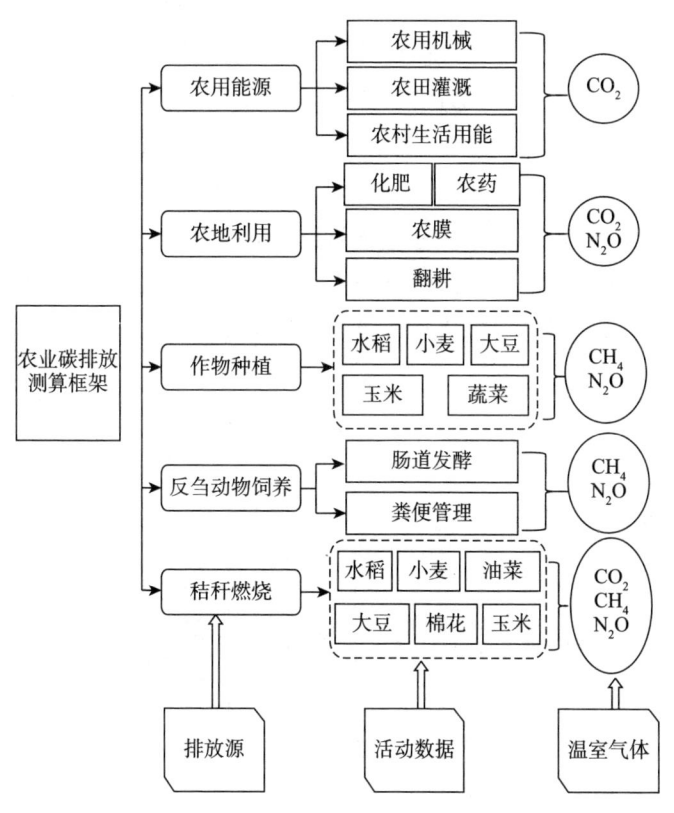

图2.1 农业碳排放核算框架

第二节 农业碳排放的时空演变特征

一 农业碳排放的变动趋势

从图 2.2 可见，2007~2018 年，我国农业碳排放总量呈略微上升趋势，从 2007 年的 14.1 亿吨上升到 2018 年的 16.5 亿吨，年均增速为 1.44%。从变动阶段来看，2007~2013 年为"稳定增长期"，该阶段农业碳排放总量从 14.1 亿吨增长到 15.7 亿吨，年均增速为 1.81%；2014 年为"高速增长期"，排放总量突增到 18.3 亿吨，较 2013 年增长了 16.56%；从 2015 年开始，排放总量增速有所放缓，并进入波动且缓慢增长阶段。整体来看，我国农业碳排放总量未出现急剧增长，减排成效有所体现。

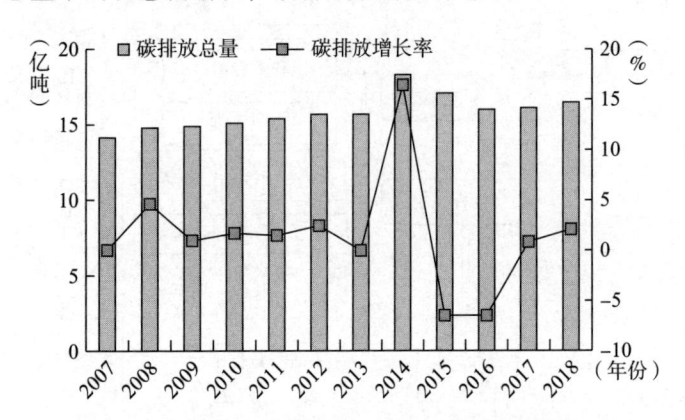

图 2.2　2007~2018 年农业碳排放总量变动趋势

资料来源：依据本章农业碳排放核算框架计算而得。

从图 2.3 可见，我国农业碳排放强度呈明显的下滑趋势，从 2007 年的 4.93 吨/万元下降到 2018 年的 2.44 吨/

第二章 中国农业碳排放研究现状和核算框架

万元,年均增速为 -6.19%。从变动阶段来看,2007~2013 年为"持续下降期",农业碳排放强度从 4.93 吨/万元下降到 2.76 吨/万元,年均增速为 -9.22%;2014 年由于排放总量突增,排放强度也上升到 3.04 吨/万元;从2015 年开始,排放强度进入"平稳下降期",从 2.72 吨/万元降低到 2018 年的 2.44 吨/万元。

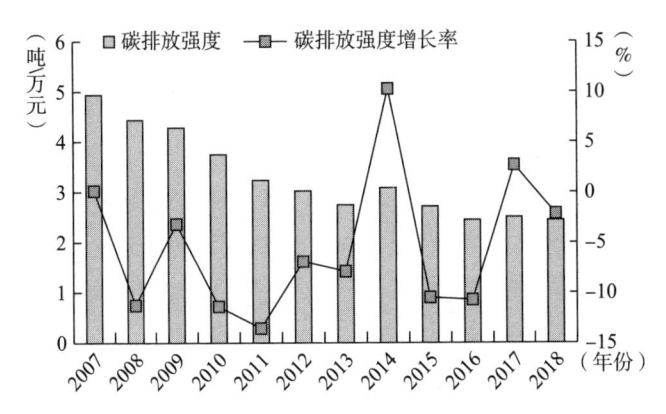

图 2.3 2007~2018 年农业碳排放强度变动趋势
资料来源:依据本章农业碳排放核算框架计算而得。

图 2.4 显示了 2007~2018 年我国农业碳排放的来源及其发展趋势。其中,反刍动物饲养和秸秆燃烧对应的年均碳排放量分别为 39972.55 万吨和 41149.14 万吨,分别占总排放量的 25.51% 和 26.26%。但从变动趋势来看,仅反刍动物饲养的碳排放有降低趋势,其余四个部门的排放量均逐年上升,农用能源、农地利用、作物种植和秸秆燃烧碳排放的年均增速分别为 1.40%、0.94%、1.52% 和 4.04%。可见,秸秆燃烧的排放量反超反刍动物饲养,其增长趋势明显,是未来农业碳减排的重点领域。

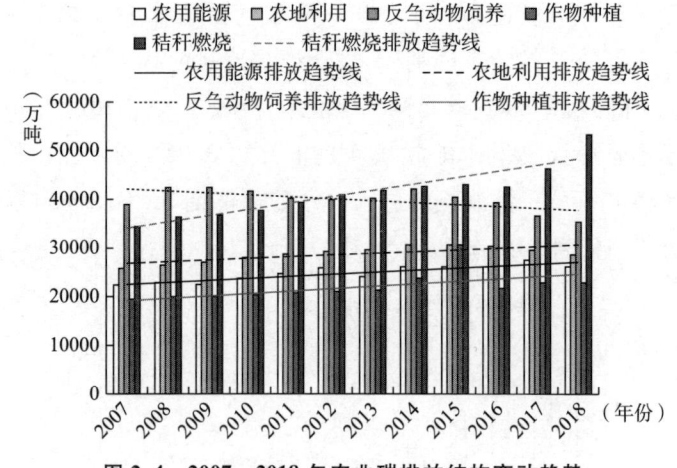

图 2.4　2007~2018 年农业碳排放结构变动趋势

资料来源：依据本章农业碳排放核算框架计算而得。

二　农业碳排放的空间分布格局

首先，利用标准差考察全国农业碳排放总量和排放强度的地区差异，从图 2.5 可见，农业碳排放总量标准差以波动态势略微上涨，从 2007 年的 2999.30 万吨上升到 2018 年的 3661.16 万吨，年均增速仅为 1.83%，说明碳排放总量的地区差异并未呈现明显扩大趋势。而农业碳排放强度的标准差则呈显著下降趋势，从 2007 年的 2.67 吨/万元降为 2018 年的 1.26 吨/万元，年均增速为 -6.60%，表明农业碳排放强度的地区差异显著缩小。

其次，将全国 30 个省区市（除西藏、香港、澳门和台湾）2007~2018 年的年均农业碳排放强度和排放总量进行对比。从图 2.6 可见，各省区市农业碳排放总量和排放强度仍存在较大差异，农业碳排放总量由中部向东部、西部递减，而碳排放强度则由东向西递增。其中，河南、山

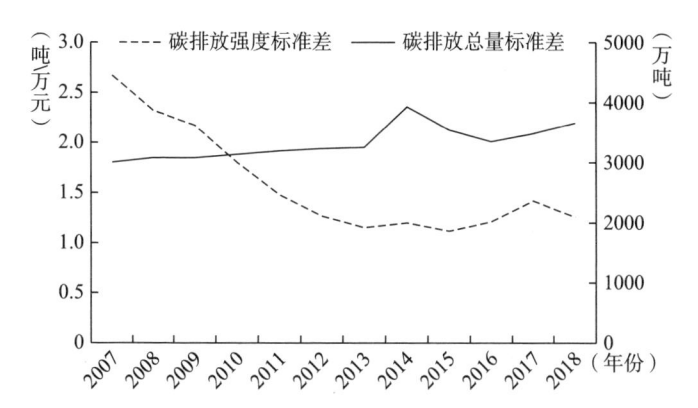

图 2.5　2007~2018 年农业碳排放总量与排放强度标准差

资料来源：依据本章农业碳排放核算框架计算而得。

东、黑龙江、四川、河北、湖南、内蒙古和湖北是农业碳排放总量较高的省区，这些地区的农业增加值也较高。而北京、上海、天津等发达地区更注重第二、第三产业的发展，农业碳排放总量相对较低。西北五省区、东北吉林和黑龙江、中部山西和内蒙古、东部上海等地农业碳排放强度较高；由于青海农业增加值低、农业碳排放高，其碳排放强度最高；而福建、海南、广东、江苏等长江中下游、沿海地区碳排放强度较低。

最后，利用双柱形图详细呈现各省区市农业碳排放总量和排放强度差异的变动趋势。从图 2.7 可见，2007 年和 2018 年，河南、山东、四川、河北和黑龙江的农业碳排放总量均居全国各省区市的前列，其中，河南和山东的碳排放总量在 2007 年就突破 1 亿吨，分别为 1.19 亿吨和 1.07 亿吨。2007~2018 年，农业碳排放总量降低的省区市有北部沿海的北京、河北，东部沿海的上海、浙江，南部沿海的福建，西南地区的重庆、贵州共计 7 个省市，占全部省区市的 23.33%，而大部分省区市的排放总量仍在上升，其中，黑龙江和新疆的增幅较大，分别为 65.69% 和 68.76%。

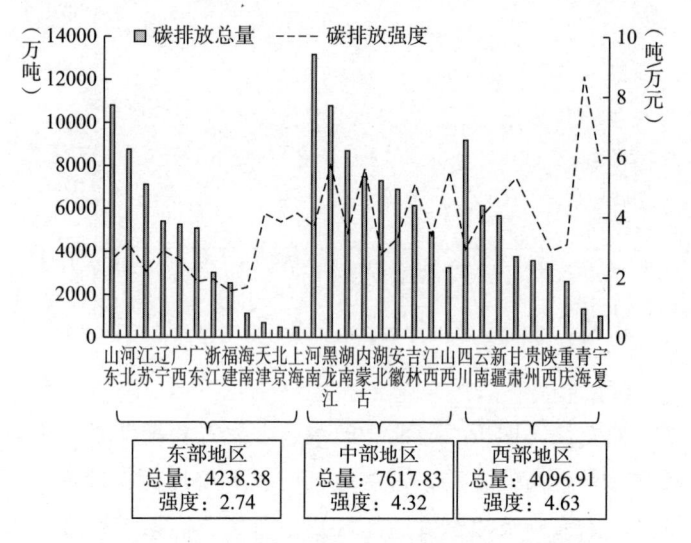

图 2.6 2007~2018 年中国 30 个省区市年均农业碳排放总量及排放强度对比

资料来源：依据本章农业碳排放核算框架计算而得。

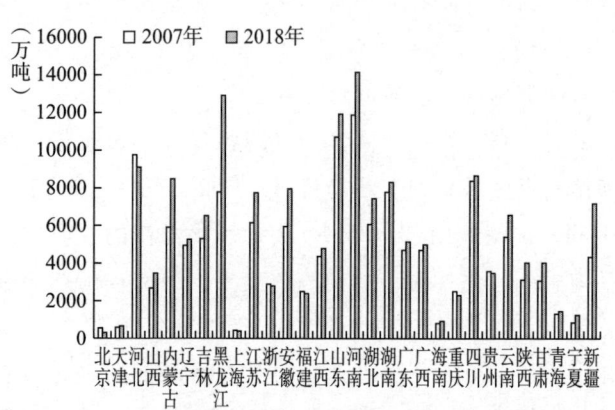

图 2.7 2007 年与 2018 年中国 30 个省区市农业碳排放总量对比

资料来源：依据本章农业碳排放核算框架计算而得。

第二章 中国农业碳排放研究现状和核算框架

从图 2.8 可见，2007 年，西北地区的青海和宁夏、黄河中游的山西、东北地区的黑龙江和西南地区的贵州共 5 个省区的农业碳排放强度居全国前列，其中，青海的碳排放强度最高，为 15.67 吨/万元。到 2018 年，所有省区市的农业碳排放强度较 2007 年都呈现显著降低的趋势，平均降幅达到 50.50%，其中，降幅最高的是贵州，为 80.96%，降幅最低的是上海，仅为 18.48%。

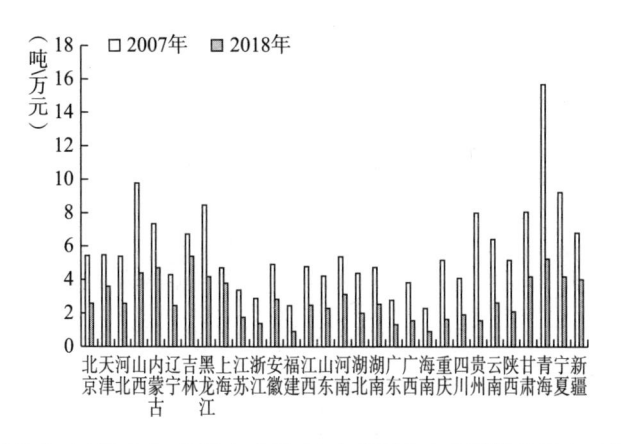

图 2.8　2007 年与 2018 年中国 30 个省区市农业碳排放强度对比

资料来源：依据本章农业碳排放核算框架计算而得。

整体来看，农业碳排放总量由东向西、由北向南递减，而碳排放强度由南向北、由东向西递增；山东和河南一直处于较高的排放总量等级，均超过 1 亿吨，沿海地区浙江和福建的排放总量等级有所降低；2007 年，青海处于较高的排放强度等级，超过 10 吨/万元，所有省区市的碳排放强度都在降低，其中，山西、黑龙江、贵州、陕西、宁夏和新疆排放强度降低迅速。

三 农业碳排放空间等级变动分析

利用各省区市农业碳排放总量和强度的不同来进一步展示农业碳排放空间格局的演变。碳排放等级划分标准如表2.1所示。

表2.1 农业碳排放空间等级划分标准

排放水平	分区标准
高排放	$T>(\mu_1+0.44\sigma_1)$; $E>(\mu_2+0.44\sigma_2)$
中高排放	$T>(\mu_1+0.44\sigma_1)$; $(\mu_2-0.44\sigma_2)<E<(\mu_2+0.44\sigma_2)$ $(\mu_1-0.44\sigma_1)<T<(\mu_1+0.44\sigma_1)$; $E>(\mu_2+0.44\sigma_2)$
中等排放	$(\mu_1-0.44\sigma_1)<T<(\mu_1+0.44\sigma_1)$; $(\mu_2-0.44\sigma_2)<E<(\mu_2+0.44\sigma_2)$ $T<(\mu_1-0.44\sigma_1)$; $E>(\mu_2+0.44\sigma_2)$ $T>(\mu_1+0.44\sigma_1)$; $E<(\mu_2-0.44\sigma_2)$
中低排放	$T<(\mu_1+0.44\sigma_1)$; $(\mu_2-0.44\sigma_2)<E<(\mu_2+0.44\sigma_2)$ $(\mu_1-0.44\sigma_1)<T<(\mu_1+0.44\sigma_1)$; $E<(\mu_2+0.44\sigma_2)$
低排放	$T<(\mu_1-0.44\sigma_1)$; $E<(\mu_2-0.44\sigma_2)$

注：T表示农业碳排放总量；E表示农业碳排放强度；μ_1表示农业碳排放总量均值；μ_2表示农业碳排放强度均值；σ_1表示农业碳排放总量标准差；σ_2表示农业碳排放强度标准差。

从表2.2可见，2007~2018年我国农业碳排放空间等级分布格局有一定程度的变动，排放等级升高和降低的省区市数量之和占全国所有省区市的30.0%，仍有70.0%的省区市农业碳排放等级未发生变化。其中，高排放区由原来单一的黑龙江新增了内蒙古；中高排放区由两河地区（河南、河北）、湖南逐渐连片分布，集中在北部沿海和长江中游地区；中等排放区一直分布在中西部地区；中低排放区也一直集中分布在沿海的广西、广东以及京津地区；低排放区由沿海浙江、福建和海南延伸到贵州和重庆。可见，中高排放等级和低排放等级的省区市增多，全国农业碳排放省际分布的两极分化情况更为明显。

表 2.2　2007~2018 年中国 30 个省区市农业碳排放等级演变

排放等级升高	升高情况	排放等级降低	排放等级降低情况
内蒙古	中高—高	贵州	中高—低
吉林	中等—中高	重庆	中低—低
安徽	中等—中高		
甘肃	中等—中高		
山东	中等—中高		
四川	中等—中高		
辽宁	中低—中等		
比重（%）	23.3	比重（%）	6.7
排放等级不变	等级	排放等级不变	等级	排放等级不变	等级
黑龙江	高	山西	中等	陕西	中低
河南	中高	湖北	中等	天津	中低
河北	中高	江西	中等	上海	中低
湖南	中高	宁夏	中等	广东	中低
青海	中等	江苏	中等	浙江	低
新疆	中等	北京	中低	福建	低
云南	中等	广西	中低	海南	低
比重（%）	70.0

第三节 农业碳排放时空演变规律的原因分析

一 动态灰色关联分析法和影响因素的选择

1. 动态灰色关联分析法介绍

为考察农业碳排放时空演变规律影响因素的动态影响过程,以及影响因素对农业碳排放地区差异的非线性影响,本章采用灰色关联分析法。灰色关联分析法是一种通过变量曲线几何形状的相似程度来判断变量关联度的方法,以分析非线性问题为主。在灰色关联分析法的3种关联系数中,灰色综合关联系数建立在灰色绝对关联系数与灰色相对关联系数的基础上,是一个既能体现曲线间相似程度,又能反映曲线相对于初始点变化速率程度的指标,所以我们最终选择灰色综合关联系数。灰色综合关联度模型如下:

$$\rho_{ij} = \theta \varepsilon_{ij} + (1-\theta) \gamma_{ji} \qquad (2.2)$$

式(2.2)中,ρ_{ij} 表示序列 X_i 与序列 X_j 的灰色综合关联系数;ε_{ij} 和 γ_{ji} 分别为序列 X_i 与序列 X_j 的灰色绝对关联系数和灰色相对关联系数;θ 为分辨系数,介于0和1之间,当 $\theta \leqslant 0.5463$ 时,较容易观察到灰色关联度的分辨率的变化,因此本书取 $\theta = 0.5$。

ε_{ij} 和 γ_{ji} 计算公式如下:

$$\varepsilon_{0i} = \frac{1 + |s_0| + |s_i|}{1 + |s_0| + |s_i| + |s_i - s_0|} \qquad (2.3)$$

$$\gamma_{0i} = \frac{1 + |s_0'| + |s_i'|}{1 + |s_0'| + |s_i'| + |s_i' - s_0'|} \qquad (2.4)$$

其中，

$$s_0 = \left| \sum_{k=2}^{n-1} x_0^0(k) + \frac{1}{2} x_0^0(n) \right| \qquad (2.5)$$

$$s_i = \left| \sum_{k=2}^{n-1} x_i^0(k) + \frac{1}{2} x_i^0(n) \right| \qquad (2.6)$$

$$s_0' = \left| \sum_{k=2}^{n-1} x_0'^0(k) + \frac{1}{2} x_0'^0(n) \right| \qquad (2.7)$$

$$s_i' = \left| \sum_{k=2}^{n-1} x_i'^0(k) + \frac{1}{2} x_i'^0(n) \right| \qquad (2.8)$$

其中，x_0 表示参考序列，x_i 表示对照序列。计算结果介于 0.5 和 1 之间，即 $0.5 \leqslant \rho_{ij} \leqslant 1$，$\rho_{ij}$ 的值越接近 1，说明该指标对农业碳排放的影响越大。

2. 影响因素的选择

学者们从不同角度分析了我国农业碳排放的时空分布特点及其影响因素。杨钧（2012）认为农业从业人口、农业机械化水平和农村人力资本积累是我国东中西部地区农业碳排放格局的主要决定因素；田云等（2012）认为农业产业结构对区域农业碳排放差异的影响也不容忽视；庞丽（2014）立足农用能源，发现农用能源利用效率的差异会造成农业碳排放省际差异；李波等（2018）认为结构、效率、劳动力都会引起区域农地利用的碳排放差异。根据 Grossman 和 Krueger（1995）的思路以及 Ehrlich 等（1999）的 IPAT 模型，我们将农业碳排放时空格局影响因素概括为内部和外部两类，内部因素包括农地利用、作物种植、反刍动物饲养、秸秆燃烧和农用能源 5 种，外部因素包括农业经济规模、农业经济水平、农业经济结构、农业生产技术（机械）和农业生产技术（人力）5 种。

二 农业碳排放影响因素的阶段性特征

利用灰色关联分析法测算 2007~2018 年各因素对农业碳排放的影响,以此分析各阶段主导因素的差异,结果如表 2.3 所示。

表 2.3 2007~2018 年我国农业碳排放影响因素的动态灰色综合关联系数

类别	影响因素	2007~2010 年	2011~2015 年	2016~2018 年	2007~2018 年
内部	农地利用	0.8451	0.8337	0.8225	0.8281
	作物种植	0.6922	0.6982	0.7043	0.7013
	反刍动物饲养	0.8411	0.7042	0.5896	0.6469
	秸秆燃烧	0.7429	0.6289	0.5324	0.5807
	农用能源	0.8274	0.8489	0.8382	0.8599
外部	农业经济规模	0.7929	0.7399	0.6904	0.7411
	农业经济水平	0.7973	0.7499	0.7052	0.7508
	农业经济结构	0.6264	0.7327	0.8570	0.7949
	农业生产技术(机械)	0.8377	0.8170	0.7968	0.8172
	农业生产技术(人力)	0.7451	0.8574	0.9220	0.8415

整体来看,农用能源、农地利用和农业生产技术是农业碳排放最重要的驱动力,2007~2018 年,农用能源、农地利用、农业生产技术(人力)和农业生产技术(机械)的灰色综合关联系数分别为 0.8599、0.8281、0.8415 和 0.8172,其次是农业经济结构,其灰色综合关联系数为 0.7949,而秸秆燃烧和反刍动物饲养的重要程度较低,灰色综合关联系数分别为 0.5807 和 0.6469。

从动态角度看，在不同的时间阶段，农业碳排放的主导因素存在显著差异，其中，农地利用、反刍动物饲养、秸秆燃烧、农业经济规模、农业经济水平和农业生产技术（机械）对农业碳排放影响的重要性有降低趋势，而作物种植、农用能源、农业经济结构和农业生产技术（人力）对农业碳排放的影响程度有明显提升趋势。具体来看，"十一五"期间（2007~2010年），农地利用、反刍动物饲养、农用能源以及农业生产技术（机械）的灰色综合关联系数均较高，而作物种植和农业经济结构的灰色综合关联系数最低，说明这个时期农业碳排放主要由种养业发展和农业生产技术（机械）引领；"十二五"期间（2011~2015年），农业生产技术（人力）的灰色综合关联系数明显提升，跃居第一，农业经济结构的灰色综合关联系数也有所提升，而农地利用和农业生产技术（机械）的灰色综合关联系数略微降低，说明这一时期人力资本对农业碳排放的影响开始显现，同时农业经济结构调整的作用也开始显现；2016~2018年，农业生产技术（人力）和农业经济结构的灰色综合关联系数分居第一和第二，成为引领农业碳排放的主导因素。

各因素对农业碳排放影响的重要性水平变动与我国农业政策方针的调整有较大关系。"十一五"期间，我国开始实行农业税减免政策，极大地刺激了化肥、农药、农膜等投入，这一时期大部分畜牧养殖场尚未普及科学生产管理与污染物处理技术，造成农地利用和反刍动物饲养对碳排放影响较大；并且农业生产的机械化程度也有明显提升，大中型拖拉机数量年均增速比"十五"期间高9%，联合收割机数量也以年均2位数的速度增长，农机的大规模使用增加了对化石能源的需求，使这一时期农业机械化对农业碳排放产生显著影响；同时，农业生产规模和水平也在这一时期快速发展，农业增加值和人均农业增加值分别为"十五"期间的1.7倍和3.3倍，两因素也成为农业碳排放的重要影响因素。到"十二五"时期，农业发展规划明确提出农业治污减排具体措施，通过改进施用技术和补贴有机农业等方法改善高化肥、高农药的生产方式，自此农地利用的影响程度有所下降；国家节能减排体系延伸到了畜禽养殖业，种养循环技术、规模化养殖管理技术、畜禽饲料研发技术和畜禽粪便处理技术的发展，使得反刍动物饲养对农业碳排放影响的重要性显著下降；同时，农业机械化水平增速较"十一五"期间有所下降，大型拖拉机数量的年均增速降为8.3%，人均动力机械也降低了1%，使得农业生产技术（机械）对农业碳排放的影响力有所降低。这一时期国家还提出要优化农业产业布局，推进农业结构战略性调整，使农业经济结构对农业碳排放影响的重要性开始显现。"十三五"时期，国家提出要加快推进农业结构调整，并积极发展观光农业、体验农业、创意农业等新业态，使农业经济结构对农业碳排放的影响力得到进一步释放；提出强化农村劳动力职业技能培训措施，在提升农业综合生产力的同时，使农业职业经理人开始兴起，也使人力资本成为引领农业碳排放最重要的因素。

三 农业碳排放影响因素的空间特征

从表2.4可见，大部分等级升高地区农业碳排放的长

表 2.4　2007~2018 年农业碳排放等级升高和降低省区市的排放主导因素

省区市	等级变动	主导因素变动	重要性提升较快	重要性降低较快	长期主导因素
内蒙古	中高—高	农地利用、农业生产技术（人力）—反刍动物饲养、农业生产技术（人力）	反刍动物饲养、农业生产技术（人力）	农地利用	反刍动物饲养、农业生产技术（人力）
吉林	中等—中高	农地利用、农业生产技术（人力）—农地利用	农业经济水平	农地利用	农地利用、农业经济结构
安徽	中等—中高	作物种植、农业经济结构—反刍动物饲养、农业经济结构	反刍动物饲养、农业生产技术（人力）	农地利用	反刍动物饲养、农业生产规模
甘肃	中等—中高	农业经济结构、农业生产技术（机械）—反刍动物饲养、农业经济规模	反刍动物饲养	农业生产技术（人力）	反刍动物饲养、农业经济规模
山东	中等—中高	秸秆燃烧、农业生产技术—农业经济水平—反刍动物饲养、农业生产技术（人力）	作物种植、农业生产技术（人力）	农地利用	反刍动物饲养、农业生产技术（机械）
四川	中等—中高	农业经济水平—作物种植、农业经济规模	反刍动物饲养	农地利用	作物种植、农业生产技术（机械）
辽宁	中低—中等	农地利用、农业经济规模	作物种植	反刍动物饲养	农地利用、农业生产技术（机械）

续表

省区市	等级变动	主导因素变动	重要性提升较快	重要性降低较快	长期主导因素
贵州	中高—低	农地利用、农业生产技术（人力）	反刍动物饲养、农业生产技术（人力）	农地利用	农地利用、农业生产技术（人力）
重庆	中低—低	农地利用、农地利用、反刍动物饲养、农业生产技术（人力）—反刍动物饲养、农业生产技术（机械）	反刍动物饲养	农地利用	农地利用、农业生产技术（机械）

期主导因素集中在农地利用、反刍动物饲养和农业生产技术（机械）上。其中，四川是中国重要的水稻种植区，畜禽资源也较丰富，所以，反刍动物饲养对碳排放影响的重要性提升最快，作物种植是长期主导因素；辽宁和吉林都是我国的粮食主产区，甘肃为我国人工种植中药材大省，药材种植面积全国第一，这三个省农业碳排放的长期主导因素均有农地利用；贵州凭借饲草资源丰富的优势，大力发展香猪、关岭牛、黔北麻羊等地方畜禽优良品种，使反刍动物饲养与农业碳排放的灰色综合关联系数明显增加；安徽大力推进化肥和农药减量增效，进一步降低了农地利用对农业碳排放影响的重要性；内蒙古是我国主要牧区之一，牲畜存栏量增长较快，且农牧业综合机械化水平高达81.4%[1]，所以反刍动物饲养和农业生产技术（机械）对碳排放影响的重要性显著提升。

从表2.5可见，等级一直处于较高水平地区农业碳排放的长期主导因素也是农地利用和农业生产技术（机械）。黑龙江、河南、河北和湖南四省均为我国的种植业大省，2018年，4个省种植业增加值占全国的21.2%，并且均是粮食生产大省。河南粮食产量达到6648.9万吨，占全国粮食总产量的10.10%；黑龙江粮食产量达到7506.8万吨，连续8年位居全国第一；河北和湖南粮食播种面积分别为653.9万公顷和474.8万公顷。[2] 所以，其农地利用以及与

---

[1] 《内蒙古农牧业综合机械化水平达到81.4%》，内蒙古新闻网，2016年3月1日，http://inews.nmgnews.com.cn/system/2016/03/01/011896601.shtml。

[2] 数据来自《中国农村统计年鉴2019》。

此相关的机械动力成为排放的主导因素，也说明我国种植业的低碳化发展程度有待进一步提升。

从表2.6可见，等级一直处于中等水平地区农业碳排放长期主导因素集中在反刍动物饲养和两类农业生产技术上。中等排放区集聚了我国五大牧场中的三个——新疆、青海和宁夏，其中，新疆推进畜禽废弃物资源化利用，青海采取了以种养结合、草畜联动为主的循环畜牧业绿色发展模式，这些措施都使畜牧业的发展向着低碳目标推进，也使两省的排放水平处于中等。江西以发展优势养殖为主，是中国最大的毛驴养殖基地，并逐步向肉驴养殖延伸，使反刍动物饲养成为其碳排放的长期主导因素。山西以发展特色肉牛产业为主，反刍动物饲养对农业碳排放的影响力有所提升。湖北为我国粮食主产区，作物种植和农业生产技术（人力）为碳排放的长期主导因素。而云南为经济作物种植区，所以农地利用对碳排放的影响力快速提升。

从表2.7可见，等级较低的地区碳排放的长期主导因素较为分散。其中，北京、天津、上海和广东等发达地区有部分种植业，且有较先进的生产技术，使农地利用、作物种植和农业生产技术成为碳排放的长期主导因素。海南和福建均以经济作物种植为主，农地利用和农业生产技术（机械）成为碳排放的长期主导因素。陕西凭借水果种植优势，通过延伸水果产业链进一步促进其发展，水果种植的规模化和技术水平得到进一步提升，所以农地利用和农业生产技术对碳排放影响的重要性明显上升。而浙江和广西各因素对农业碳排放影响的重要性都较低。

表 2.5　2007～2018 年高和中高排放等级省份的排放主导因素

省份	等级	主导因素变动	重要性提升较快	重要性降低较快	长期主导因素
黑龙江	高	农地利用、农业经济水平—农地利用、农业生产技术（机械）	作物种植、农地利用	反刍动物饲养	农地利用、农业生产技术（机械）
河南	中高	反刍动物饲养、农业经济结构—农地利用、农业生产技术（机械）	反刍动物饲养	秸秆燃烧	农地利用、农业生产技术（机械）
河北	中高	农地利用、农业生产技术（机械）—农地利用、农业经济结构	农地利用	农业经济水平	农地利用、农业生产技术（机械）
湖南	中高	水稻种植、农业生产技术（人力）—作物种植、农业生产技术（机械）	作物种植、农业生产技术（机械）	反刍动物饲养	农地利用、农业生产技术（机械）

表 2.6 2007~2018 年中等排放等级省区的排放主导因素

省区	等级	主导因素变动	重要性提升较快	重要性降低较快	长期主导因素
青海	中等	农地利用、农业生产技术、农业经济规模—反刍动物饲养(人力)	无	农地利用	反刍动物饲养、农业生产技术(人力)
新疆	中等	反刍动物饲养、农业经济结构—农地利用、农业生产技术(人力)	反刍动物饲养	农业生产技术(人力)	农地利用、农业生产技术(机械)
云南	中等	反刍动物饲养—农地利用、农业生产技术(机械)	农地利用	反刍动物饲养	农地利用、农业生产技术(机械)
山西	中等	农地利用、农业经济规模	反刍动物饲养	农地利用	反刍动物饲养、农业生产技术(人力)
湖北	中等	作物种植、农业经济结构—作物种植	作物种植	农业经济结构	作物种植、农业生产技术(人力)
江西	中等	农地利用、农业生产技术(人力)	反刍动物饲养	秸秆燃烧	反刍动物饲养、农业生产技术(机械)
宁夏	中等	农地利用、反刍动物饲养、农业生产技术(机械)—反刍动物饲养、农业生产技术(人力)	反刍动物饲养	农地利用	反刍动物饲养、农业生产技术(机械)
江苏	中等	农业经济结构—农地利用、农业生产技术(人力)	反刍动物饲养	秸秆燃烧	反刍动物饲养、农业生产技术(人力)

第二章 中国农业碳排放研究现状和核算框架

表 2.7 2007~2018 年低和中低排放等级省区市的排放主导因素

省区市	等级	主导因素变动	重要性提升较快	重要性降低较快	长期主导因素
北京	中低	作物种植、农业生产技术（机械）—农地利用、农业经济水平	农业经济水平	农业生产技术（人力）	作物种植、农业生产技术（机械）
广西	中低	反刍动物饲养、农业经济水平、农业生产技术（人力）	反刍动物饲养	农地利用	反刍动物饲养、农业生产技术（人力）
陕西	中低	反刍动物饲养、农业生产技术（机械）—农地利用、农业生产技术（人力）	农业生产技术（人力）、农地利用	反刍动物饲养	反刍动物饲养、农业生产技术（人力）
天津	中低	作物种植、农业生产技术（机械）—农地利用、农业经济水平	农业生产技术（机械）	秸秆燃烧	农地利用、农业生产技术（人力）
上海	中低	反刍动物饲养、秸秆燃烧、农业经济水平	农业生产技术（机械）	农业经济规模	作物种植、农业生产技术（机械）
广东	中低	农地利用、农业生产技术（机械）	农业生产技术（人力）	农地利用	农地利用、农业生产技术（机械）
浙江	低	农地利用、农业生产技术（机械）—农地利用、农业生产技术（机械）	农业生产技术（机械）	反刍动物饲养	农地利用、农业生产技术（机械）
福建	低	农地利用、农业生产技术（机械）	农业生产技术（机械）	农地利用	农地利用、农业生产技术（机械）
海南	低	农地利用、农业生产技术（机械）—秸秆燃烧、农业经济水平	农业经济水平	农地利用	农地利用、农业生产技术（机械）

第四节 农业碳排放与农业经济发展的协调性分析

一 脱钩模型

在借鉴经济合作与发展组织（OECD）脱钩指数法和 Tapio 脱钩弹性系数法的基础上，结合国内学者对脱钩理论模型的改进和评价，设置如下脱钩模型：

$$T_{i脱}(CO_2, GDP) = \frac{(E_i - E_{i-1})/E_{i-1}}{(GDP_i - GDP_{i-1})/GDP_{i-1}} \qquad (2.9)$$

其中，$T_{i脱}$ 为农业碳排放量的经济增长弹性；E_i 和 E_{i-1} 为第 i 期和第 $i-1$ 期的农业碳排放量；GDP_i 和 GDP_{i-1} 为第 i 期和第 $i-1$ 期的农业增加值，并根据农业碳排放增速、农业增加值增速，以及脱钩指数的取值与其经济含义，将 8 种脱钩状态划分成 3 种农业发展模式，即环保型、常规型和污染型，如表 2.8、图 2.9 所示。

在环保型发展模式中，随着农业经济的快速增长，农业碳排放显著降低，说明农业经济发展已呈现低碳化特点，农业生产效率较高，农业产业结构优化，这类地区应该作为农业经济发展中的标杆地区，充分发挥标杆示范作用，带动其他地区实现农业碳减排。

常规型发展模式包括弱脱钩、增长连结、衰退连结和衰退脱钩状态。其中，前两种情况农业经济和碳排放均在增长，但由于农业生产效率的不断提高，碳排放增长速度小于或者大致等于农业经济的发展速度；后两种情况农业

表 2.8 农业经济发展与农业碳排放脱钩指标的细化分类

发展模式	状态	农业碳排放增速	农业增加值增速	弹性值 T	经济含义
环保型	强脱钩	$(-\infty, 0)$	$(0, +\infty)$	$T<0$	经济增长,碳排放反而减少
常规型	弱脱钩	$(0, +\infty)$	$(0, +\infty)$	$0<T<0.8$	碳排放速度慢于经济增长速度
	增长连结	$(0, +\infty)$	$(0, +\infty)$	$0.8 \leqslant T<1.2$	碳排放速度与经济增长速度相当
	衰退连结	$(-\infty, 0)$	$(-\infty, 0)$	$0.8 \leqslant T<1.2$	碳减排速度与经济衰退速度相当
	衰退脱钩	$(-\infty, 0)$	$(-\infty, 0)$	$T \geqslant 1.2$	碳减排速度快于经济衰退速度
污染型	扩张负脱钩	$(0, +\infty)$	$(0, +\infty)$	$T \geqslant 1.2$	经济增长是以碳排放为代价
	弱负脱钩	$(-\infty, 0)$	$(-\infty, 0)$	$0<T<0.8$	碳排放速度慢于经济衰退速度
	强负脱钩	$(0, +\infty)$	$(-\infty, 0)$	$T<0$	经济衰退,碳排放反而增长

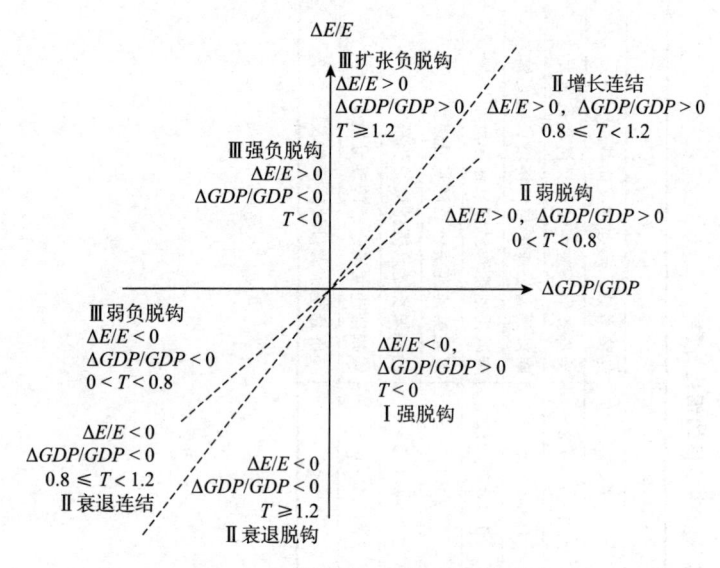

```
                    ΔE/E
                     │
         Ⅲ扩张负脱钩 │ Ⅱ增长连结
         ΔE/E > 0,   │ ΔE/E > 0, ΔGDP/GDP > 0
         ΔGDP/GDP > 0│ 0.8 ≤ T < 1.2
  Ⅲ强负脱钩   T ≥ 1.2 │
  ΔE/E > 0            │  Ⅱ弱脱钩
  ΔGDP/GDP < 0        │  ΔE/E > 0, ΔGDP/GDP > 0
  T < 0               │  0 < T < 0.8
  ──────────────────┼──────────────────── ΔGDP/GDP
                     │
  Ⅲ弱负脱钩           │
  ΔE/E < 0            │ ΔE/E < 0,
  ΔGDP/GDP < 0        │ ΔGDP/GDP > 0
  0 < T < 0.8         │ T < 0
                     │ Ⅰ强脱钩
    ΔE/E < 0          │
    ΔGDP/GDP < 0      │ ΔE/E < 0
    0.8 ≤ T < 1.2     │ ΔGDP/GDP < 0
    Ⅱ衰退连结          │ T ≥ 1.2
                     │ Ⅱ衰退脱钩
```

图 2.9 脱钩指标的等级与弹性值

注：Ⅰ表示环保型，Ⅱ表示常规型，Ⅲ表示污染型，E 表示碳排放量，GDP 表示农业增加值，T 表示脱钩弹性值。

经济和碳排放均在减少，但农业碳排放减少的速度等于或者大于经济减少的速度，在全国产业结构优化调整的背景下，这类地区在农业产业链中的地位会不断降低，而更多从事第二和第三产业，所以这类地区更多是农业资源禀赋和农业生产条件较差的地区，本身就不具备农业生产的优势。

污染型发展模式包括扩张负脱钩、弱负脱钩和强负脱钩状态。第一种情况下农业碳排放伴随农业经济发展以更快的速度增长，这类地区是以牺牲环境为代价进行经济发展，采用了粗放型发展方式。后两种情况农业经济在降低，而排放或者以较慢的速度降低，或者仍在增长，说明这样的地区并不愿意减少农业生产，仍在不断进行农业投入，但期望产出较少，而非期望产出较多，其原因可能是农业经济已经达到发展的极限。

二 农业经济与农业碳排放脱钩的阶段性特点

1. 全国脱钩的阶段性特点

由表2.9可知，2007~2018年，我国农业碳排放与农业经济发展为弱脱钩关系，农业发展模式保持常规型，说明整体来看，我国农业经济发展在向绿色可持续的方向迈进。以2007年为基期，农业碳排放定基增速为18.45%，而农业增加值定基增速高达133.92%[①]，农业增加值增幅较大，农业碳排放增幅较小。

表2.9 2007~2018年我国农业碳排放与农业经济间的脱钩关系

年份	$\Delta E/E$	$\Delta GDP/GDP$	T	特征	类型
2008	0.0456	0.1736	0.2629	弱脱钩	常规型
2009	0.0089	0.0368	0.2413	弱脱钩	常规型
2010	0.0172	0.1431	0.1201	弱脱钩	常规型
2011	0.0137	0.1642	0.0831	弱脱钩	常规型
2012	0.0239	0.0967	0.2475	弱脱钩	常规型
2013	0.0013	0.0813	0.0157	弱脱钩	常规型
2014	0.0515	0.0508	1.0133	增长连结	常规型
2015	0.0345	0.0414	0.8339	增长连结	常规型

---

① 根据2008年和2019年《中国统计年鉴》，2007年和2018年的农业增加值分别为27674.1亿元和64734.0亿元，则定基增速为133.92%。同理，本章其余农业增加值数据均来源于历年《中国统计年鉴》，并以此数据为基础进行相应计算。

续表

年份	$\Delta E/E$	$\Delta GDP/GDP$	T	特征	类型
2016	-0.0070	0.0434	-0.1624	强脱钩	环保型
2017	-0.0413	0.0354	-1.1673	强脱钩	环保型
2018	0.0199	0.0445	0.4481	弱脱钩	常规型
2007~2018	0.1845	1.3712	0.1346	弱脱钩	常规型

从时间变动趋势来看，农业碳排放与农业经济间的脱钩关系经历了"弱脱钩—增长连结—强脱钩—弱脱钩"的起伏。2008~2013年，农业碳排放与农业经济间一直保持弱脱钩关系，农业发展模式为常规型，这一时期涵盖了"十一五"和"十二五"两个五年规划的部分年度，在此期间，国家明确提出显著提升化肥、农药等农业投入品的利用率，推广农业清洁生产和种养协同的循环经济发展模式，农业经济逐渐向低碳方向发展。2014年，农业碳排放急剧增加，环比增速达到16.51%，处于历年最高水平，而农业经济增速仍在下滑，导致脱钩系数高达1.0133，农业碳排放与经济之间呈现增长连结关系，农业发展模式为常规型。随后，农业碳排放增速减缓，碳排放与经济间的关系迅速变为强脱钩，农业发展模式呈现环保型。2014~2017年，我国经历了"十二五"到"十三五"的过渡，农业经济发展的要求发生了质的变化，提出了更为严格的绿色发展目标，优化农业生产结构并推动三产交叉融合，建立资源节约和环境友好型农业。为适应发展目标的调整，全国农业经济结构和布局也在发生变化，使其低碳化过程波动较为剧烈。2018年，中共中央、国务院发布《关于实施乡村振兴战略的意见》，农业进入全面且高质量的发展阶段，

农业经济的增速回升到 4.24%，碳排放仅增长了 1.99%，经济和碳排放间又呈现弱脱钩，农业发展回归常规型模式。

2. 八大区域脱钩的阶段性特点

从图 2.10 可见，东北地区大多年份农业经济和碳排放都是弱脱钩关系，农业发展模式为常规型，碳排放的增速慢于农业经济的增速；2016~2017 年，农业经济发展有所减缓，环比增速分别降低到 -4.11% 和 -5.98%，而碳排放仍在增加，两年的环比增速分别达到了 1.25% 和 7.79%，这一时期农业发展模式为污染型；2018 年，农业经济强势回暖，排放有所减缓，农业经济和碳排放呈现强脱钩关系。

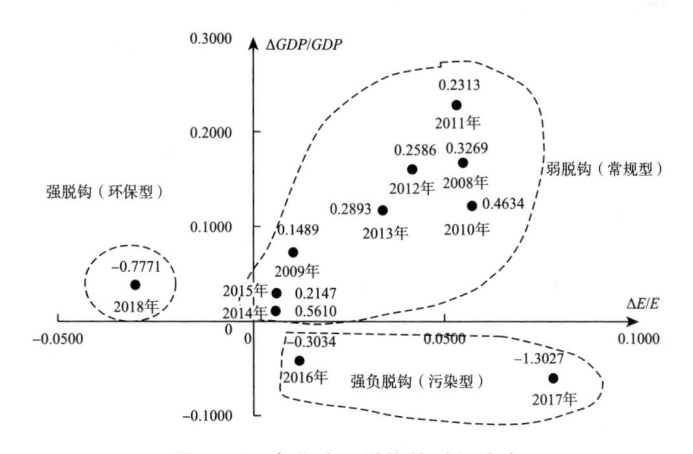

图 2.10　东北地区脱钩的时间演变

注：● 上的数据指脱钩弹性值 T。下同。

从图 2.11 可见，北部沿海两省两市农业经济发展模式经历了环保型—污染型—常规型的历程，2008~2013 年，农业经济增长较快，年均环比增速为 11.28%，农业碳排放却逐年下降，年均环比增速为 -1.49%，农业经济与碳排放呈现强脱钩关系；2014~2017 年，农业经济增速明显放缓，年均增速仅为-1.39%，而排放却略微增加，年均增速达到1.28%，经济与排放呈现负脱钩关系，环境污染加重；到2018年经济与排放的关系回归增长连结，农业发展模式为常规型。

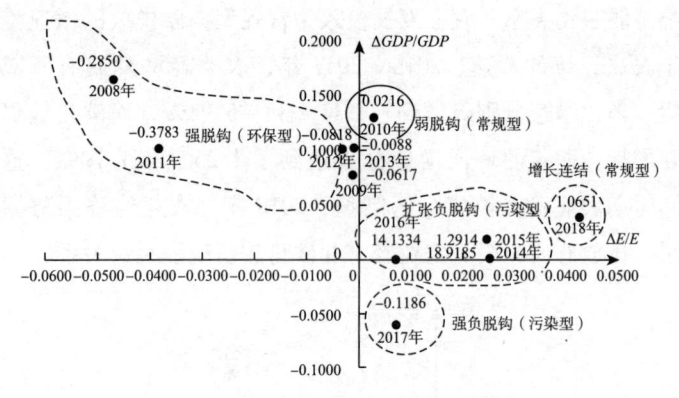

图2.11　北部沿海地区脱钩的时间演变

从图2.12可见，2013年以前，东部沿海地区农业经济与农业碳排放间的关系一直保持弱脱钩，经济和排放的年均环比增速分别为12.41%和2.52%，农业发展模式为常规型；从2013年开始，两者的关系波动较大，经历了强脱钩—强负脱钩—增长连结—强脱钩—衰退脱钩—扩张负脱钩的过程，与此同时，农业发展模式在环保型、污染型、常规型之间进行转换。

从图2.13可见，2014年以前，南部沿海地区农业经济与农业碳排放的关系以弱脱钩和强脱钩为主，农业经济在环保型和常规型模式间转化，农业经济和碳排放的年均增速分别为11.06%和1.22%；从2014年开始，两者之间的关系经历了扩张负脱钩—强脱钩—强负脱钩—弱脱钩的过程，农业发展模式在污染型、环保型和常规型间转变，

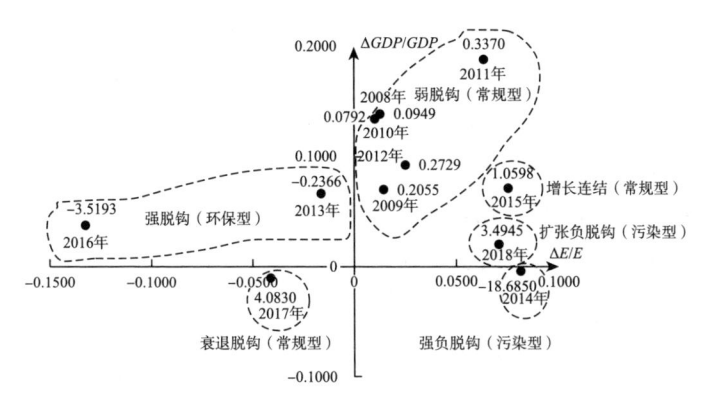

图 2.12 东部沿海地区脱钩的时间演变

波动较大。2014 年和 2015 年农业碳排放急剧增长,增速分别为 11.74% 和 10.44%,而农业经济增长势头有所减缓,2017 年经济有所下滑,增速为 -3.09%,碳排放仍持续增长。

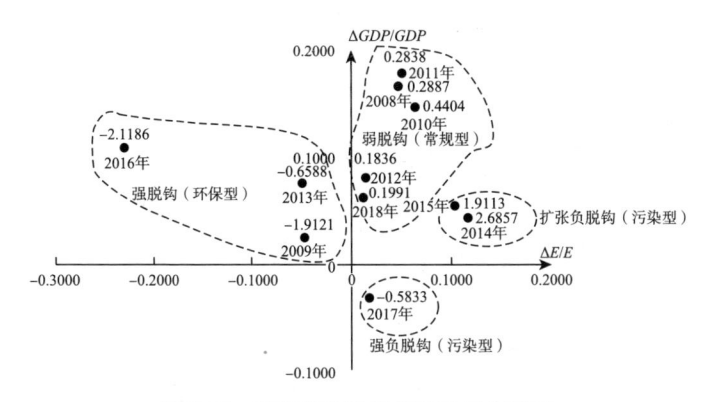

图 2.13 南部沿海地区脱钩的时间演变

从图 2.14 可见,2014 年以前,黄河中游地区农业经济与农业碳排放的关系以弱脱钩为主,农业发展模式为常规型,农业经济和碳排放的年均增速分别为 12.90% 和

2.50%；从 2014 年开始，两者之间的关系经历了增长连结—扩张负脱钩—弱脱钩—扩张负脱钩的过程，农业发展模式在污染型和常规型间转变，波动较大，这一时期农业经济发展较为平稳，年均增速为 1.39%，但碳排放变化较大，环比增速由 2014 年的 2.21% 下降到 2016 年的 0.79%，随后在 2018 年增加到 4.19%。

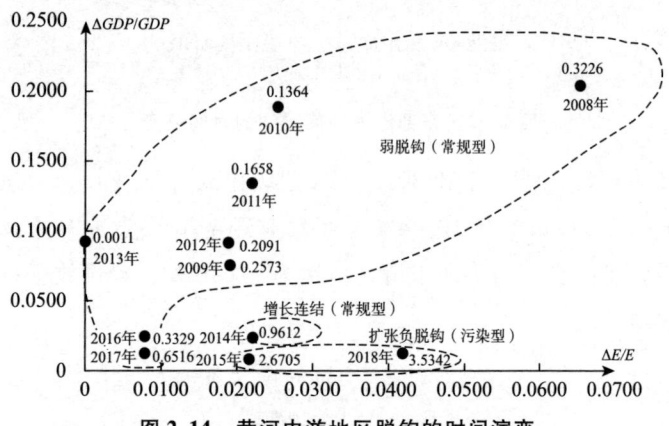

图 2.14　黄河中游地区脱钩的时间演变

从图 2.15 可见，长江中游地区农业经济与农业碳排放间的关系在弱脱钩、扩张负脱钩、强脱钩、衰退脱钩、强负脱钩间波动，农业发展模式也在常规型、污染型、环保型之间转化。农业经济增长呈下降趋势，环比增速由 2008 年的 22.61% 下降至 2018 年的 -2.47%，农业碳排放的增速整体也呈下降态势，环比增速由 2008 年的 6.81% 降至 2018 年的 3.33%，农业经济下滑得更快。

从图 2.16 可见，西南地区农业经济与农业碳排放间的关系主要在弱脱钩和强脱钩间转化，农业发展模式大多呈现常规型或环保型。这一区域的农业经济环比增速虽有下

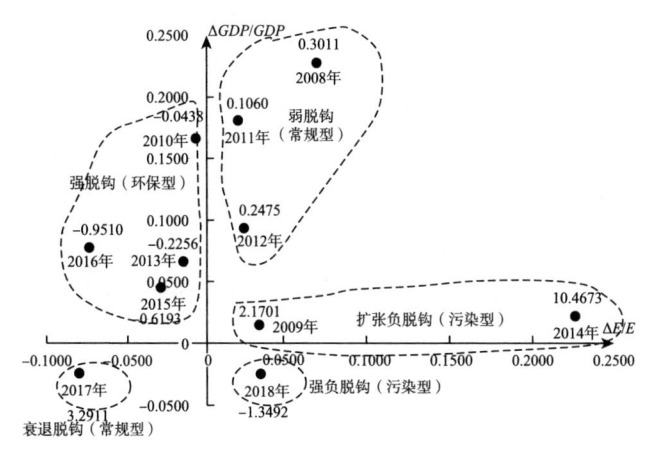

图 2.15　长江中游地区脱钩的时间演变

降,但整体发展比较稳定,2013 年以来,农业经济环比增速维持在 5% 以上,而 2008~2018 年的 11 年间,有 8 年农业碳排放环比增速为负值,可见,西南地区农业减排效果较好。

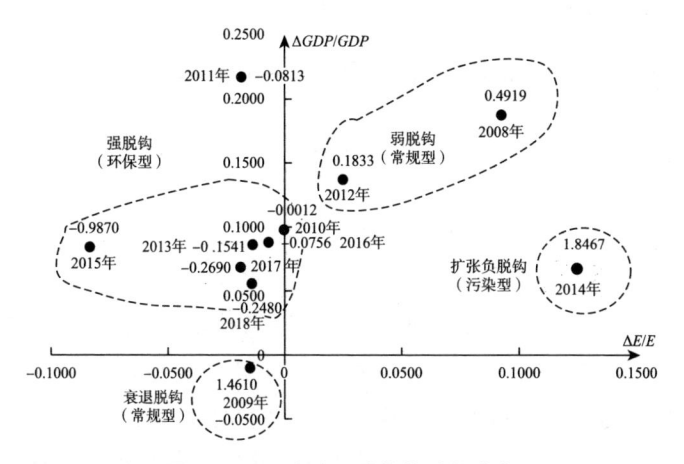

图 2.16　西南地区脱钩的时间演变

从图 2.17 可见，西北地区农业经济与农业碳排放间的关系主要是弱脱钩，农业发展模式主要呈现常规型。这一区域的农业经济环比增速也呈下降趋势，环比增速由 2008 年的 15.36% 降为 2018 年的 1.06%，农业碳排放却呈现增减波动的趋势，环比增速由 2008 年的 4.83% 下降为 2011 年的 1.75%，2014 年又上升到 11.13%，"十二五"规划最后一年，环比增速为 -3.57%，2018 年又增加到 4.42%。

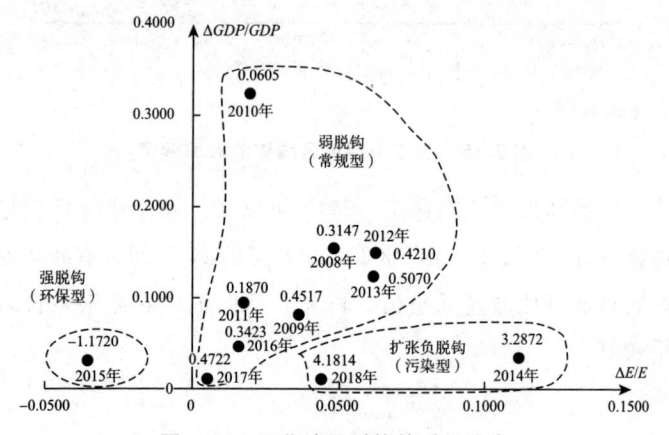

图 2.17　西北地区脱钩的时间演变

三　农业经济与农业碳排放脱钩的地区差异分析

1. 农业经济与农业碳排放脱钩的省际差异

由表 2.10 可见，从 2007~2018 年整体来看，全国没有污染型农业发展模式的地区，农业向着低碳化方向发展，其中，有 7 个省市农业碳排放与农业经济间呈现强脱钩关系，农业发展模式为环保型，占省区市总数的 23.33%，集中分布在北部沿海、东部沿海、南部沿海以及部分西南地区。

从八大区域内部的脱钩情况来看，东北三省全是弱脱钩，其中，2007~2018年黑龙江的碳排放和农业增加值都有较大变动，定基增速分别为65.69%和227.84%，农业低碳化发展显著；吉林的碳排放和农业增加值变动较小，定基增速分别22.82%和48.09%。

东部沿海的上海、浙江，北部沿海的北京、河北以及南部沿海的福建碳排放和农业经济间均是强脱钩关系，农业发展模式为环保型，上海和北京尤其明显，脱钩系数分别为-4.4230和-2.4334。上海着力转变农业发展方式，率先实现农业现代化，北京农业生产高端高效特征日益明显，基本形成了现代农业产业体系，两市农业经济发展的脱碳效应都较为明显，但由于两市农业产业占比较低，其发展经验难以推广到其他地区。而河北是我国的粮食主产区之一，通过发展生态循环农业，坚持能源利用和肥料利用相结合，推进农业废弃物资源化利用，不断探索低碳化发展方式，取得较好成效，2007~2018年农业经济和碳排放的定基增速分别为84.96%和-7.06%，产业脱碳效应较好，可通过示范效应带动其他粮食大省减排。浙江以经济作物种植为主，且倡导规模化、标准化和生态化发展模式，全面确立了"一控两减四基本"的农业绿色发展体系，也是全国生态循环农业建设试点省。福建通过推广测土配方施肥技术，严格控制化肥、农药用量，并控制畜禽污染排放，也实现了较为低碳的农业生产。浙江、福建两省的减排经验可推广到其他以经济作物种植为主的省区市。

表 2.10 2007~2018 年我国 30 个省区市农业碳排放发展模式情况

区域	省区市	T	特征	类型	区域	省区市	T	特征	类型
东北	黑龙江	0.2883	弱脱钩	常规型	东部沿海	上海	−4.4230	强脱钩	环保型
	吉林	0.4745	弱脱钩	常规型		江苏	0.2046	弱脱钩	常规型
	辽宁	0.0852	弱脱钩	常规型		浙江	−0.0311	强脱钩	环保型
北部沿海	北京	−2.4334	强脱钩	环保型	南部沿海	福建	−0.0403	强脱钩	环保型
	天津	0.1246	弱脱钩	常规型		广东	0.0800	弱脱钩	常规型
	河北	−0.0831	强脱钩	环保型		海南	0.0586	弱脱钩	常规型
	山东	0.1136	弱脱钩	常规型	长江中游	湖北	0.1468	弱脱钩	常规型
黄河中游	内蒙古	0.3466	弱脱钩	常规型		湖南	0.0779	弱脱钩	常规型
	陕西	0.1487	弱脱钩	常规型		江西	0.0902	弱脱钩	常规型
	山西	0.1753	弱脱钩	常规型		安徽	0.2822	弱脱钩	常规型
	河南	0.2011	弱脱钩	常规型	西北	甘肃	0.2174	弱脱钩	常规型
西南	云南	0.1095	弱脱钩	常规型		青海	0.0444	弱脱钩	常规型
	四川	0.0320	弱脱钩	常规型		宁夏	0.1992	弱脱钩	常规型
	贵州	−0.0080	强脱钩	环保型		新疆	0.4066	弱脱钩	常规型
	重庆	−0.0392	强脱钩	环保型					
	广西	0.0363	弱脱钩	常规型					

黄河中游和长江中游的8个省区碳排放和农业经济关系均为弱脱钩，农业发展模式为常规型。我国倡导节约和高效利用农业资源的思想，在种植业中积极推进化肥农药减量增效，并建立耕地轮作制度，实现用地养地结合，使中部种植业分布集中地的农业经济快速增长，而碳排放有所减缓，2007~2018年黄河中游农业经济和碳排放的平均定基增速分别为123.94%和28.20%。

西南地区的贵州和重庆农业发展模式为环保型，经济和排放是强脱钩关系，其余地区均为弱脱钩关系。贵州以建设国家生态文明试验区为引领，倒逼产业转型升级，生态利用型、循环高效型、低碳清洁型、环境治理型"四型"绿色经济占比不断攀升；重庆制定并实施严格的农业领域节能标准，引领农业有机废弃物资源化利用，引导农业节能低碳生产。

2. 省际农业经济与农业碳排放脱钩的时间演变

从表2.11可见，"十一五"时期，仅有河北和山东两省农业经济与农业碳排放是强脱钩关系，呈现环保型农业发展模式，其他所有省区市都以弱脱钩为主，农业发展模式为常规型。这是因为河北和山东农业经济增长较快，2010年定基增速分别达到42.01%和43.01%，而农业碳排放却在降低，定基增速分别为-8.03%和-2.34%。整个"十一五"五年规划期间，各省区市农业经济发展速度和碳排放增加速度差异不大，除山西省农业增加值定基增速超过100%外，其他地区均以两位数增加，绝大多数地区农业碳排放都以一位数增长，所以，农业经济和碳排放间的关系，以及农业经济发展模式并没有显著区别。

表 2.11 "十一五"时期省际农业经济与碳排放脱钩差异

省区市	碳排放定基增速（%）	农业经济定基增速（%）	T	特征	类型
北京	3.33	22.81	0.1461	弱脱钩	常规型
天津	4.89	32.12	0.1524	弱脱钩	常规型
河北	-8.03	42.01	-0.1911	强脱钩	环保型
山西	15.63	105.61	0.1480	弱脱钩	常规型
内蒙古	15.87	43.72	0.3631	弱脱钩	常规型
辽宁	5.24	43.91	0.1194	弱脱钩	常规型
吉林	4.87	33.98	0.1434	弱脱钩	常规型
黑龙江	22.70	42.33	0.5363	弱脱钩	常规型
上海	2.76	12.09	0.2280	弱脱钩	常规型
江苏	3.76	39.85	0.0942	弱脱钩	常规型
浙江	4.30	37.99	0.1132	弱脱钩	常规型
安徽	6.62	44.06	0.1503	弱脱钩	常规型
福建	5.35	36.08	0.1483	弱脱钩	常规型
江西	6.75	33.25	0.2029	弱脱钩	常规型
山东	-2.34	43.01	-0.0545	强脱钩	环保型
河南	8.17	46.92	0.1742	弱脱钩	常规型
湖北	12.66	55.81	0.2268	弱脱钩	常规型
湖南	10.73	42.97	0.2497	弱脱钩	常规型
广东	4.32	34.88	0.1239	弱脱钩	常规型
广西	9.76	34.94	0.2794	弱脱钩	常规型
海南	18.94	49.51	0.3825	弱脱钩	常规型
重庆	12.79	42.08	0.3039	弱脱钩	常规型
四川	6.11	22.19	0.2754	弱脱钩	常规型
贵州	2.08	40.02	0.0521	弱脱钩	常规型

续表

省区市	碳排放定基增速（%）	农业经济定基增速（%）	T	特征	类型
云南	11.22	32.37	0.3468	弱脱钩	常规型
陕西	11.41	66.79	0.1708	弱脱钩	常规型
甘肃	16.54	55.27	0.2994	弱脱钩	常规型
青海	8.24	61.76	0.1334	弱脱钩	常规型
宁夏	9.41	62.72	0.1500	弱脱钩	常规型
新疆	7.68	71.56	0.1073	弱脱钩	常规型

资料来源：农业经济定基增速经2007~2011年《中国统计年鉴》中各省区市农业增加值计算而得；农业碳排放定基增速由本章农业碳排放核算框架测算出的2006~2010年各省区市农业碳排放量计算而得。

从表2.12可见，"十二五"时期，各省区市农业发展模式除了常规型和环保型外，还出现了污染型，地区农业经济发展差异有逐步扩大趋势。北京和重庆农业经济与农业碳排放为强脱钩关系，农业发展模式为环保型，北京农业增加值增长较慢，2015年定基增速仅为2.89%，但随着都市型现代农业的发展，农业碳排放定基增速为-18.64%；重庆在这一时期提出低碳农业发展目标，碳排放定基增速为-9.85%。上海和广西农业发展模式为污染型，其中，上海农业经济进一步压缩，其增加值定基增速为-12.10%，为各省区市中唯一为负的；广西农业碳排放随农业经济的增长以更快的速度增加，以粗放型农业发展模式为主。整体来看，"十二五"期间各省区市农业经济发展速度较"十一五"期间有所下降，农业碳排放的地区差异有所扩大。

表 2.12 "十二五"时期省际农业经济与碳排放脱钩差异

省区市	碳排放定基增速（%）	农业经济定基增速（%）	T	特征	类型
北京	-18.64	2.89	-6.4467	强脱钩	环保型
天津	4.71	30.74	0.1532	弱脱钩	常规型
河北	6.08	18.37	0.3311	弱脱钩	常规型
山西	0.73	22.10	0.0332	弱脱钩	常规型
内蒙古	13.69	23.82	0.5750	弱脱钩	常规型
辽宁	2.51	24.46	0.1028	弱脱钩	常规型
吉林	12.53	24.96	0.5019	弱脱钩	常规型
黑龙江	10.64	54.78	0.1942	弱脱钩	常规型
上海	3.77	-12.10	-0.3114	强负脱钩	污染型
江苏	20.78	30.06	0.6913	弱脱钩	常规型
浙江	11.72	15.78	0.7423	弱脱钩	常规型
安徽	23.77	21.90	1.0851	增长连结	常规型
福建	1.12	31.38	0.0358	弱脱钩	常规型
江西	3.95	27.45	0.1439	弱脱钩	常规型
山东	4.66	28.53	0.1635	弱脱钩	常规型
河南	5.25	19.85	0.2642	弱脱钩	常规型
湖北	25.36	28.82	0.8800	增长连结	常规型
湖南	22.04	20.36	1.0824	弱脱钩	常规型
广东	29.95	25.53	1.1734	弱脱钩	常规型
广西	31.14	25.31	1.2300	扩张负脱钩	污染型
海南	11.64	29.65	0.3926	弱脱钩	常规型
重庆	-9.85	36.19	-0.2721	强脱钩	环保型
四川	3.97	23.25	0.1706	弱脱钩	常规型
贵州	17.16	125.91	0.1363	弱脱钩	常规型

续表

省区市	碳排放定基增速（%）	农业经济定基增速（%）	T	特征	类型
云南	4.56	45.70	0.0998	弱脱钩	常规型
陕西	1.02	30.86	0.0332	弱脱钩	常规型
甘肃	8.55	40.57	0.2108	弱脱钩	常规型
青海	1.31	34.72	0.0378	弱脱钩	常规型
宁夏	9.94	29.12	0.3415	弱脱钩	常规型
新疆	37.68	36.88	1.0218	增长连结	常规型

资料来源：农业经济定基增速经 2012~2016 年《中国统计年鉴》中各省区市农业增加值计算而得；农业碳排放定基增速由本章农业碳排放核算框架测算出的 2011~2015 年各省区市农业碳排放量计算而得。

从表2.13可见，"十三五"时期，由于各地积极优化农业结构，做大做强优势产业，农业经济的地区差异更加明显，36.7%的省区市农业增加值定基增速为负，而随着减排压力的日益增加，各地农业碳排放也呈现明显的区别，西南地区农业碳排放有降低趋势，其定基增速大部分为负，农业大省河北、黑龙江等地碳排放仍以两位数增加。这一时期，各省区市农业经济与农业碳排放间的关系更为复杂多变，常规型、环保型和污染型农业发展模式分布于各省区市，污染型模式集中在北部沿海、长江中游，环保型模式集中在西南地区，而常规型模式较为分散。

表 2.13 2016~2018 年省际农业经济与碳排放脱钩差异

省区市	碳排放定基增速（%）	农业经济定基增速（%）	T	特征	类型
北京	-28.33	-8.55	3.3131	衰退脱钩	常规型
天津	-13.11	-21.57	0.6075	弱负脱钩	污染型

续表

省区市	碳排放定基增速（%）	农业经济定基增速（%）	T	特征	类型
河北	10.29	-4.43	-2.3217	强负脱钩	污染型
山西	4.74	-5.62	-0.8435	强负脱钩	污染型
内蒙古	7.49	6.50	1.1527	增长连结	常规型
辽宁	-5.17	-6.43	0.8038	衰退连结	常规型
吉林	-0.96	-22.54	0.0426	强负脱钩	污染型
黑龙江	12.35	12.38	0.9980	增长连结	常规型
上海	-4.71	-4.66	1.0111	衰退连结	常规型
江苏	6.34	1.58	4.0075	强负脱钩	污染型
浙江	-5.33	10.09	-0.5282	负脱钩	环保型
安徽	16.43	2.74	6.0031	扩张负脱钩	污染型
福建	5.96	0.70	8.4901	扩张负脱钩	污染型
江西	-3.11	-1.43	2.1771	衰退脱钩	污染型
山东	10.04	10.43	0.9630	增长连结	常规型
河南	6.18	10.07	0.6137	弱脱钩	常规型
湖北	5.53	-3.06	-1.8101	强负脱钩	污染型
湖南	1.29	-13.83	-0.0934	强负脱钩	污染型
广东	6.85	3.71	1.8460	扩张负脱钩	污染型
广西	-10.55	7.96	-1.3253	强脱钩	环保型
海南	-18.54	5.46	-3.3970	强脱钩	环保型
重庆	-4.55	5.76	-0.7911	强脱钩	环保型
四川	-6.63	12.66	-0.5238	强脱钩	环保型
贵州	-7.79	16.97	-0.4588	强脱钩	环保型
云南	5.19	13.84	0.3751	弱脱钩	常规型
陕西	17.95	8.05	2.2298	扩张负脱钩	污染型

续表

省区市	碳排放定基增速（%）	农业经济定基增速（%）	T	特征	类型
甘肃	0.37	-6.31	-0.0592	强负脱钩	污染型
青海	2.92	21.21	0.1377	弱脱钩	常规型
宁夏	14.62	15.83	0.9233	增长连结	常规型
新疆	6.55	2.61	2.5039	扩张负脱钩	污染型

资料来源：农业经济定基增速根据 2017~2019 年《中国统计年鉴》中各省区市农业增加值计算而得；农业碳排放定基增速由本章农业碳排放核算框架测算出的 2016~2018 年各省区市农业碳排放量计算而得。

本章附录

附录 1　各农业碳排放源的排放系数

表 1　农用能源排放系数

单位：kg（CO_2）/kg

能源种类	排放系数	能源种类	排放系数
煤炭	1.47	煤油	4.55
焦炭	2.96	燃料油	4.62
原油	4.38	柴油	4.60
汽油	4.69	天然气	0.29

注：排放系数计算公式为 $f_i = \dfrac{c_i \times o \times \left(\dfrac{12}{44}\right) \times 1000}{10^9 / j_i}$，$f_i$、$c_i$ 和 j_i 分别为第 i 种能源的排放系数、碳含量和平均低位发热值，o 是氧化因子。假设能源完全燃烧，氧化因子为 1。12 和 44 分别是碳和二氧化碳的相对原子质量。$10^9 / j_i$ 是产生 10 亿焦耳的热量的第 i 种能源的质量。

资料来源：活动数据来自《中国能源统计年鉴》。

表2 农地利用排放系数

类别	排放系数	类别	排放系数
化肥	3.28 kg（CO_2）/kg	农膜	18.99 kg（CO_2）/kg
农药	18.09 kg（CO_2）/kg	翻耕	12.00 kg（CO_2）/ha

资料来源：活动数据来自《中国农村统计年鉴》，排放系数引自田云和张俊飚（2017）的研究。

表3 水稻种植的排放系数

单位：kg（CH_4）/m^2

省区市	排放系数	省区市	排放系数	省区市	排放系数
北京	13.23	安徽	31.90	重庆	16.90
天津	11.34	福建	34.60	贵州	16.10
河北	15.33	江西	42.20	云南	05.70
山西	6.62	山东	21.00	西藏	06.83
内蒙古	8.93	河南	17.85	陕西	12.51
辽宁	9.24	湖北	38.20	甘肃	06.83
吉林	5.57	湖南	35.00	青海	00.00
黑龙江	8.31	广东	41.20	宁夏	07.35
上海	31.26	广西	36.40	新疆	10.50
江苏	32.40	海南	38.40		
浙江	35.60	四川	16.90		

资料来源：排放系数引自王珧等（2019）的研究。

表4 反刍动物饲养排放系数

反刍动物	肠道发酵排放系数	粪便管理排放系数	
		甲烷	氧化亚氮
牛	55.93 kg（CH_4）/（head·a）	6.67 kg（CH_4）/（head·a）	1.24 kg（N_2O）/（head·a）
马	18 kg（CH_4）/（head·a）	1.64 kg（CH_4）/（head·a）	1.39 kg（N_2O）/（head·a）

续表

反刍动物	肠道发酵排放系数	粪便管理排放系数	
		甲烷	氧化亚氮
驴	10 kg (CH$_4$)/(head·a)	0.90 kg (CH$_4$)/(head·a)	1.39 kg (N$_2$O)/(head·a)
骡	10 kg (CH$_4$)/(head·a)	0.90 kg (CH$_4$)/(head·a)	1.39 kg (N$_2$O)/(head·a)
猪	1 kg (CH$_4$)/(head·a)	3.50 kg (CH$_4$)/(head·a)	0.53 kg (N$_2$O)/(head·a)
羊	5 kg (CH$_4$)/(head·a)	0.16 kg (CH$_4$)/(head·a)	0.33 kg (N$_2$O)/(head·a)

资料来源：参考闵继胜和胡浩（2012）的研究，活动数据来自《中国农村统计年鉴》。

表 5 秸秆燃烧排放系数

秸秆类型	燃烧比例（%）	排放系数	
		kg (CH$_4$)/kg	kg (N$_2$O)/kg
水稻	70.29	20	0.1
小麦	67.71	20	0.1
油菜	56.43	30	0.1
大豆	87.50	30	0.1
玉米	80.90	30	0.1
棉花	93.22	20	0.1

注：参考刘丽华等（2011）的研究，秸秆燃烧比例选取最近年份的平均数。

资料来源：活动数据来自《中国农村统计年鉴》。

表6 电力排放系数

单位：t (CO_2)/mwh

省区市	排放系数	省区市	排放系数	省区市	排放系数	省区市	排放系数
北京	0.7129	上海	0.6485	湖北	0.6063	云南	0.5421
天津	0.7129	江苏	0.6485	湖南	0.6063	西藏	0.8600
河北	0.7129	浙江	0.6485	广东	0.5421	陕西	0.6194
山西	0.7129	安徽	0.6485	广西	0.5421	甘肃	0.6194
内蒙古	0.7129	福建	0.6485	海南	0.5421	青海	0.6194
辽宁	0.7196	江西	0.6063	四川	0.6063	宁夏	0.6194
吉林	0.7196	山东	0.7129	重庆	0.6063	新疆	0.6194
黑龙江	0.7196	河南	0.6063	贵州	0.5421		

注：排放系数计算公式为 $E_i = 0.5 \times EL + 0.5 \times CA$，$EL$ 和 CA 分别为边际排放因子和容量边际排放因子。由于西藏的数据缺失，用西部各省的平均数替代。由于电力碳排放量在总排放量中占比并不大，所以认为这种替代不会显著影响本书的结论。

资料来源：数据来自生态环境部发布的《2017年度减排项目中国区域电网基准线排放因子》。

附录2 农业碳排放活动数据

表7 活动数据来源

排放源	含义	数据来源
农用能源	煤炭、焦炭、原油、汽油、煤油、柴油、燃料油、天然气的消耗量	《中国能源统计年鉴》
农地利用	化肥、农药的施用量，农膜的使用量以及耕地面积	《中国农村统计年鉴》
作物种植	水稻、小麦、玉米、大豆、蔬菜的种植面积	
反刍动物饲养	牛、马、驴、骡、猪、羊的年均存栏量	
秸秆燃烧	水稻、小麦、玉米、大豆、棉花和油菜的产量	

参考文献

[1] 蔡慧敏. 中国农业碳排放地区差距的结构分解 [J]. 低碳世界, 2021, 11 (1): 219-220.

[2] 戴小文, 漆雁斌, 唐宏. 1990-2010年中国农业隐含碳排放及其驱动因素研究 [J]. 资源科学, 2015, 37 (8): 1668-1676.

[3] 黄祖辉, 米松华. 农业碳足迹研究——以浙江省为例 [J]. 农业经济问题, 2011, 32 (11): 40-47+111.

[4] 黎孔清, 马豆豆. 江苏省经济发展、技术进步与农业碳排放增长关系研究 [J]. 科技管理研究, 2018, 38 (6): 77-83.

[5] 李波, 刘雪琪, 梅情等. 湖北省农地利用方式变化的碳效应特征与空间差异 [J]. 中国人口·资源与环境, 2018, 28 (10): 62-70.

[6] 李国志, 李宗植. 中国农业能源消费碳排放因素分解实证分析——基于LMDI模型 [J]. 农业技术经济, 2010, (10): 66-72.

[7] 李俊杰. 民族地区农地利用碳排放测算及影响因素研究 [J]. 中国人口·资源与环境, 2012, 22 (9): 42-47.

[8] 刘丽华, 蒋静艳, 宗良纲. 农业残留物燃烧温室气体排放清单研究: 以江苏省为例 [J]. 环境科学, 2011, 32 (5): 1242-1248.

[9] 闵继胜, 胡浩. 中国农业生产温室气体排放量的测算 [J]. 中国人口·资源与环境, 2012, 22 (7): 21-27.

[10] 庞丽. 我国农业碳排放的区域差异与影响因素分析 [J]. 干旱区资源与环境, 2014, 28 (12): 1-7.

[11] 生态环境部.2017年度减排项目中国区域电网基准线排放因子 [R].2018年12月20日.

[12] 谭秋成.中国农业温室气体排放：现状及挑战 [J].中国人口·资源与环境,2011,21 (10):69-75.

[13] 田云,张俊飚,李波.中国农业碳排放研究：测算、时空比较及脱钩效应 [J].资源科学,2012,34 (11):2097-2105.

[14] 田云,张俊飚.中国农业碳排放、低碳农业生产率及其协调性研究 [J].中国农业大学学报,2017,22 (5):208-218.

[15] 王珧,张永强,田媛,王荣.我国粮食主产区农业碳排放影响因素及空间溢出性 [J].南方农业学报,2019,50 (7):1632-1639.

[16] 吴贤荣,张俊飚,田云等.中国省域农业碳排放：测算、效率变动及影响因素研究——基于 DEA-Malmquist 指数分解方法与 Tobit 模型运用 [J].资源科学,2014,36 (1):129-138.

[17] 吴贤荣.中国农业碳排放边际减排成本：参数法测度与时空分析 [J].世界农业,2021,(1):46-56+129-130.

[18] 杨钧.中国农业碳排放的地区差异和影响因素分析 [J].河南农业大学学报,2012,46 (3):336-342.

[19] 杨乐,邓辉,李国学等.新疆绿洲区秸秆燃烧污染物释放量及固碳减排潜力 [J].农业环境科学学报,2015,34 (5):988-993.

[20] Adewale, C., Reganold, J. P., Higgins, S., et al. Improving carbon footprinting of agricultural systems: Boundaries, tiers, and organic farming [J]. *Environmental Impact Assessment Review*, 2018, 71: 41-48. doi: 10.1016/j. eiar. 2018.04.004.

[21] Bajan, B., Mrówczyńska-Kamińska, A. Carbon footprint and

environmental performance of agribusiness production in selected countries around the world [J]. *Journal of Cleaner Production*, 2020, 276: 123389. doi: 10.1016/j. jclepro. 2020. 123389.

[22] Crippa, M., Solazzo, E., Guizzardi, D. Food systems are responsible for a third of global anthropogenic GHG emissions [J]. *Nature Food*, 2021, 2 (3): 198 – 209. doi: 10.1038/s4 3016 – 021 – 00225 – 9.

[23] Ehrlich, P. R., Wolff, G., Daily, G. C., et al. Knowledge and the environment [J]. *Ecological Economics*, 1999, 30 (2): 267 – 284.

[24] Grossman, G. M., Krueger, A. B. Economic growth and the environment [J]. *The Quarterly Journal of Economics*, 1995, 110 (2): 353 – 377.

[25] IPCC. Climate Change and Land [R]. https://www.ipcc.ch/srccl/2019. Accessed 15 Aug 2019.

[26] IPCC. *Climate Change 2014: Synthesis Report* [M]. New York: Cambridge University Press, 2014.

[27] Johnson, J. M. F., Franzluebbers, A. J., Weyers, S. L., et al. Agricultural opportunities to mitigate greenhouse gas emissions [J]. *Environmental Pollution*, 2007, 150 (1): 107 – 124. doi: 10.1016/j. envpol. 2007. 06. 030.

[28] Johnson', M. D., Rutland, C. T., Richardson, J. W., et al. Greenhouse gas emissions from U. S. grain farms [J]. *Journal of Crop Improvement*, 2016, 30 (4): 447 – 477. doi: 10.1080/15427528. 2016. 1174180.

[29] Katayanagi, N., Fumoto, T., Hayano, M., et al. Development of a method for estimating total CH_4 emission from rice paddies in Japan using the DNDC-Rice model [J]. *Science of*

the *Total Environment*, 2016, 547: 429 – 440. doi: 10.1016/j. scitotenv. 2015. 12. 149.

[30] Lin, H. W. , Jin, Y. , Giglio, L. , et al. Evaluating greenhouse gas emissions inventories for agricultural burning using satellite observations of active fires [J]. *Ecological Applications*, 2012, 22 (4): 1345 – 1364.

[31] Mantoam, E. J. , Romanelli, T. L. , Gimenez, L. M. Energy demand and greenhouse gases emissions in the life cycle of tractors [J]. *Biosystems Engineering*, 2016, 151: 158 – 170. doi: 10.1016/j. biosystemseng. 2016. 08. 028.

[32] Panichelli, L. , Gnansounou, E. Impact of agricultural-based biofuel production on greenhouse gas emissions from land-use change: Key modelling choices [J]. *Renewable and Sustainable Energy Reviews*, 2015, 42: 344 – 360. doi: 10.1016/j. rser. 2014. 10. 026.

[33] Parton, W. J. , Gutmann, M. P. , Merchant, E. R. , et al. Measuring and mitigating agricultural greenhouse gas production in the US Great Plains, 1870 – 2000 [J]. *Proceedings of the National Academy of Sciences*, 2015, 112 (34): E4681 – E4688. doi: 10. 1073/pnas. 1416499112.

[34] Regina, K. , Alakukku, L. Greenhouse gas fluxes in varying soils types under conventional and no-tillage practices [J]. *Soil & Tillage Research*, 2010, 109 (2): 144 – 152. doi: 10. 1016/j. still. 2010. 05. 009.

[35] Sovik, A. K. , Klove, B. Emission of N_2O and CH_4 from a constructed wetland in southeastern Norway [J]. *Science of the Total Environment*, 2007, 380: 28 – 37. doi: 10.1016/j. scitotenv. 2006. 10. 007.

[36] Thamo, T. , Kingwell, R. S. , Pannell, D. J. Measurement of

greenhouse gas emissions from agriculture: Economic implications for policy and agricultural producers [J]. *Australian Journal of Agricultural and Resource Economics*, 2013, 57 (2): 234 - 252. doi: 10. 1111/j. 1467 - 8489. 2012. 00613. x.

[37] Verge, X. P. C. , Maxime, D. , Dyer, J. A. , et al. Carbon footprint of Canadian dairy products: Calculations and issues [J]. *Journal of Dairy Science*, 2013, 96 (9): 6093 - 6104. doi. org/10. 3168/jds. 2013 - 6563.

[38] Wójcik-Gront, E. Analysis of sources and trends in agricultural GHG emissions from annex I countries [J]. *Atmosphere*, 2020, 11 (4): 392. doi: 10. 3390/atmos11040392.

[39] Zhou, J. B. , Jiang, M. M. , Chen, G. Q. Estimation of methane and nitrous oxide emission from livestock and poultry in China during 1949 - 2003 [J]. *Energy Policy*, 2007, 35 (7): 3759 - 3767. doi. org/10. 1016/j. enpol. 2007. 01. 013.

第三章　中国农业碳减排成本分析

　　为了实现高效减排，大量学者致力于研究碳减排效率，数据包络分析法（DEA）是较为常用的方法。董锋等（2014）使用三阶段 DEA 模型来估计区域碳排放效率，以消除外部环境因素和随机因素的影响；曾福生和刘俊辉（2019），以及 Wang 和 Feng（2021）分别从静态和动态视角测算碳排放效率，发现我国不同地区的农业碳减排效率存在显著差异；Guo 等（2017）使用松弛 DEA 模型从优化能源结构的角度探讨了如何提高减排效率；还有一些学者试图从农业碳排放的空间分布规律中寻找提高减排效率的方法和途径（徐丽等，2019；He et al.，2020）。

　　由于影子价格可以用来分析碳减排的潜力和难度（周鹏等，2014），所以也有学者从碳排放影子价格的角度讨论有效减排问题。影子价格最先由 Färe 等（1993）提出，随后学者们计算了国家层面（Duan et al.，2018；Zhou et al.，2017）或工业层面（Jain and Kumar，2018；Matsushita and Yamane，2012）的碳排放影子价格，并认为影子价格的差异促使各地区开展减排合作，从而提高了减排效率。Sonnenschein 等（2019）也支持使用恰当的定价机制，并认为其能够更有效地减少碳排放。少数学者对农业碳排放影子价格进行了研究（吴贤荣等，2014；王天穹、顾海英，2019），并分析了农业碳减排成本的区域异质性。

第三章 中国农业碳减排成本分析

虽然学者们用 DEA 模型测量了农业碳减排效率，也用影子价格测量了农业碳减排成本，并发现区域碳减排成本的差异有助于推动区域合作，提高减排效率，但他们没有总结碳减排模式的区域差异，也没有进一步讨论碳减排成本差异的原因。因此，本章在测算农业碳减排成本的基础上，采用弹性分析法将农业经济发展与农业碳减排置于同一框架下，分东部、中部、西部三个区域[①]探讨碳减排模式的区域差异，寻找碳减排标杆地区，并从经济、技术、政策三维视角选取影响因素，运用可变系数面板模型分析各因素对农业碳减排成本的影响，以便从减排成本的区域异质性中提出差异化的减排措施。

第一节 农业碳减排成本的测算及分析

一 农业碳减排成本的测算

1. 方向性距离函数的测算

影子价格的计算有参数和非参数两种方法（周鹏等，2014）。参数法中的方向性距离函数（DDF）具有确定的参数形式，非期望产出的成本可以用期望产出的损失来表示，这使非期望产出的影子价格具有明显的经济意义。因此，我们采用参数法来测算农业碳排放的影子价格。首先，需要设置方向性距离函数的形式。

---

① 本章为分析农业碳减排成本的区域差异，依据地理位置将我国划分为东部、中部、西部三个区域，以此把握减排成本的空间分布格局。

假设在 N 个决策单元中,投入要素 $x_m = (x_1, x_2, \cdots, x_m) \in R_+^m$ 表示某个决策单元包含 m 种投入,期望产出 $y = (y_1, y_2, \cdots, y_s) \in R_+^s$ 表示存在 s 种期望产出,非期望产出 $b = (b_1, b_2, \cdots, b_j) \in R_+^j$ 表示有 j 种非期望产出,此时生产技术函数 $P(x)$ 可定义为:

$$P(x) = \{(y,b): x \text{ can produce}(y,b)\} \quad (3.1)$$

按照 Färe 等(1993)的定义,方向性距离函数是一种将环境污染物的负外部性纳入评价体系的函数。因此,令 $g = (g_y, g_b)$,并且 $g \neq 0$,此时的方向性距离函数定义为:

$$\vec{D}_0(x,y,b;g_y,g_b) = \sup\{\beta: (y+\beta g_y, b-\beta g_b) \in P(x)\} \quad (3.2)$$

式(3.2)中,x 表示投入,y 表示期望产出,b 表示非期望产出;g_y、g_b 分别是 y 和 b 的方向向量,β 为决策单元沿方向向量与生产前沿面的距离,也即方向性距离函数值,该值越大表示决策单元离生产前沿面越远,反之则越近。各要素关系如图 3.1 所示。

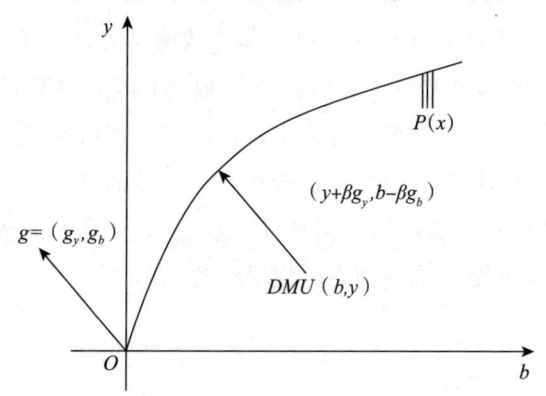

图 3.1 方向性距离函数

第三章 中国农业碳减排成本分析

方向性距离函数有明确的参数形式，参数式能够赋予影子价格明确的经济意义，并且参数方法有超越对数函数和二次型方向性距离函数两种，其中超越对数函数常被用于谢泼德产出距离函数的参数化，二次型方向性距离函数可以满足方向性距离函数的独特转换性质（Chambers et al.，1998；Färe et al.，2005），因此本章使用二次型方向性距离函数进行参数设定。假定方向向量 $g = (1, -1)$，存在 $k = 1, 2, \cdots, K$ 个决策单元，则第 k 个决策单元的二次型方向性距离函数可表示为：

$$\vec{D}_0(x,y,b;1,-1) = \alpha_0 + \sum_i \alpha_i x_i + \sum_j \alpha_j y_j + \sum_k \alpha_k b_k + \frac{1}{2} \sum_i \sum_{i'} \gamma_{ii'} x_i x_{i'} + \frac{1}{2} \sum_j \sum_{j'} \gamma_{jj'} y_j y_{j'} + \frac{1}{2} \sum_k \sum_{k'} \gamma_{kk'} b_k b_{k'} + \sum_j \sum_k \gamma_{jk} y_j b_k + \sum_i \sum_j \beta_{ij} x_i y_j + \sum_i \sum_k \delta_{ik} x_i b_k$$

$$\gamma_{ii'} = \gamma_{i'i}, i \neq i'; \gamma_{jj'} = \gamma_{j'j}, j \neq j'; \gamma_{kk'} = \gamma_{k'k}, k \neq k'$$

(3.3)

二次型方向性距离函数值表示生产单元沿着方向向量与生产前沿面的距离。数值越大，表明该生产单元距离农业绿色生产前沿面越远，在相同投入的情况下期望产出越少，非期望产出越多，意味着农业绿色生产绩效越低；反之，数值越小，距离农业绿色生产前沿面越近，农业绿色生产绩效越高。在定义方向性距离函数的基础上，我们使用线性规划模型计算最优方向性距离函数：

$$\text{Min} \sum_k [\vec{D}(x^k, y^k, b^k; 1, -1) - 0]$$

$$\text{s.t.}\begin{cases}① \vec{D}(x^k,y^k,b^k;1,-1) \geq 0, k \in [1,K] \\ ② \vec{D}(x^k,y^k,0;1,-1) \geq 0, k \in [1,K] \\ ③ \dfrac{\partial \vec{D}(x^k,y^k,b^k;1,-1)}{\partial y} \leq 0, k \in [1,K] \\ ④ \dfrac{\partial \vec{D}(x^k,y^k,b^k;1,-1)}{\partial b} \geq 0, k \in [1,K] \\ ⑤ \dfrac{\partial \vec{D}(x^k,y^k,b^k;1,-1)}{\partial x} \geq 0, k \in [1,K] \\ ⑥ \beta_0 - \beta_1 = -1; \beta_{00} = \beta_{01} = \beta_{11}; \delta_{n0} = \delta_{n1} \\ ⑦ \alpha_{nn'} = \alpha_{n'n}, n \in [1,3] \end{cases}$$

(3.4)

式 (3.4) 通过将各决策单元约束到生产前沿面内部,在保证期望产出与非期望产出零点关联性的条件下,对投入、期望产出和非期望产出进行单调约束并附加相等参数使函数满足转移性约束及对称约束,从而求得最优方向性距离函数值。其中,约束条件①表示各个决策单元位于生产前沿面内部,条件②表示期望产出与非期望产出的零点关联性,条件③和④分别表示对期望产出与非期望产出的单调性约束,条件⑤使函数满足对投入要素的单调性约束,条件⑥使函数满足转移属性,条件⑦使投入和产出向量间具有对称性。最终,可以估计出 2007~2018 年每一年的最优方向性距离函数的表达式,见本章附录表1。

2. 影子价格的测算

我们根据上面估计的最优方向性距离函数来计算农业碳减排的影子价格。由于农业经济产出和碳排放两种产品是同时产生的,在减少非期望产出碳排放的同时,期望产出经济产出也要相应减少，所以，我们使用减少的期望产出值作为非期望产出的机会成本，即影子价格。影子价格可以表示为：

$$q = -p \times \frac{\partial D(x,y,b,g)/\partial b}{\partial D(x,y,b,g)/\partial y} \quad (3.5)$$

其中，q 是非期望产出的价格，p 是期望产出的价格。$\partial D(x,y,b,g)/\partial b$ 和 $\partial D(x,y,b,g)/\partial y$ 分别表示方向性距离函数对非期望产出和期望产出的偏导数。影子价格衡量了减少碳排放的经济成本。影子价格越高，减排成本越高，减排难度越大，减排潜力越小；影子价格越低，减排成本越低，减排越容易，减排潜力越大。用于估计影子价格的投入变量和产出变量如表 3.1 所示。

表 3.1　投入和产出变量定义

变量类型	变量名称	资料来源
投入变量	农用地面积	《中国农村统计年鉴》
	第一产业固定资产投入	《中国农村统计年鉴》
	乡村人口数量	《中国人力资源和社会保障年鉴》
产出变量	农业增加值（期望产出）	《中国农村统计年鉴》
	农业碳排放量（非期望产出）	根据本书第一章的测算方法求得

二　农业绿色生产绩效分析

从图 3.2 可见，2007~2018 年，全国农业方向性距离函数平均值为 0.2409，按照该值的定义，如果我国所有省区市农业生产均达到生产前沿面，将会多产出 411.59 亿元的农业增加值，并且减少 1255.03 万吨的农业碳排放，说明我国农业碳减排仍存在较大空间。从变化趋势来看，我国农业绿色生产绩效变化不大，但中部、东部和西部地区存在显著差异。东部地区农业绿色生产绩效显著高于中部和西部地区。中部地区农业绿色生产绩效显著下降，二次距离函数值由2007年的0.34增加到2018年的0.43；西部地区农业绿色生产绩效略有提高，二次距离函数值由2007年的0.31下降到2018年的0.28；东部地区农业绿色生产绩效相对稳定，二次距离函数值保持在0.08附近。

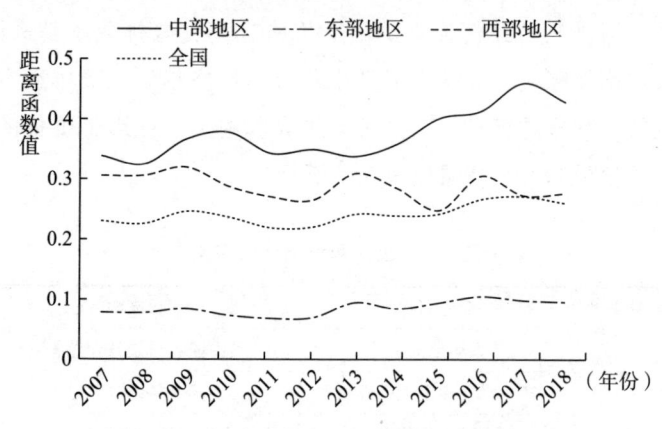

图3.2　2007～2018年农业方向性距离函数值

由图3.3可见，2007～2018年东部、中部、西部地区年平均方向性距离函数值分别为0.0851、0.4022、0.2873，东部地区农业绿色生产绩效明显高于中部和西部地区，而中部地区的农业绿色生产绩效最低。原因在于东部发展的都是附加值比较高的农业产业，造成同等投入的情况下产出多，碳排放少。其中，山东、福建、江苏三省年平均方向性距离函数值分别为0.0001、0.0005、0.0030，说明这些省份在同等投入下获得了较多的农业经济产出以及较少的碳排放，可以作为国内其他省区市减排的学习标杆；黑龙江、内蒙古、云南、吉林、安徽以及新疆六省区农业绿色生产绩效较低，农业投入要素利用效率有待提高，应通过查找自身发展短板，提高农业绿色发展绩效。

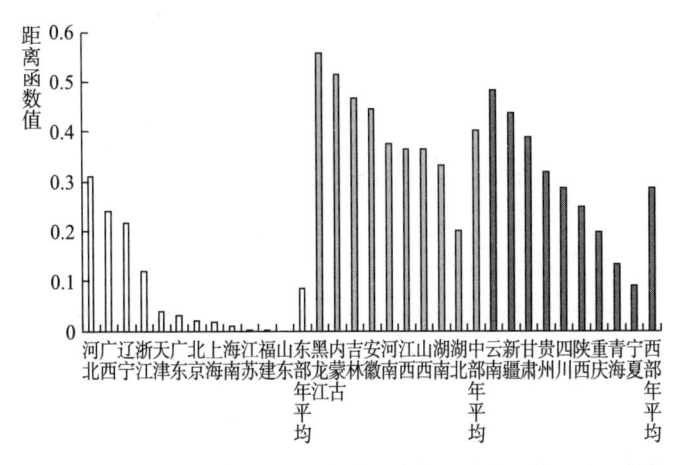

图 3.3 2007~2018 年全国 30 个省区市年平均方向性距离函数值

三 农业碳减排成本的分析

从图 3.4 可见，全国农业碳排放的影子价格呈现较为明显的上升趋势，由 2007 年的 1793.10 元/吨上升到 2018 年的 6379.14 元/吨，增长了 2.6 倍，表明农业碳减排成本逐年上升，减排难度逐渐加大。从全国历年农业碳减排的平均成本来看，农业部门仍低于工业部门，仅为工业部门的 73% 左右（蒋伟杰、张少华，2018），这是因为工业部门一直被作为节能减排的重点领域，且政府提出了一系列举措，已经实现了较好的成效，其节能减排潜力逐渐被消耗，减排难度也更大。

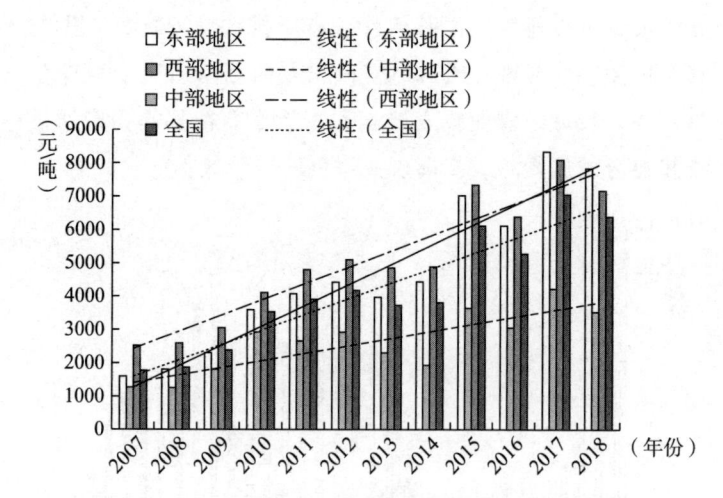

图 3.4 2007~2018 年农业碳排放影子价格的区域差异

各地区农业碳减排成本的增幅存在较大差异，东部地区减排成本上升最快，2018 年农业碳减排成本为 2007 年的 4.8 倍；而中部地区减排成本增长最慢，2018 年农业碳减排成本仅为 2007 年的 2.8 倍；西部地区碳减排成本增长幅度介于东部地区和中部地区之间，由 2007 年的 2525.74 元/吨增长到 2018 年的 7218.46 元/吨。究其原因，东部地区农业生产现代化水平高，宏观政策环境更加有利，加快了农业产业转型升级速度，并搭上"互联网+农业"的快车，实现了在同等投入要素水平下，农业产出水平更高、排放更低，因此，东部地区农业碳排放影子价格增长最快，也会更快地达到减排瓶颈。而中部地区和西部地区分布着我国大量的种植业和畜牧业，农业资源禀赋较好，但生产技术发展得相对较慢，影子价格增加趋势较为平缓，减排潜力有更大的发掘空间。

第三章 中国农业碳减排成本分析

从图 3.5 可见，东部、中部和西部地区农业碳排放的平均影子价格分别为 4356.39 元/吨、2552.75 元/吨和 4897.91 元/吨，表明中部地区的平均减排成本最低，而西部地区的平均减排成本最高。影子价格低的省份包括山东、河南、黑龙江、江苏、河北、湖南、四川和湖北，这些地区都是我国的农业大省，2018 年，八省农业增加值占全国农业增加值的比重为 48.5%，农业碳排放占全国总量的 47.6%，农业生产效率的提高成为这些地区碳减排的强大驱动力。影子价格较高的省区市包括上海、北京、天津、宁夏、青海、海南、甘肃、贵州、重庆和山西。在这些省区市中，北京、上海和天津以金融和服务业为主；山西、重庆以第二产业为主；宁夏、青海、海南、贵州和甘肃的碳排放总量较低。若要降低农业碳减排成本则需要从农业技术和农业投入要素利用效率入手，提升碳减排潜力。

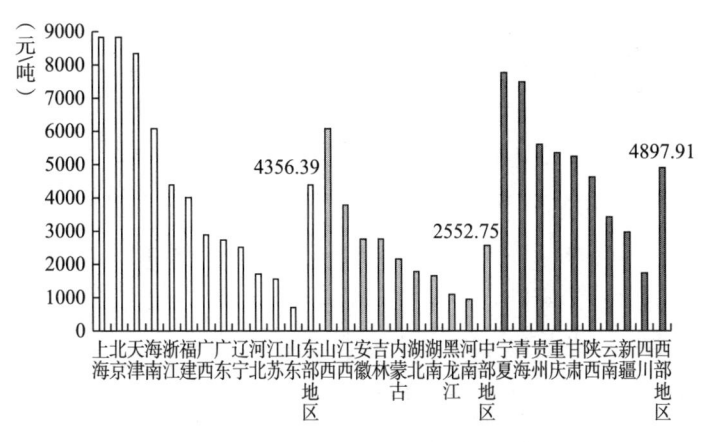

图 3.5 分地区农业碳排放影子价格

第二节 农业碳减排成本的经济弹性

一 农业碳减排成本经济弹性模型

农业碳排放始终与农业经济发展水平密切关联（Andreoni and Galmarini，2012），为深入分析各地农业经济发展模式，考察减排潜力区域差异，进一步测算农业碳排放影子价格的经济弹性，利用碳排放影子价格的经济弹性分析农业碳排放潜力与农业经济发展的协调性。公式如下：

$$T_i = \frac{(E_i - E_{i-1})/E_{i-1}}{(A_i - A_{i-1})/A_{i-1}} \tag{3.6}$$

其中，E_i和E_{i-1}分别代表i期和$i-1$期农业碳排放的影子价格，式（3.6）分子是影子价格的增长率。A_i和A_{i-1}分别代表i期和$i-1$期农业增加值，式（3.6）分母为农业增加值增长率。该弹性衡量的是碳减排成本与农业经济发展之间的相对速度。如果弹性的绝对值超过1，则减排成本的增减速度快于经济产出的增减速度；如果弹性的绝对值小于1，则减排成本的增减速度慢于经济产出的增减速度。中国农业增加值增长率为正，但影子价格的增长率可能为正也可能为负，从而导致影子价格的经济弹性值不同。由于碳排放经济弹性将农业碳减排和农业经济发展置于同一框架内，弹性值也在一定程度上反映了农业经济的减排模式。表3.2显示了弹性内涵和减排模式。

表 3.2　碳排放经济弹性的内涵和农业减排模式的分类

T_i	增速对比	模式
$(-\infty, -1)$	影子价格降低的速度比农业经济增速更快	理想模式
$(-1, 0)$	影子价格降低的速度比农业经济增速更慢	潜力模式
$(0, 1)$	影子价格增加的速度比农业经济增速更慢	潜力模式
$(1, -\infty)$	影子价格增加的速度比农业经济增速更快	劣质模式

二　农业碳减排成本经济弹性的分析

从图3.6可见,影子价格的经济弹性呈现"增减"波动和"正负"交替的趋势,减排模式始终在"理想模式"和"非理想模式"之间转换,但减排模式整体向好的方向不变。2008~2012年以及2014~2015年农业碳排放影子价格经济弹性均为正数,表明减排成本随农业经济增长而升高,2013年和2016~2018年经济弹性为负,表明减排成本随农业经济增长而下降。结合影子价格经济弹性的分类,经济弹性为负数的年份,其绝对值均大于1,属于"理想型"减排模式;经济弹性为正数的年份,其绝对值呈现"增—减—增"的态势,减排模式呈现"潜力型—劣质型—潜力型—劣质型"的转变。

为进一步分析影子价格经济弹性的区域差异,根据弹性的变动趋势将各省区市划分为模范区(Ⅰ型)、潜力区(Ⅱ型)和劣质区(Ⅲ型)三种类型。模范区的经济弹性由正变负,或是弹性一直为负数,且弹性绝对值仍在上升,这类地区农业碳排放的影子价格快速下降,减排成本迅速降低,是其他地区学习的榜样;潜力区的经济弹性为正数,但是绝对值在下降,说明农业碳排放的影子价格增

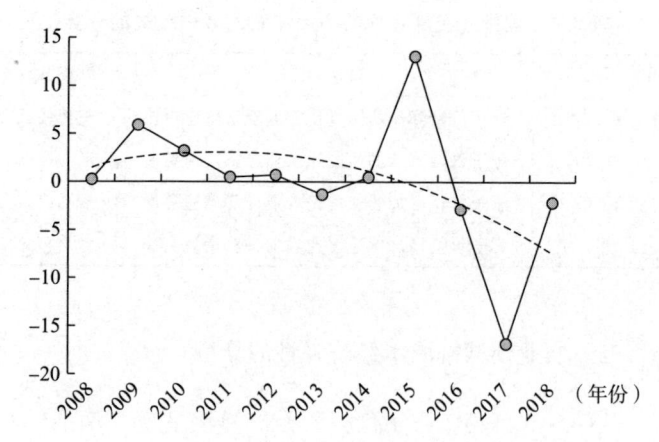

图 3.6　2008~2018 年农业碳排放影子价格弹性

长速度有所放缓，农业碳排放和农业经济向着脱钩的方向转变，这些地区很有潜力转变为模范区；劣质区的经济弹性由负变正，或是弹性一直为正数，且绝对值还在上升，说明农业碳排放的影子价格增长速度在快速上升，减排成本急剧增加。结果如图 3.7 所示。

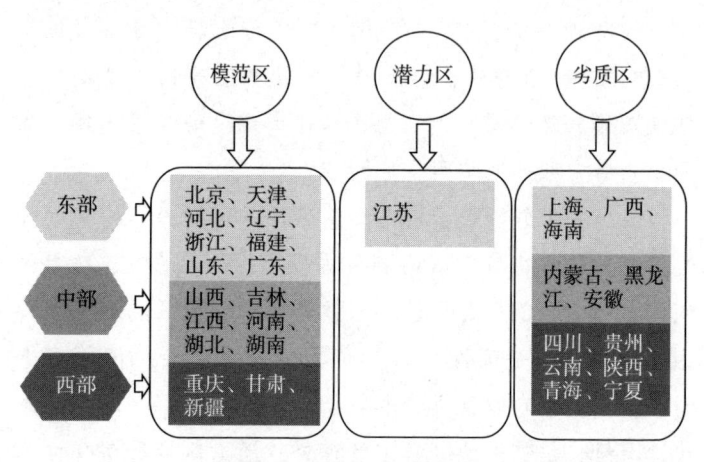

模范区：
- 东部：北京、天津、河北、辽宁、浙江、福建、山东、广东
- 中部：山西、吉林、江西、河南、湖北、湖南
- 西部：重庆、甘肃、新疆

潜力区：
- 东部：江苏

劣质区：
- 东部：上海、广西、海南
- 中部：内蒙古、黑龙江、安徽
- 西部：四川、贵州、云南、陕西、青海、宁夏

图 3.7　农业减排模式分类

从图3.7可以看出，由于农业生产方式由粗放型向集约型转变，我国56.7%的地区属于Ⅰ型模范区，而Ⅱ型潜力区仅有江苏省，Ⅲ型劣质区占比40.0%。具体来看，模范区主要分布在东部和中部地区，表明这些地区通过提升农业生产技术水平、优化农业产业结构、提高农业产业管理质量等手段，朝着农业经济与农业碳排放脱钩的方向转变，农业经济进入了较为积极的发展阶段，实现了农业绿色低碳转型。而劣质区主要分布在西北和少量沿海地区，农业经济的快速发展伴随农业碳减排成本的快速增加。

第三节 农业碳减排成本的影响因素分析

一 农业碳减排成本影响因素的阶段性特征和地区差异分析

1. 对应分析法介绍

参照以往学者的研究，通过对应分析法研究农业碳排放影子价格影响因素的时间和空间差异性，从而分析哪个影响因素是某段时间或某个地区的主要驱动力。

首先，构建概率矩阵，形式如下：

$$\begin{bmatrix} P_{11} & P_{12} & \cdots & P_{1c} \\ P_{21} & P_{22} & \cdots & P_{2c} \\ \vdots & \vdots & \vdots & \vdots \\ P_{r1} & P_{r2} & \cdots & P_{rc} \end{bmatrix} \quad (3.7)$$

其中，r为影响因素个数，c为时间（2007~2018年）或空间变量个数（包括农业经济发展水平、农业技术进步水平、环境规制、能源消费结构和产业结构五个因素)。

其次,进行坐标点计算,公式如下:

$$Z_{.k}\left(\frac{P_{1k}}{P_{.k}}, \frac{P_{2k}}{P_{.k}}, \cdots, \frac{P_{rk}}{P_{.k}}\right) \tag{3.8}$$

$$Z_{k.}\left(\frac{P_{k1}}{P_{k.}}, \frac{P_{k2}}{P_{k.}}, \cdots, \frac{P_{kc}}{P_{k.}}\right) \tag{3.9}$$

其中,$Z_{.k}$ 为时间或空间变量的坐标点,$Z_{k.}$ 为碳排放影子价格影响因素变量的坐标点。

最后,利用因子分析法对各坐标点进行降维,变为二维空间的坐标点,从而通过坐标点距离的远近判断各地区和各阶段农业碳减排成本的主导因素。

2. 农业碳减排成本影响因素的阶段性特征

从图3.8可以看出,农业碳减排成本的主导因素确实呈现一定的阶段性特征。

第一阶段为2007~2010年,由产业结构主导,农业技术进步的影响逐渐增强,原因在于2010年以前,我国发展思路是"经济优先,环境靠后",以经济的高速增长为主,这一时期,我国经济增速都在10%以上,产业结构调整也以促进经济增长为目标。由于三次产业碳排放的差异,产业结构变动成为碳排放的主导因素,而农业经济的不断发展也带来了农业技术进步,从而使技术对碳排放的影响逐渐显现。

第二阶段为2011~2018年,由农业经济发展水平主导,农业技术进步的影响有所减小,这一时期经济已得到较快增长,可持续发展理念深入人心,发展思路转变为"经济环境协调发展",内涵式增长成为经济发展的主流,

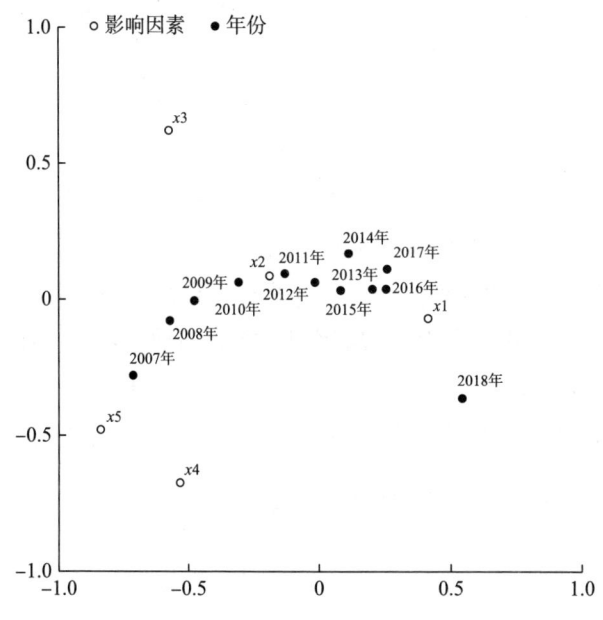

图 3.8　农业碳排放时间驱动因素分析

注：x1 表示农业经济发展水平；x2 表示农业技术进步水平；x3 表示环境规制；x4 表示能源消费结构；x5 表示产业结构。

经济结构的调整以促进高质量发展为主，人力、资本和技术作为农业经济发展的三大驱动力均指向农业经济发展水平，所以农业经济发展水平成为这一时期主导农业碳排放的重要因素。地方政府的环境规制程度和地区的能源消费结构差异对地区减排潜力的影响程度较小，说明环境规制的减排效力还未充分发挥，而能源引起的碳排放在农业碳排放总量中占比较小。

3. 农业碳减排成本影响因素的地区差异分析

从图 3.9 可以看出，农业经济发展水平、农业技术进步水平、环境规制及产业结构是影响各省区市农业碳排放影子价格的主要因素，而能源结构对影子价格的影响程度较小，原因在于第一产业对煤炭等化石能源的使用量远小于第二产业，并且在农业碳排放的组成中，能源消耗所引起的排放量占比也较低，仅占14%左右，所以能源结构的变动和调整对农业碳减排成本的影响相较于其他因素来说较小。而农业经济发展水平、产业结构、农业技术进步水平是衡量农业生产水平的重要指标，也是推动农业碳排放改变的重要因素；环境规制作为重要的行政手段，一直以来都是有效降低碳排放的重要因素（黄祖辉、米松华，2011），所以，这四个因素对农业碳减排成本的影响程度较大。

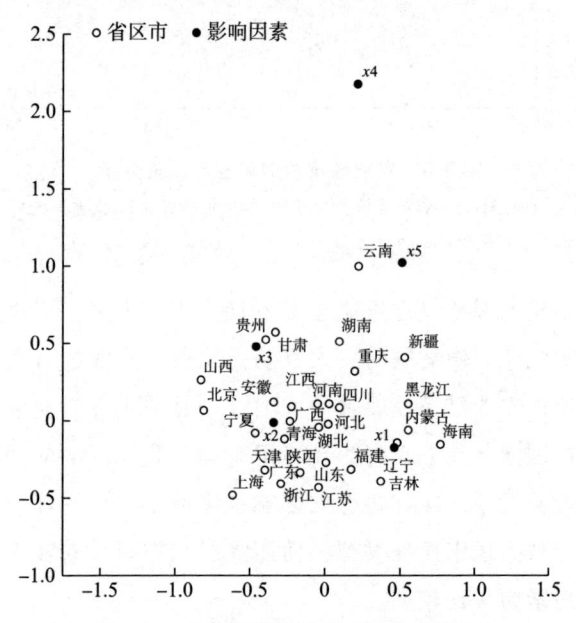

图3.9　农业碳排放空间驱动因素分析

注：x1表示农业经济发展水平；x2表示农业技术进步水平；x3表示环境规制；x4表示能源消费结构；x5表示产业结构。

从区域碳减排成本主导因素的差异来看，天津、上海、北京等沿海发达地区，中部农业大省湖北，以及陕西、青海等少数西部地区农业碳减排的主导因素是农业技术进步水平，这是因为发达地区有先天的技术优势，其在农业领域利用先进技术带来了农业碳减排成本的变化，中部农业大省因其规模化生产优势，不仅对农业生产的高效性有较高要求，也降低了技术进步的成本，从而使技术成为影响碳减排的主导因素。大量北部地区和西部地区农业碳减排成本的主导因素为农业经济发展水平，我国东北三省土地资源丰富，分布着我国大量的耕地，是粮食主产区，农业生产条件和能力不断提升；西部地区是我国畜牧业的主要分布区，我国五大牧场均在西部，随着规模化、标准化养殖模式的不断发展和深入，畜牧业也呈现较好的发展态势，这些都是农业经济发展水平对碳减排起主导作用的原因。而环境规制对碳减排的影响力主要在贵州、甘肃和山西等省份得到体现，农业产业结构的影响主要在云南得到体现。

二 农业碳减排成本影响因素建模

1. 变系数面板模型的建立

为寻找各地区农业碳排放影子价格差异的原因，以便采取差异化措施降低减排成本，本部分选用变系数面板模型。根据前人的研究，农业经济发展水平（Zhang et al., 2019；崔朋飞等，2018；Stevanovi et al., 2017）、农业技术进步水平（Ismael et al., 2018）、环境治理力度（Piłatowska and Włodarczyk, 2018）、能源消费结构（Akashi and Hanaoka, 2012) 和产业结构 (Yang et al., 2019) 都会对减排成本产生影响。

减排成本总是随着经济发展水平的提高而增加，这也是为什么有学者提出发展中国家应在清洁发展机制中向发达国家收取更高的减排价格的原因。由于拐点仍未到来，经济发展水平越高，减排成本也越高。长期以来，技术进步一直被认为是解决环境污染与经济发展矛盾的关键 (Yang and Li, 2017)，这是因为技术进步总是伴随成本的降低（魏玮等，2018），多数学者都支持技术在减排方面发挥的重要作用 (Ismael et al., 2018)，技术进步将成为降低减排成本的最有效手段。环境治理力度的加大也会降低减排成本，这是因为环境治理力度越大，地区面临的环境约束越严格，对环境法规的妥协程度也会提高，从而采取约束化的行为来降低减排成本。而能源消费结构调整对减排成本也有较大影响，随着非化石能源和清洁能源消费量的增加，能源利用效率不断提高 (Wang and Feng, 2021; Liu et al., 2014)，经济低碳化程度也在提高 (Choi et al., 2016)，使单位能源消耗带来更多产出的同时，排放的温室气体更少。影子价格代表减少一单位排放所造成的产出损失，因此，我国作为一个以煤炭消费为主的国家，当煤炭消费比重下降、能源结构优化时，减少一单位排放，产出损失更大，减排成本就会增加。产业结构调整对减排成本的影响来自两个方面，一方面是扩大第一产业生产规模，另一方面是选择高附加值、低碳的农业产业，前者带来规模经济（张哲晰、穆月英，2019），提高了生产效率，降低了减排成本，而后者的产业低碳化发展可以直接降低减排成本（张云等，2015）。

最终，变系数面板模型形式如下：

$$y_{it} = \alpha + \beta_{i,1}x_{1,it} + \beta_{i,2}x_{2,it} + \beta_{i,3}x_{3,it} + \beta_{i,4}x_{4,it} + \beta_{i,5}x_{5,it} + \mu_{it} \quad (3.10)$$

其中，i 代表各省区市，t 代表时间，y_{it} 为农业碳排放影子价格，$x_{1,it}$ 为农业经济发展水平；$x_{2,it}$ 为农业技术进步水平，$x_{3,it}$ 为环境规制，$x_{4,it}$ 是能源消费结构，$x_{5,it}$ 为产业结构，β 为各变量的回归系数，μ 为随机误差项，变量定义见表3.3。

表3.3　变系数面板模型变量定义

变量类型	变量名称	字母	测算	资料来源
因变量	农业碳排放影子价格	y	见上文	见本章附录表2
自变量	农业经济发展水平	x_1	农业单位GDP	《中国农村统计年鉴》
	农业技术进步水平	x_2	农业全要素生产率	《中国人力资源和社会保障年鉴》《中国农村统计年鉴》
	环境规制	x_3	农业环境治理投资占比	《中国环境统计年鉴》
	能源消费结构	x_4	煤炭消费占比	《中国能源统计年鉴》
	产业结构	x_5	第一产业占比	《中国统计年鉴》

2. 农业碳减排成本影响因素结果分析

采用变系数面板模型详细探讨地区农业碳减排成本影响因素的差异，结果如表3.4所示。

由表3.4可知，我国有超过1/3的省区市农业经济发展水平对农业碳排放影子价格有显著影响，大部分省区市位于我国西部地区，除东部地区的上海外，其余地区农业经济发展水平的估计系数均为正，说明随着农业经济发展水平的不断提升，大部分地区的农业碳排放影子价格显著增加，减排难度加大，农业经济发展还未达到库兹涅兹倒 U 形曲线的拐点。由于减排难度的不断增加，农业碳排放会随农业经济发展不断增加。上海回归系数为负的原因可能是其作为我国经济中心，产业发展以第二、第三产业为主，并且在中西部地区承接东部地区产业转移的大背景下，上海可充分发展高附加值产业、转移低附加值产业，发挥其发展优势，所以其减排难度随农业经济发展而有所降低。

表 3.4 农业经济发展水平的回归结果

东部地区	系数	Z 值	中部地区	系数	Z 值	西部地区	系数	Z 值
天津	0.64**	2.18	山西	1.18***	6.41	重庆	0.53***	3.35
上海	-1.621***	-7.64	黑龙江	0.41***	2.75	甘肃	0.87***	4.92
海南	0.43***	4.19	江西	0.33*	1.77	青海	1.25***	4.87
						宁夏	1.06***	3.28
						新疆	0.28**	2.29

注：***、**、*分别表示 1%、5%、10% 的显著性水平，其他不显著省区市未列出。

由表 3.5 可知，我国有近 1/3 的省区市农业碳排放影子价格受技术进步的显著影响，除吉林、江西、云南外，其余地区的估计系数均为正，说明大部分地区的农业碳减排成本随技术进步而上升，原因在于北京、天津及上海等地技术研发能力较强，技术进步水平较高，技术在推动农业投入要素利用效率提高的同时，由于反弹效应，也会促进产业规模的扩大，进而造成减排成本升高。

表 3.5　农业技术进步水平的回归结果

东部地区	系数	Z值	中部地区	系数	Z值	西部地区	系数	Z值
北京	1.12***	9.36	吉林	-0.55**	-2.3	云南	-0.35*	-1.87
天津	0.39**	2.13	江西	-0.41***	-3.3	青海	0.41**	2.21
上海	0.63**	2.56	湖北	0.14**	2.26	宁夏	0.38**	2.33

注：***、**、*分别表示1%、5%、10%的显著性水平，其他不显著省区市未列出。

由表3.6可知，全国有6个省市环境规制对农业碳排放影子价格产生了显著影响，包括东部4个和中部2个，东部地区的估计系数均为负数，意味着随着环境规制的加强，农业碳排放影子价格会逐渐降低，减排成本及减排难度也随之降低，原因在于环保资金的投入作为企业提高技术水平的外围支持，使企业能够更好地实现绿色生产，降低减排难度，提升减排潜力。整体来看，环保投资对减排成本的影响还未充分发挥出来，这是由于国家对各地的环保投资存在差异，北京、天津、上海、江苏、甘肃、青海和新疆环保投资占本地GDP的比重均在1%以上，高于全国平均水平，所以国家支持仍是提升地方减排潜力的重要途径。

表 3.6　环境规制的回归结果

东部地区	系数	Z值	中部地区	系数	Z值
北京	-26.177***	-4.66	吉林	8.271*	1.83
天津	-18.123***	-4.19	安徽	8.139*	1.86
上海	-42.750***	-8.29			
浙江	-5.713	-1.72			

注：***、*分别表示1%、10%的显著性水平，其他不显著省区市未列出。

由表 3.7 可知，除天津和甘肃外，其余地区的能源消费结构对农业碳排放影子价格均产生了抑制作用，即农业煤炭消费占比越高，影子价格越低，地方减排成本越低。这是由于煤炭占比消耗高的地区可利用"气代煤"和"电代煤"等手段有效降低排放，减排难度较小。而天津和甘肃两地的估计系数为正，原因在于甘肃位于我国西北部，有丰富的太阳能和风能，相对于其他地区来说，煤炭消耗占比本身较低；天津属于我国经济发达地区，农业集约化程度高，环境规制强，从能源角度进行排放控制的难度较大。

表 3.7 能源消费结构的回归结果

东部地区	系数	Z 值	中部地区	系数	Z 值	西部地区	系数	Z 值
北京	-21.97***	-3.61	湖北	-13.33***	-4.85	甘肃	11.52*	1.88
天津	32.05***	2.9	湖南	-4.12**	-2.12			
上海	-129.92***	-10.13						
江苏	-25.98**	-2.37						

注：***、**、* 分别表示1%、5%、10%的显著性水平，其他不显著省区市未列出。

由表 3.8 可知，我国 50% 的省区市农业碳排放影子价格都会显著受到产业结构的影响，大部分集中在东部地区，并且估计系数为负，表示第一产业占比的提高会使影子价格降低，减排成本降低，减排潜力增大。随着国家对农业可持续发展的重视程度不断提高，绿色农业技术处于快速发展之中，且重点发展高附加值现代农业，进而带动农业碳排放影子价格的降低和减排成本的降低，可见，高端绿色农业产业的不断发展有助于提升农业减排潜力。回归系数绝对值较大的地区集中在北京、天津、上海三地，三个地区经济高度发达，农业产业占比较低，技术先进，更容易发展高端农业产业。

表 3.8 产业结构的回归结果

东部地区	系数	Z 值	中部地区	系数	Z 值	西部地区	系数	Z 值
北京	-106.033***	-8.50	山西	-8.373**	-4.85	四川	-2.716***	-2.62
天津	-44.872***	-2.71	吉林	-5.958***	-4.09	云南	-4.782**	-2.4
上海	-201.663***	-15.44	黑龙江	-5.436*	-1.88			
江苏	-8.499*	-1.84	安徽	-5.005**	-2.33			
浙江	-12.189*	-1.74	湖北	-6.787***	-4.26			
福建	-11.037***	-3.08	湖南	-2.565**	-2.32			
广西	-3.073*	-1.73						

注：***、**、* 分别表示 1%、5%、10% 的显著性水平，其他不显著省区市未列出。

本章附录

表 1 方向性距离函数的估计结果

系数	变量	2007 年	2008 年	2009 年	2010 年	2011 年	2012 年
α_0	截距项	0.0169	0.0200	0.0228	-0.0187	-0.0623	-0.0641
α_1	x_1	0.0000	0.0000	0.0000	0.0000	0.0000	0.0000
α_2	x_2	0.1201	0.1139	0.0997	0.0982	0.1287	0.1516
α_3	x_3	0.0004	-0.0016	0.0000	0.0000	-0.0035	-0.0016
β_1	y	-0.3679	-0.3767	-0.3918	-0.3232	-0.2745	-0.2848
γ_1	e	0.6321	0.6233	0.6082	0.6768	0.7255	0.7152
α_{11}	$x_1 \times x_1$	0.0000	0.0000	0.0000	0.0000	0.0000	0.0000

续表

系数	变量	2007 年	2008 年	2009 年	2010 年	2011 年	2012 年
α_{12}	$x_1 \times x_2$	0.0000	0.0000	0.0000	0.0000	0.0000	0.0000
α_{13}	$x_1 \times x_3$	0.0000	0.0000	0.0000	0.0000	0.0000	0.0000
α_{23}	$x_2 \times x_3$	-0.0292	0.0535	0.0000	0.0000	0.0451	0.0194
α_{22}	$x_2 \times x_2$	-0.4716	-0.4481	-0.3685	-0.0957	-0.2403	-0.2858
α_{33}	$x_3 \times x_3$	-0.0160	-0.0190	0.0000	0.0000	-0.0030	-0.0016
β_{11}	$x_1 \times y$	0.0000	0.0000	0.0000	0.0000	0.0000	0.0000
β_{21}	$x_2 \times y$	0.3545	0.3137	0.2661	0.0357	0.0915	0.1201
β_{31}	$x_3 \times y$	0.0374	0.0044	0.0000	0.0000	-0.0070	-0.0028
γ_{11}	$x_1 \times e$	0.0000	0.0000	0.0000	0.0000	0.0000	0.0000
γ_{21}	$x_2 \times e$	0.3545	0.3137	0.2661	0.0357	0.0915	0.1201
γ_{31}	$x_3 \times e$	0.0374	0.0044	0.0000	0.0000	-0.0070	-0.0028
ε_{11}	$y \times y$	-0.3072	-0.2728	-0.2008	-0.0794	-0.1476	-0.1570
μ_{11}	$y \times e$	-0.3072	-0.2728	-0.2008	-0.0794	-0.1476	-0.1570
θ_{11}	$e \times e$	-0.3072	-0.2728	-0.2008	-0.0794	-0.1476	-0.1570

系数	变量	2013 年	2014 年	2015 年	2016 年	2017 年	2018 年
α_0	截距项	-0.0641	-0.0768	-0.0559	-0.0768	-0.0431	-0.3421
α_1	x_1	0.0000	0.0000	0.0000	0.0000	0.0000	0.0000
α_2	x_2	0.1516	0.2215	0.0013	0.1684	0.0013	0.0011
α_3	x_3	-0.0016	-0.0069	0.0002	0.0561	0.0000	0.0000
β_1	y	-0.2848	-0.2243	-0.1698	-0.2185	-0.1628	-0.1322
γ_1	e	0.7152	0.7757	0.8302	0.7815	0.8372	0.8012
α_{11}	$x_1 \times x_1$	0.0000	0.0000	0.0000	0.0000	0.0000	0.0000
α_{12}	$x_1 \times x_2$	0.0000	0.0001	0.0000	0.0000	0.0000	0.0000
α_{13}	$x_1 \times x_3$	0.0000	0.0001	0.0000	0.0000	0.0000	0.0000
α_{23}	$x_2 \times x_3$	0.0194	0.0756	0.0020	0.0289	0.0000	0.0000

续表

系数	变量	2013 年	2014 年	2015 年	2016 年	2017 年	2018 年
α_{22}	$x_2 \times x_2$	-0.2858	-0.3077	0.0011	-0.2066	-0.0214	-0.0217
α_{33}	$x_3 \times x_3$	-0.0016	0.0008	0.0286	0.0161	0.0000	0.0000
β_{11}	$x_1 \times y$	0.0000	-0.0001	0.0000	0.0000	0.0000	0.0000
β_{21}	$x_2 \times y$	0.1201	0.1047	-0.0014	0.0702	0.0158	0.0189
β_{31}	$x_3 \times y$	-0.0028	-0.0143	-0.0051	-0.0332	0.0000	0.0000
γ_{11}	$x_1 \times e$	0.0000	-0.0001	0.0000	0.0000	0.0000	0.0000
γ_{21}	$x_2 \times e$	0.1201	0.1047	-0.0014	0.0702	0.0158	0.0167
γ_{31}	$x_3 \times e$	-0.0028	-0.0143	-0.0051	-0.0332	0.0000	0.0000
ε_{11}	$y \times y$	-0.1570	-0.2062	-0.1362	-0.1636	-0.1416	-0.1515
μ_{11}	$y \times e$	-0.1570	-0.2062	-0.1362	-0.1636	-0.1416	-0.1426
θ_{11}	$e \times e$	-0.1570	-0.2062	-0.1362	-0.1636	-0.1416	-0.1616

表 2 影子价格估计结果

单位：万元/吨

省区市	2007年	2008年	2009年	2010年	2011年	2012年	2013年	2014年	2015年	2016年	2017年	2018年
北京	0.33	0.35	0.35	0.53	0.76	0.79	0.77	1.03	1.58	1.37	1.84	1.90
天津	0.31	0.34	0.35	0.53	0.73	0.76	0.72	0.96	1.47	1.25	1.70	1.75
河北	0.03	0.05	0.12	0.21	0.18	0.22	0.18	0.12	0.24	0.21	0.28	0.31
山西	0.43	0.42	0.40	0.44	0.56	0.62	0.69	0.58	0.83	0.74	0.94	0.98
内蒙古	0.05	0.06	0.11	0.30	0.24	0.02	0.11	0.17	0.40	0.29	0.40	0.42
辽宁	0.08	0.09	0.13	0.30	0.25	0.26	0.14	0.20	0.41	0.32	0.55	0.56
吉林	0.08	0.08	0.14	0.33	0.29	0.31	0.18	0.20	0.47	0.35	0.57	0.62
黑龙江	0.04	0.03	0.08	0.25	0.14	0.13	0.08	0.02	0.22	0.10	0.18	0.22
上海	0.31	0.35	0.35	0.54	0.77	0.80	0.78	1.02	1.58	1.39	1.83	1.94

续表

省区市	2007年	2008年	2009年	2010年	2011年	2012年	2013年	2014年	2015年	2016年	2017年	2018年
江苏	0.06	0.08	0.14	0.23	0.17	0.19	0.11	0.09	0.20	0.17	0.25	0.28
浙江	0.20	0.22	0.28	0.36	0.42	0.48	0.46	0.42	0.61	0.59	0.74	0.81
安徽	0.17	0.18	0.25	0.31	0.29	0.34	0.31	0.19	0.32	0.30	0.39	0.44
福建	0.17	0.19	0.24	0.37	0.40	0.43	0.38	0.39	0.61	0.50	0.70	0.75
江西	0.19	0.20	0.26	0.35	0.39	0.44	0.42	0.32	0.52	0.48	0.60	0.66
山东	0.09	0.07	0.06	0.16	0.09	0.13	0.05	0.01	0.10	0.03	0.13	0.15
河南	0.04	0.03	0.11	0.17	0.10	0.13	0.09	0.03	0.10	0.09	0.14	0.16
湖北	0.09	0.08	0.15	0.25	0.20	0.22	0.13	0.12	0.23	0.21	0.30	0.33
湖南	0.05	0.05	0.12	0.24	0.18	0.20	0.18	0.12	0.19	0.20	0.31	0.33
广东	0.11	0.13	0.24	0.29	0.28	0.33	0.34	0.23	0.30	0.36	0.38	0.45
广西	0.12	0.13	0.24	0.34	0.30	0.35	0.30	0.24	0.35	0.31	0.45	0.47
海南	0.24	0.26	0.28	0.48	0.57	0.59	0.51	0.67	1.02	0.84	1.20	1.32
重庆	0.24	0.26	0.30	0.43	0.50	0.53	0.53	0.55	0.83	0.74	0.93	0.99
四川	0.07	0.06	0.19	0.24	0.18	0.22	0.21	0.12	0.19	0.18	0.22	0.26
贵州	0.43	0.43	0.49	0.46	0.60	0.64	0.76	0.52	0.62	0.55	0.63	0.68
云南	0.21	0.21	0.27	0.37	0.37	0.41	0.38	0.29	0.44	0.38	0.44	0.47
陕西	0.29	0.29	0.33	0.40	0.45	0.49	0.46	0.41	0.65	0.60	0.69	0.74
甘肃	0.03	0.30	0.34	0.43	0.51	0.55	0.52	0.51	0.74	0.68	0.89	0.93
青海	0.28	0.30	0.32	0.51	0.68	0.71	0.63	0.87	0.13	1.12	1.46	1.53
宁夏	0.32	0.33	0.34	0.52	0.71	0.73	0.68	0.87	1.37	0.11	0.15	0.16
新疆	0.13	0.15	0.19	0.34	0.34	0.34	0.20	0.24	0.47	0.36	0.50	0.52

表 3 影子价格的经济弹性

省区市	2007 年	2008 年	2009 年	2010 年	2011 年	2012 年	2013 年	2014 年	2015 年	2016 年	2017 年	2018 年
北京	0.59	0.21	9.82	4.41	0.42	-0.24	-105.32	-4.62	1.73	-4.90	-2.57	-3.33
天津	0.83	0.32	4.00	4.01	0.49	-0.51	4.66	12.17	-2.84	-1.69	-0.29	-0.98
河北	7.13	15.49	5.08	-1.17	2.29	-2.01	-14.27	1557.19	-5.31	-3.34	-3.32	-3.31
山西	-0.26	-0.09	0.72	1.74	1.18	0.93	-2.39	-88.89	-27.65	-3.47	1.71	1.69
内蒙古	1.33	33.95	9.92	-1.06	0.28	-5.37	16.62	-245.08	-21.92	47.73	-5.28	-5.22
辽宁	0.14	6.64	8.00	-0.86	0.19	-5.83	11.62	24.24	2.62	-5.40	-3.79	-3.31
吉林	0.41	9.41	18.76	-0.52	0.53	-5.99	2.34	29.62	4.39	-2.35	-3.00	-3.12
黑龙江	-1.02	22.53	16.56	-1.36	-0.32	-5.24	0.00	740.84	-32.11	6.34	-41.78	-40.32
上海	1.07	1.12	65.86	4.89	1.79	-2.57	-59.23	-4.82	28.13	4.03	-0.62	-0.60
江苏	2.07	10.46	5.63	-1.18	0.56	-6.23	-3.69	12.82	-4.66	1.75	-15.10	-14.99
浙江	1.21	4.36	1.65	0.91	2.55	-0.44	-7.32	13.33	-0.45	-19.03	-1.60	-1.62
安徽	0.19	7.03	1.57	-0.34	1.86	-0.98	-6.82	24.12	-0.82	60.29	-8.18	-8.08
福建	0.56	14.51	3.46	0.43	0.68	-1.18	0.30	10.48	-1.55	-6.37	-2.00	-2.01
江西	0.20	8.45	3.62	0.67	1.34	-0.52	-3.75	11.63	-1.06	-7.41	-2.08	-2.10
山东	0.00	0.00	14.89	-3.91	4.52	-5.68	-16.68	400.02	314.85	-340.52	-20.88	-21.22

续表

省区市	2007年	2008年	2009年	2010年	2011年	2012年	2013年	2014年	2015年	2016年	2017年	2018年
河南	-1.14	69.16	3.29	-5.03	4.16	-3.81	-14.12	123.03	-4.98	-21.24	-11.98	-11.76
湖北	-0.63	104.61	3.57	-0.83	0.69	-4.81	-1.47	20.34	-0.88	-17.56	-25.11	-24.89
湖南	-0.06	-78.08	5.31	-1.44	1.70	-3.36	-6.40	10.31	0.27	-3.74	-5.23	-5.13
广东	0.76	46.27	1.78	-0.40	2.93	0.34	-4.82	4.62	2.05	-3.64	-1.49	-1.54
广西	0.73	943.70	2.78	-0.47	2.51	-1.67	-3.81	7.38	-1.19	13.83	-2.80	-2.68
海南	0.39	1.60	4.15	0.89	0.50	-2.21	3.07	9.04	-1.55	1.76	-3.91	-3.79
重庆	0.28	2.75	3.56	0.67	0.59	-0.02	0.62	5.83	-0.84	-14.28	-1.16	-1.21
四川	-0.76	-37.97	2.20	-1.35	2.26	-1.08	-8.90	15.83	-1.25	2.90	-5.40	-5.34
贵州	0.06	5.65	-0.46	1.96	0.33	1.16	-1.16	0.65	-0.82	1.48	-0.81	-0.79
云南	0.03	2.96	9.85	-0.01	0.51	-0.45	-3.50	14.98	-1.80	2.38	-1.92	-1.95
陕西	0.04	2.75	0.83	0.57	0.59	-0.58	-1.25	24.65	-1.19	4.90	-2.93	-2.95
甘肃	0.03	1.75	1.28	1.55	0.41	-0.44	-0.09	7.45	-2.51	-2.36	-1.10	-1.23
青海	0.27	4.46	2.30	2.29	0.30	-0.61	6.95	-17.23	-2.81	3.96	-0.59	-0.50
宁夏	0.15	0.32	2.10	2.35	0.46	-0.66	8.47	6.02	-9.52	8.73	-0.75	-0.72
新疆	1.92	2.78	1.84	0.14	-0.12	-3.61	3.03	60.79	-4.06	-13.09	-3.37	-3.32

参考文献

[1] 崔朋飞, 朱先奇, 李玮. 中国农业碳排放的动态演进与影响因素分析 [J]. 世界农业, 2018, (4): 127-134.

[2] 董锋, 刘晓燕, 龙如银等. 基于三阶段 DEA 模型的我国碳排放效率分析 [J]. 运筹与管理, 2014, 23 (4): 196-205.

[3] 黄祖辉, 米松华. 农业碳足迹研究——以浙江省为例 [J]. 农业经济问题, 2011, 32 (11): 40-47+111.

[4] 蒋伟杰, 张少华. 中国工业二氧化碳影子价格的稳健估计与减排政策 [J]. 管理世界, 2018, 34 (7): 32-49+183-184.

[5] 王天穷, 顾海英. 基于减排目标的氮肥减施项目补偿标准探讨——以 2015 年上海地区水稻、小麦种植户为例 [J]. 农业技术经济, 2019, (3): 4-15.

[6] 魏玮, 文长存, 崔琦等. 农业技术进步对农业能源使用与碳排放的影响——基于 GTAP-E 模型分析 [J]. 农业技术经济, 2018, (2): 30-40.

[7] 吴贤荣, 张俊飚, 朱烨等. 中国省域低碳农业绩效评估及边际减排成本分析 [J]. 中国人口·资源与环境, 2014, 24 (10): 57-63.

[8] 徐丽, 曲建升, 吴金甲等. 中国农牧业碳排放时空变化及预测 [J]. 生态与农村环境学报, 2019, 35 (10): 1232-1241.

[9] 曾福生, 刘俊辉. 区域异质性下中国农业生态效率评价与空间差异实证——基于组合 DEA 与空间自相关分析 [J]. 生态经济, 2019, 35 (3): 107-114.

[10] 张云, 邓桂丰, 李秀珍. 经济新常态下中国产业结构低

碳转型与成本测度［J］. 上海财经大学学报，2015，17（4）：10－20.

［11］张哲晰，穆月英. 产业集聚能提高农业碳生产率吗？［J］. 中国人口·资源与环境，2019，29（7）：57－65.

［12］周鹏，周迅，周德群. 二氧化碳减排成本研究述评［J］. 管理评论，2014，26（11）：20－27＋47.

［13］Akashi, O., Hanaoka, T. Technological feasibility and costs of achieving a 50% reduction of global GHG emissions by 2050：Mid-and long-term perspectives［J］. *Sustainability Science*, 2012, 7（2）：139－156. doi：10.1007/s11625－012－0166－4.

［14］Andreoni, V., Galmarini, S. Decoupling economic growth from carbon dioxide emissions：A decomposition analysis of Italian energy consumption［J］. *Energy*, 2012, 44（1）：682－691. doi：10.1016/j.energy.2012.05.024.

［15］Chambers, R. G., Chung, Y., Färe, R. Profit, directional distance functions, and Nerlovian efficiency［J］. *Journal of Optimization Theory and Applications*, 1998, 98（2）：351－364. doi：10.1023/a：1022637501082.

［16］Choi, E. J., Jeong, H. C., Kim, G. Y., et al. Estimation of national greenhouse gas emissions in agricultural sector from 1990 to 2013［J］. *Journal of Climate Change Research*, 2016, 7（4）：443－450. doi：10.15531/KSCCR.2016.7.4.443.

［17］Duan, F., Wang, Y., Wang, Y., et al. Estimation of marginal abatement costs of CO_2 in Chinese provinces under 2020 carbon emission rights allocation：2005－2020［J］. *Environmental Science and Pollution Research*, 2018, 25（24）：24445－24468. doi：10.1007/s11356－018－2497－x.

［18］Färe, R., Grosskopf, S., Noh, D. W., et al. Characteristics of a polluting technology: Theory and practice [J]. *Journal of Econometrics*, 2005, 126 (2): 469 – 492. doi: 10.1016/ j.jeconom.2004.05.010.

[19] Färe, R., Grosskopf, S., Yaisawarng, S., et al. Derivation of shadow prices for undesirable outputs: A distance function approach [J]. *The Review of Economics and Statistics*, 1993, 75 (2): 374 – 380. doi: 10.2307/2109448.

[20] Guo, W., Sun, T., Dai, H. J. Efficiency allocation of provincial carbon reduction target in China's "13·5" period: Based on zero-sum-gains SBM model [J]. *Sustainability*, 2017, 9 (2): 167.

[21] He, Y., Cheng, X., Wang, F., et al. Spatial correlation of China's agricultural greenhouse gas emissions: A technology spillover perspective [J]. *Natural Hazards*, 2020, 104 (3): 2561 – 2590. doi: 10.1007/s11069 – 020 – 04285 – 1.

[22] Ismael, M., Srouji, F., Boutabba, M. A. Agricultural technologies and carbon emissions: Evidence from Jordanian economy [J]. *Environmental Science and Pollution Research*, 2018, 25 (11): 10867 – 10877. doi: 10.1007/s11356 – 018 – 1327 – 5.

[23] Jain, R. K., Kumar, S. Shadow price of CO_2 emissions in Indian thermal power sector [J]. *Environmental Economics and Policy Studies*, 2018, 20 (4): 879 – 902. doi: 10.1007/ s10018 – 018 – 0218 – 9.

[24] Liu, Y., Xiao, H., Zikhali, P., et al. Carbon emissions in China: A spatial econometric analysis at the regional level [J]. *Sustainability*, 2014, 6 (9): 6005 – 6023. doi: 10.3390/su6096005.

[25] Matsushita, K., Yamane, F. Pollution from the electric pow-

er sector in Japan and efficient pollution reduction [J]. *Energy Economics*, 2012, 34 (4): 1124 – 1130. doi: 10.1016/j.eneco.2011.09.011.

[26] Piłatowska, M., Włodarczyk, A. Decoupling economic growth from carbon dioxide emissions in the EU countries [J]. *Montenegrin Journal of Economics*, 2018, 14 (1): 7 – 26. doi: 10.14254/1800 – 5845/2018.14 – 1.1.

[27] Stevanovi, M., Popp, A., Bodirsky, B. L., et al. Mitigation strategies for greenhouse gas emissions from agriculture and land-use change: Consequences for food prices [J]. *Environmental Science & Technology*, 2017, 51 (1): 365 – 374. doi: 10.1021/acs.est.6b04291.

[28] Sonnenschein, J., Van Buskirk, R., Richter, J. L., et al. Minimum energy performance standards for the 1.5℃ target: An effective complement to carbon pricing [J]. *Energy Efficiency*, 2019, 12 (2): 387 – 402. doi: 10.1007/s12053 – 018 – 9669 – x.

[29] Wang, R., Feng, Y. Research on China's agricultural carbon emission efficiency evaluation and regional differentiation based on DEA and Theil models [J]. *International Journal of Environmental Science and Technology*, 2021, 18 (6): 1453 – 1464. doi: 10.1007/s13762 – 020 – 02903 – w.

[30] Yang, L., Li, Z. Technology advance and the carbon dioxide emission in China—Empirical research based on the rebound effect [J]. *Energy Policy*, 2017, 101: 150 – 161. doi.org/10.1016/j.enpol.2016.11.020.

[31] Yang, Z. H., Chen, L. X., Luo, T. Marginal cost of emission reduction and regional differences [J]. *The Journal of World Economy*, 2019, 22 (2): 1 – 21.

[32] Zhang, L., Pang, J., Chen, X., et al. Carbon emissions, energy consumption and economic growth: Evidence from the agricultural sector of China's main grain-producing areas [J]. *Science of the Total Environment*, 2019, 665 (15): 1017 – 1025. doi: 10. 1016/j. scitotenv. 2019. 02. 162.

[33] Zhou, X., Guan, X., Zhang, M., et al. Allocation and simulation study of carbon emission quotas among China's provinces in 2020 [J]. *Environmental Science and Pollution Research*, 2017, 24 (8): 7088 – 7113. doi: 10. 1007/s11356 – 016 – 8360 – z.

第四章 技术进步、产业集聚与农业碳排放的空间关联

第一节 技术进步、产业集聚与农业碳排放关系的相关文献

为有效减少碳排放,大量学者对碳排放的驱动力进行了研究,并将技术创新视为解决大气污染与经济发展矛盾的关键(Yang and Li,2017),涌现出大量测算技术进步的文献,指出可以从研发资本投资(You and Jiang,2016;赵小雨等,2018)、专利开发能力(卢娜等,2019)、能源强度(Dyer et al.,2010)和全要素生产率(田云、张俊飚,2017;Toma et al.,2017;Yang et al.,2018;Xu et al.,2019;Rybaczewska and Gierulski,2018)等角度测量技术进步。也有学者提出,为避免陷入技术过时状态,必须采取措施鼓励持续的技术创新(胡中应,2018)。但当经济系统与行政腐败相互作用时,能源创新对环境质量的积极影响就会减小(Hafner et al.,2019)。金磊(2019)发现研发能力的增强有助于减少中国能源部门的碳排放;并且研发也为减少发达国家的碳排放做出了积极贡献(Fernández et al.,2018)。在农业碳减排方面,Ismael等(2018)发现先进技术是抑制农业碳排放的关键因素,而技术效率

低是导致农业碳利用效率低的主要原因（Fei and Lin，2017），因此，有必要提高农业全要素生产率，促进能源增进型技术的发展（魏玮等，2018）。

伴随我国经济的快速发展，不同的经济区、经济带逐渐形成，不同规模和类型的产业集聚区也逐渐形成，集聚中所产生的正负外部性也对碳排放产生了一定影响。产业集聚初期，由于规模效应抑制了碳排放，过度的产业集聚也会引起碳排放的快速增长（谢波、徐琪，2019）。刘媛媛（2020）却认为产业集聚是可以有效降低区域碳排放强度的；苗建军等（2020）从产业协同集聚角度研究了其对碳排放的影响，发现两者呈倒"U"形关系；路正南和朱新朗（2018）指出政府对产业集聚过度干预，易导致追逐"政策租"，引发"企业扎堆"现象，从而对碳排放强度的改善产生不利影响，所以政府和市场的配合才是减排的可行方式。部分学者关注具体行业的产业集聚对碳排放的影响。丁斐等（2020）从工业产业集聚视角进行研究，发现工业集聚对城市碳排放强度的提升作用在一定程度上抵消了环境规制的减排作用；杨庆等（2021）指出高技术产业集聚可以通过规模经济效应和知识溢出效应有效提升区域的碳生产率，从而有效减排；王凯等（2019）发现旅游产业集聚有利于旅游业的减排，但减排效应存在区域异质性；王健和林双娇（2021）发现物流产业集聚不仅直接促进碳转移，还通过信息化运作和交通运输压力作用于物流业碳转移，并且两者总体呈倒"U"形特征。随着研究的深入，也有学者开始探讨产业集聚对碳排放空间溢出的影响。肖爽爽等（2020）发现东部沿海省区市呈现高产业集聚和低碳排放强度特征，西北欠发达地区呈现低产业集聚和高碳排放强度特征，并且产业集聚水平的提高会增大本省排放强度，但会降低毗邻省区市的排放强度；田云和尹忞昊（2021）关注净碳排放的空间效应，指出产业集聚对农业净碳排放具有显著的溢出效应，并表现为区域间溢出和区域内溢出，且均为正向促进作用。

由于外部性的存在，以及区域间联系的增强，大气污染治理很难仅仅依靠某个地区的单方面行动取得成效，必须通过区域协同行动才能从根本上解决问题（Warner and Zawahri，2012），因此，碳排放的空间关联受到广泛关注。学者们一致认为碳排放具有显著的空间溢出效应，部分学者还认为其可能存在复杂的关联网络结构（Meng et al.，2013；孙亚男等，2016；杨桂元等，2016）。碳排放空间关联的存在是区域协同减排的前提，而这种空间溢出可归因于区域间经济、技术、政策等因素间的联系，或者微观主体能源消费行为与环境管理行为的模仿（Cole et al.，2013；Liu et al.，2014；Dong et al.，2016；Li et al.，2016；Marbuah and Amuakwa，2017），也可归因于最终需求变化导致的跨区域产出变化（Zhang，2017；Jiao et al.，2018b）。少量学者关注农业碳排放空间溢出，发现排放总量、排放强度、排放效率的空间分布存在显著集聚趋势（王珧等，2019），而农业经济发展水平、农业产业结构、农业技术创新、农业劳动力、城镇化等都会影响农业碳排放空间分布（马大来，2018；吴义根、冯开文，2019；Xiong et al.，2016；Lu et al.，2018）。

综上所述，以往研究对农业碳排放及其区域关联的影响因素做了大量分析，而技术进步和产业发展作为被讨论得最多并且最重要的因素受到关注，学者们一致认为两因素确实会显著影响农业碳排放空间关联，所以，为实现高效减排，区域间必须进行技术合作和产业合作，但已有研究仍存在以下两方面不足：一方面，不同学者根据研究需要采用不同的指标衡量技术进步和产业集聚，并没有统一的标准，且大部分文献只考虑技术进步的水平，没有考虑技术进步的潜力，在产业集聚上也多是考虑专业化集聚；另一方面，对技术进步和产业集聚空间溢出效应的讨论仅限于地理距离，没有对溢出的可能渠道进行深入分析。因此，本章重点讨论农业技术进步、农业产业集聚对农业碳排放空间关联的影响，全面分析其影响的可能渠道，为进一步扫清合作减排障碍、找到合作着力点奠定基础。

第二节　农业碳排放空间关联的理论分析

一方面，区域间会存在因减排行为的相互看齐而产生的"减排跟随"或者"减排对立"（何艳秋等，2021），进而引起区域碳关联。由于"同群效应"的存在，一个地区的碳排放决策不仅会受到自身农业经济发展状况、政策环境、减排潜力等因素的影响，也会受到邻近地区排放决策的影响，从而使各区域的碳排放行为呈现一定的规律。一是因为毗邻地区面临国家给予的比较相似的农业经济发展政策和环境规制措施，谁都不想成为国家环境考核中的"差生"，都想成为经济考核中的"优等生"。所以，当某区域碳排放减少时，其余区域可能会对自身的排放实行更为严格的措施，呈现"环境优先，经济靠后"的"减排跟随"，也可能会乘此机会发展经济，呈现"减排对立"；而当某区域的碳排放有所增加，着力经济发展时，其余区域也会放松自身排放，呈现"经济优先、环境靠后"的态势。二是经济发展水平相似的地区间往往会存在较为激烈的经济角逐，由于经济发展与碳排放始终是联系在一起的（蒋黎、王晓君，2019），经济的角逐也会引起碳减排间的竞争，大家都想成为环境考核和经济考核中的"优等生"，所以会在减排中出现"你增我增，你减我减"的相互追赶现象。由于黏性效应的存在，处于经济发展前列的地区无法接受自己被超越，这种"减排对立"会更加明显。

另一方面，区域间不是简单地相互模仿碳排放行为，而是在分析原因后进行深层次学习和效仿，这种区域碳关联可以通过技术扩散和产业集聚而产生。从技术扩散来看，邻近的地区间由于交通更为便利，生产要素的流动成本更低，人力资本作为较重要的生产要素，其区域间流动会带来"知识溢出"；经济往来密切的地区间，技术进步会通过产业合作扩散到各区域，产生"产业溢出"；同时，经济水平较高、技术较先进的中心地带，其强大的辐射力也会将该地优质的资源、技术、经验等向其他地区扩散，产生"涓滴效应"（张华，2014；张金萍等，2012；Chakrabarti，2016），而落后地区为提升碳生产力，也有主动吸纳和学习技术创新的动力，从而使区域碳关联关系更密切。各区域除了显示出不同的技术进步水平外，也隐含着差异化的技术进步潜力，为了防止其他地区技术潜力增大可能带来的经济快速增长和碳排放的控制，争取"优等生"地位，地区间的经济竞争和环境竞争也会越发激烈。当某地区技术潜力增大时，其他地区会赶在该地区技术潜力发挥作用之前快速发展经济或实施更严格的环境监管，从而呈现"减排对立"。

从产业集聚来看，其通过规模经济和产业协同发展影响区域间的碳关联。产业集聚通过基础设施共享、产品生产和销售成本的降低，以及劳动力的专业化和快速流动来提高产业的生产效率，进而推动产业快速发展，不仅带来了规模经济，也使区域产业在集聚发展过程中不断加深合作。碳排放作为产业发展的非期望产出，也会随着区域产业关系的加深而减少。产业集聚也会带来技术共享，集聚区各省区市将产生横向或纵向的产业协同，并通过技术研发提高生产效率和实现减排。产业捆绑效应使技术快速在产业集群中传播和共享，带动各省区市生产效率提高与碳减排，而集聚区内技术研发能力较强的省区市还会形成"技术池"，并产生技术辐射，产业链通过"水波效应"影响其他地区，进而引起区域碳关联。产业集群内企业为成为发展标杆、争取国家更多的优惠政策，会同时存在竞争关系和模仿关系，通过模仿和学习先进的生产技术和经验，兼顾产业发展和节能减排，在竞争中也会不断有优秀的产业集聚区和企业脱颖而出，成为学习和模仿的标杆。模仿学习效应和竞争效应的叠加使区域间的碳关联关系不断加深。

同时，也有证据表明，国际贸易中的碳泄漏也在很大程度上影响了全球碳排放分布（Li et al., 2020; Xiao et al., 2019），而省际贸易的碳泄漏比国际贸易的碳泄漏更为严重

(Pu et al., 2020), 并已成为各地节能减排的重要矛盾 (邓荣荣、杨国华, 2018)。各地农业产业各有优势, 各区域农业产业结构和农产品消费结构也存在差异, 造成农业碳排放的生产和消费分离, 也引起农业生产要素和农产品跨区域的频繁流动, 进而带来区域碳关联。

农业碳排放空间关联理论框架如图 4.1 所示。

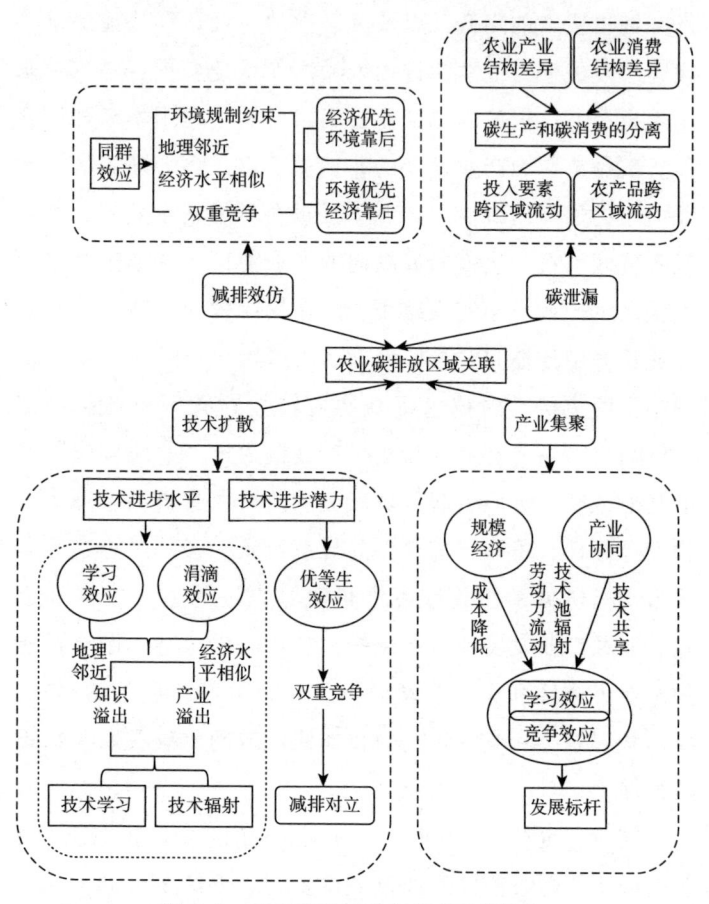

图 4.1 农业碳排放空间关联理论框架

第三节 农业碳排放空间关联的数据验证

一 空间关联统计检验方法

利用 Moran's I 指数对农业碳排放的空间关联进行检验,全局 Moran's I 指数计算公式如下:

$$I = \frac{\sum_{i=1}^{n}\sum_{j=1}^{n}\omega_{ij}(y_i - \bar{y})(y_j - \bar{y})}{s^2 \sum_{i=1}^{n}\sum_{j=1}^{n}\omega_{ij}} \quad (4.1)$$

$$s^2 = \frac{1}{n}\sum_{i=1}^{n}(y_i - \bar{y}) \quad (4.2)$$

$$\bar{y} = \frac{\sum_{i=1}^{n} y_i}{n} \quad (4.3)$$

局部 Moran's I 指数计算公式如下:

$$I_i = z_i \sum_{j=1}^{n} w_{ij} z_j \quad (4.4)$$

$$z_i = \frac{y_i - \bar{y}}{s} \quad (4.5)$$

I 和 I_i 是全局和局部 Moran's I 指数,y_i 和 y_j 是省区市 i 和 j 的农业碳排放指标,$\bar{y}$ 是平均碳排放指标,ω_{ij} 是空间权重矩阵第 i 行第 j 列元素,n 为省区市个数,s^2 是农业碳排放指标取值的方差。空间权重采用地理距离权重表示,即:

$$w_{ijd} = \begin{cases} -1/d^2 & (i \neq j) \\ 0 & (i = j) \end{cases} \quad (4.6)$$

其中，w_{ijd} 表示地理距离权重，d 表示省会城市之间的球面距离。

Moran's I 指数取值范围为 [-1, 1]，当取值大于零时，表明变量呈空间正相关，即存在空间集聚现象；当取值小于零时，表明变量存在空间负相关；当取值接近 0 时，则变量呈随机分布，不存在显著的空间效应。根据变量的局部集聚特点可将各省区市划分为 4 类，如表 4.1 所示。

表 4.1 局部集聚类型划分

集聚特征	高-高集聚区（H-H）	低-高聚集区（L-H）	低-低聚集区（L-L）	高-低聚集区（H-L）
位置	第一象限	第二象限	第三象限	第四象限
相关性	空间正相关	空间负相关	空间正相关	空间负相关
集聚方式	区域与周边区域的属性值均较高而形成的集聚	区域属性值较低，其周边区域属性值较高而形成的集聚	区域与周边区域的属性值均较低而形成的集聚	区域属性值较高，其周边区域属性值较低而形成的集聚

二 农业碳排放空间关联结果分析

从表 4.2 碳排放总量的全局 Moran's I 指数来看，2009~2018 年全局 Moran's I 指数均为正值，且在 1% 的显著性水平下通过检验，表明农业碳排放总量的空间分布并非完全随机，而是呈现显著的空间集聚特征，低值与低值区集聚，高值与高值区集聚，区域间的农业碳排放总量呈现正相关关系，且全局 Moran's I 指数随着时间的推移，总体呈现上升趋势，由 2009 年的 0.269 上涨至 2018 年的 0.289，说明农业碳排放总量的空间关联程度逐步提高。从碳排放强度来看，其全局 Moran's I 指数与排放总量不相上下，且均在 1% 的显著性水平下为正，表明排放强度仍呈现高－高集聚和低－低集聚的态势，Moran's I 指数经历了先下降后上升的过程，由 2009 年的 0.290 降至 2015 年的 0.169，随后在 2018 年增加到 0.313。

表 4.2 碳排放全局 Moran's I 指数

年份	排放总量 Moran's I 指数	Z 值	排放强度 Moran's I 指数	Z 值
2009	0.269***	3.49	0.290***	3.87
2010	0.267***	3.47	0.266***	3.45
2011	0.268***	3.48	0.285***	3.62
2012	0.265***	3.44	0.277***	3.46
2013	0.253***	3.29	0.252***	3.14
2014	0.263***	3.41	0.212***	2.64
2015	0.255***	3.32	0.169***	2.24
2016	0.276***	3.58	0.284***	3.47
2017	0.289***	3.72	0.313***	3.75
2018	0.289***	3.75	0.313***	3.73

注：*** 指 1% 的显著性水平。

为考察农业碳排放局部集聚特点，进一步计算局部 Moran's I 指数，并绘制成表 4.3。从表 4.3 可见，31 个省区市中，位于第一象限（高值与高值相邻）与第三象限（低值与低值相邻），即属于空间正相关的省区市由 2009 年的 14 个增加至 2018 年的 15 个，随着我国区域协同发展战略的不断深化，农业投入要素和农产品区域转移渠道更加通畅，农业碳排放总量区域关联性也有所增强。具体而言，东北辽宁、吉林，西部四川、广西、新疆，中部内蒙古、安徽、江西、湖南，以及沿海山东和广东呈现农业碳排放高值与高值相邻的集聚特点,而发达直辖市天津、北京和上海则呈现农业碳排放低值与低值相邻的集聚特点。

表 4.3　2009 年和 2018 年农业碳排放总量的局部集聚情况

象限	2009 年	2018 年
第一象限	内蒙古、辽宁、吉林、安徽、江西、山东、广东、广西、四川、云南、新疆	内蒙古、辽宁、吉林、黑龙江、江西、安徽、山东、广东、湖北、广西、四川、新疆
第二象限	山西、福建、浙江、海南、重庆、西藏、陕西、甘肃、青海、宁夏	山西、浙江、福建、海南、重庆、贵州、陕西、甘肃、青海、宁夏、西藏
第三象限	北京、天津、上海	北京、天津、上海
第四象限	河北、黑龙江、江苏、河南、湖南、湖北、云南	河北、江苏、河南、湖南、云南

表 4.4 展示了农业碳排放年均强度的局部集聚特征。第一象限为农业碳排放强度的高－高集聚区,主要分布在云南、甘肃、宁夏、青海、新疆、西藏等西部地区,且甘肃和宁夏碳排放强度的高－高集聚较显著。第三象限为农业碳排放强度的低－低集聚区,包括湖南、安徽、河南等中部省份,以及北京、天津、上海等沿海发达直辖市,其中,上海、浙江、广东碳排放强度的低－低集聚最为明显。第二象限和第四象限分别是农业碳排放强度的低－高集聚区和高－低集聚区,这两个象限内的省区市数仅占全国 31 个省区市的 22.6%,也进一步验证了我国农业碳排放强度的空间正相关关系。

第四章 技术进步、产业集聚与农业碳排放的空间关联

表 4.4 2009~2018 年农业碳排放年均强度的局部集聚情况

第一象限	吉林、黑龙江、甘肃、云南、西藏、青海、宁夏、新疆
第二象限	河北、辽宁、四川、陕西
第三象限	北京、天津、上海、江苏、浙江、福建、安徽、江西、山东、河南、湖南、湖北、广东、广西、海南、重庆
第四象限	山西、内蒙古、贵州

虽然 Moran 散点图可将省份划分为不同的集群,但不能用于区分显著和不显著的集群,为在 5% 的显著性水平下区分 H-H、L-L、H-L、L-H 四种集聚类型,识别农业碳排放的热点和冷点,本章绘制了 Lisa 集聚表。

从表 4.5 可见,集聚显著的省区市数量呈现增加趋势,由 2009 年的 15 个增加到 2018 年的 17 个,排放总量存在显著的空间相关性。北京、天津和上海作为直辖市,经济发展以第三产业为主,一直是农业碳排放总量的冷点。北部的辽宁、山东,南部的四川、广西、广东,一直是排放总量的热点,2018 年,新疆成为新的热点。河南和河北碳排放总量较高,周边碳排放总量较低,为显著的 H-L 集聚区。L-H 集聚区较为分散,既有西北地区,又有南部沿海部分地区。

表 4.5 2009 年和 2018 年农业碳排放总量的 Lisa 集聚表

集聚类型	2009 年显著的省区市	2018 年显著的省区市
H-H(热点)	四川、云南、广西、广东、辽宁、山东	新疆、四川、广西、广东、辽宁、山东
L-L(冷点)	北京、天津、上海	北京、天津、上海
H-L	河北、河南	河北、河南
L-H	西藏、宁夏、山西、福建	西藏、青海、宁夏、福建、海南、重庆

从表 4.6 来看，大部分省区市的碳排放强度呈现热点集聚或冷点集聚，2009 年和 2018 年的热点聚集和冷点聚集的省区市占比分别为 32.26% 和 45.16%，但集聚的省区市发生了改变，具体来说，西北 5 省区（西藏、甘肃、青海、宁夏、新疆）始终位于排放强度的热点集聚区，北部沿海的北京、东部沿海的上海以及南部沿海的福建、广东始终处于冷点集聚区。19.35% 的省区发生了迁移，内蒙古和黑龙江迁移到了排放强度的热点集聚区，江苏、贵州、广西迁移到了排放强度的冷点集聚区，浙江不再显著。山西一直处于排放强度的 H-L 集聚区，辽宁一直处于排放强度的 L-H 集聚区。总体来看，排放强度呈现南低北高，排放总量呈现南高北低的分布格局。

表 4.6　2009 年和 2018 年农业碳排放强度的 Lisa 集聚表

集聚类型	2009 年显著的省区市	2018 年显著的省区市
H-H（热点）	新疆、西藏、青海、甘肃、宁夏	新疆、西藏、青海、甘肃、宁夏、内蒙古、黑龙江
L-L（冷点）	北京、上海、广东、福建、浙江	北京、上海、江苏、福建、广东、贵州、广西
H-L	山西	山西
L-H	辽宁	辽宁

第四节　技术进步与农业碳排放的空间关联

一　技术进步的测算

一方面，使用农业全要素生产率来衡量农业技术进步，

第四章 技术进步、产业集聚与农业碳排放的空间关联

瑞典统计学家 Malmquist（1953）首先提出了 Malmquist 指数，随后，Caves 等（1982）在 1982 年提出全要素生产率可以用 Malmquist 指数表示。

首先，定义距离函数：

$$D_t(x_t, y_t) = e_t = \frac{y_t(x_t)}{\bar{y}_t(x_t)} \quad (4.7)$$

其中，x_t 和 y_t 分别表示时期 t 的输入和输出向量；$\bar{y}_t(x_t)$ 表示以生产前沿 S_t 为技术前提，在时期 t 内输入向量为 x_t 时的最大潜在产出；距离函数 D_t 就是指技术效率 e_t，表示在相同输入条件下实际输出 $y_t(x_t)$ 与最大输出 $\bar{y}_t(x_t)$ 的比值。

根据式（4.7），t 期和 $t+1$ 期对应的实际输出可以表示为：

$$y_t(x_t) = \bar{y}_t(x_t) \times D_t(x_t, y_t) \quad (4.8)$$

$$y_{t+1}(x_{t+1}) = \bar{y}_{t+1}(x_{t+1}) \times D_{t+1}(x_{t+1}, y_{t+1}) \quad (4.9)$$

因此，产出增长率为：

$$\frac{y_{t+1}(x_{t+1})}{y_t(x_t)} = \frac{D_{t+1}(x_{t+1}, y_{t+1})}{D_t(x_t, y_t)} \times \frac{\bar{y}_{t+1}(x_{t+1})}{\bar{y}_t(x_t)} \quad (4.10)$$

其次，在 t 期和 $t+1$ 期对应的技术水平下，t 期到 $t+1$ 期的生产率变化可以表示为：

$$M_t = \frac{D_t(x_{t+1}, y_{t+1})}{D_t(x_t, y_t)} \quad (4.11)$$

$$M_{t+1} = \frac{D_{t+1}(x_{t+1}, y_{t+1})}{D_{t+1}(x_t, y_t)} \quad (4.12)$$

最后，Malmquist 指数可定义为：

$$M(x_{t+1}, y_{t+1}; x_t, y_t) = \left[\frac{D_t^c(x_{t+1}, y_{t+1})}{D_t^c(x_t, y_t)} \times \frac{D_{t+1}^c(x_{t+1}, y_{t+1})}{D_{t+1}^c(x_t, y_t)} \right]^{\frac{1}{2}}$$

(4.13)

其中，x_t 和 y_t 分别表示时期 t 对应的输入和输出向量，x_{t+1} 和 y_{t+1} 分别表示时期 $t+1$ 对应的输入和输出向量，D_t^c 和 D_{t+1}^c 分别代表在时期 t 和 $t+1$ 内规模报酬不变的距离函数。

可见，Malmquist 指数作为估算全要素生产率的重要方法之一，是直接从投入和产出的角度衡量全要素生产率。Färe 等（1994）对 Malmquist 指数进行了分解，形式如下：

$$M(x_{t+1}, y_{t+1}; x_t, y_t) = \left[\frac{D_t^c(x_{t+1}, y_{t+1})}{D_t^c(x_t, y_t)} \times \frac{D_{t+1}^c(x_{t+1}, y_{t+1})}{D_{t+1}^c(x_t, y_t)} \right]^{\frac{1}{2}}$$

$$= \left\{ \frac{[D_{t+1}^c(x_{t+1}, y_{t+1})]^2}{[D_t^c(x_t, y_t)]^2} \times \frac{D_t^c(x_{t+1}, y_{t+1})}{D_{t+1}^c(x_{t+1}, y_{t+1})} \times \frac{D_t^c(x_t, y_t)}{D_{t+1}^c(x_t, y_t)} \right\}^{\frac{1}{2}}$$

$$= \frac{D_{t+1}^c(x_{t+1}, y_{t+1})}{D_t^c(x_t, y_t)} \times \left[\frac{D_t^c(x_{t+1}, y_{t+1})}{D_{t+1}^c(x_{t+1}, y_{t+1})} \times \frac{D_t^c(x_t, y_t)}{D_{t+1}^c(x_t, y_t)} \right]^{\frac{1}{2}}$$

$$= \frac{D_{t+1}^v(x_{t+1}, y_{t+1})}{D_t^v(x_t, y_t)} \times \frac{\frac{D_{t+1}^c(x_{t+1}, y_{t+1})}{D_{t+1}^v(x_{t+1}, y_{t+1})}}{\frac{D_t^c(x_t, y_t)}{D_t^v(x_t, y_t)}} \times \left[\frac{D_t^c(x_{t+1}, y_{t+1})}{D_{t+1}^c(x_{t+1}, y_{t+1})} \times \frac{D_t^c(x_t, y_t)}{D_{t+1}^c(x_t, y_t)} \right]^{\frac{1}{2}}$$

$$= Pech \times Se \times Tch$$

(4.14)

式（4.14）中，$Pech$ 代表可变规模收益的纯技术效率指数，Se 代表规模效率指数，Tch 代表技术进步指数。为了排除规模经济的影响，我们使用纯技术效率（$Pech$）来表示农业技术进步（马海良等，2011）。选取农业机械总动力、农用化肥施用量、农作物总播种面积、农业就业人员数量、有效灌溉面积作为 5 个投入指标，将农业增加值作为期望产出（张翠菊等，2016），将农业碳排放总量作为非期望产出，具体指标见表4.7。

表4.7 农业技术进步测算中的投入和产出指标

指标类型	具体指标	资料来源
投入指标	农业机械总动力	《中国农村统计年鉴》
	农用化肥施用量	
	农作物总播种面积	
	农业就业人员数量	
	有效灌溉面积	《中国人力资源和社会保障年鉴》
产出指标	农业增加值（期望产出）	《中国农村统计年鉴》
	农业碳排放总量（非期望产出）	本书第一章

另一方面，以各地区农业高校与科研院所数量来衡量地区的农业技术进步潜力，研究部门是技术进步最核心的机构，地区高校和科研院所数量在很大程度上衡量了地区技术进步的潜力。

二 技术溢出渠道的理论分析

农业技术溢出渠道包括地理渠道和经济渠道，如图4.2所示。第一，地理距离邻近地区之间交通运输更为便捷，人力资本、技术等生产要素流动成本较低，这使得技术和知识的溢出更容易；第二，经济联系较强的地区在技术研发和技术吸收能力方面的差距可能较小，技术溢出更容易，而较弱的经济联系会阻碍地区之间的技术知识交流，从而限制技术外溢（柳卸林、贾蓉，2007；余元春等，2016；许云等，2017）；第三，农业产业集聚更可能在地理邻近和经济关联密切的地区间发生,这有利于资源共享和规模经济增长(张哲晰、穆月英,2019),尤其增强了技术共享。

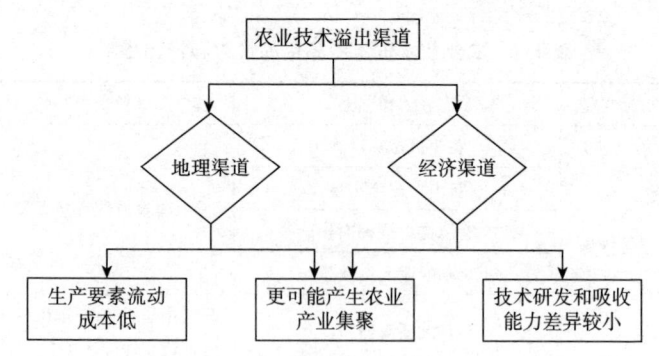

图4.2 农业技术溢出渠道

农业技术溢出渠道
├── 地理渠道
│   ├── 生产要素流动成本低
│   └── 更可能产生农业产业集聚
└── 经济渠道
    └── 技术研发和吸收能力差异较小

使用不同的空间权重矩阵来分析农业技术溢出的可能渠道。根据地理学第一定律,事物之间都是相关的,相近的事物关联更紧密,所以,农业技术溢出受两个地区行政中心之间距离的影响,并呈反比关系,即两地距离越近,空间关联越强;两地距离越远,关联越弱。因此,我们首先将地理距离设置为空间权重矩阵,形式如下:

$$w_{ijd} = \begin{cases} -1/d^2 & (i \neq j) \\ 0 & (i = j) \end{cases} \quad (4.15)$$

其中,w_{ijd}表示地理距离权重,d表示省会城市之间的球面距离。

随着区域经济联系的加强,部分学者认为在考虑技术溢出时应考虑经济距离,更远的经济距离将使地区之间的技术知识交流更加困难,进而抑制技术溢出(余元春等,2016;许云等,2017)。因此,本章进一步使用经济距离权重,公式如下:

$$w_{ije} = \begin{cases} \dfrac{1}{|GDP_i - GDP_j|} & (i \neq j) \\ 0 & (i = j) \end{cases} \quad (4.16)$$

其中，w_{ije} 表示经济距离权重，GDP_i 和 GDP_j 分别为省区市 i 和 j 的农业增加值。

三 农业技术扩散对农业碳排放空间溢出的影响建模

分析农业技术溢出对农业碳减排的作用，不仅要考虑农业技术进步的空间溢出效应，还要考虑区域间农业碳减排策略的相互作用。因此，本章选择了空间杜宾模型，形式如下：

$$GHGI_{nt} = \tau_n \alpha + \rho \omega GHGI_{nt} + \beta_{tec} Tec_{nt} + \theta_{tec} \omega Tec_{nt} + \beta x_{nt} + \theta \omega x_{nt} + \mu_n + \upsilon_t + \varepsilon_{nt}$$

$$\varepsilon_{nt} \sim N(0, \sigma^2 I_n) \quad (4.17)$$

其中，$GHGI_{nt}$ 代表各省区市各年的农业碳排放。Tec_{nt} 代表农业技术进步，包括纯技术效率（$Pech$）和农业技术进步潜力（Pch），x_{nt} 代表控制变量，ω 代表空间权重矩阵，ε_{nt} 代表随机误差项，μ_n 代表个体固定效应，υ_t 代表时间固定效应。模型的变量定义如表4.8所示。

表 4.8　模型的变量定义

变量类型	变量符号	指标	内涵	资料来源
因变量	GHGI	农业碳排放总量	农业污染水平	见本书第二章
自变量	Pech	农业纯技术效率	农业技术进步水平	通过数据包络分析法计算
	Pch	各地区农业高校与科研院所数量	农业技术进步潜力	通过百度文库手动收集
	Emp	农业就业人员数量	劳动力投入	《中国人力资源和社会保障年鉴》

续表

变量类型	变量符号	指标	内涵	资料来源
自变量	*Cul*	耕地面积	土地投入	《中国农村统计年鉴》
	Cap	农业机械总动力	资本投入	
	Str	传统农业占比	农业产业结构	

四 数据来源

使用中国 31 个省区市 2009～2018 年的面板数据,香港、澳门和台湾地区因数据缺失而被排除在外,西藏缺失的能源消耗量数据用西北各省区的平均值替代。农业碳排放的测算详见本书第二章,测算农业技术进步的指标数据来自《中国农村统计年鉴》和《中国人力资源和社会保障年鉴》,建立空间杜宾模型的变量数据来自《中国农村统计年鉴》、《中国人力资源和社会保障年鉴》和百度文库。

五 实证分析

1. 农业技术进步的时空特征

从图 4.3 可以看出,农业纯技术效率随时间推移有明显提高趋势,但经历了增减波动的过程,农业纯技术效率指数由 2009 年的 1.13 增加到 2018 年的 2.70,增幅高达 138.94%,表明我国农业技术水平有明显提升。同时,各省区市之间的农业技术差异也呈扩大态势,农业纯技术效率指数的全距由 2009 年的 0.78 增加到 2018 年的 2.41,增长了 2 倍左右。

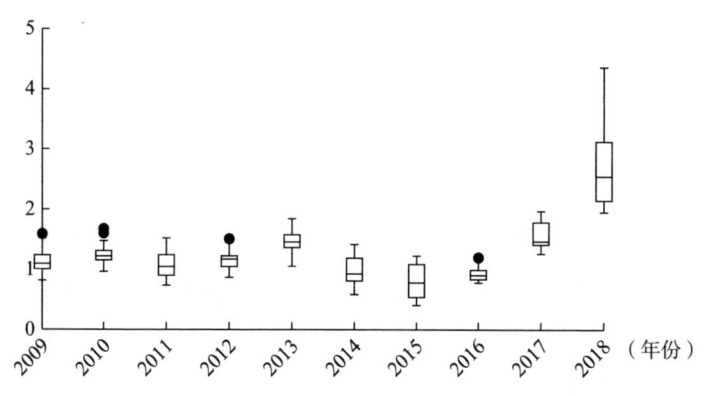

图 4.3　2009~2018 年中国农业纯技术效率箱线图

从表 4.9 来看，农业纯技术效率呈现中间高、四周低的态势，黄河中游的山西、河南，长江中游的湖北、湖南，南部沿海的广东、海南，以及西南地区的广西七省区为我国农业技术效率最高的地区；而黄河中游的内蒙古，东北的辽宁，北部沿海的北京、天津、河北和山东农业纯技术效率最低；西部地区的新疆、四川、重庆、贵州、宁夏，中东部地区的江西和福建农业纯技术效率处于中高水平；东部地区的黑龙江、吉林、江苏、浙江、上海和中部地区的安徽农业纯技术效率处于中低水平；西南地区的云南，西北地区的西藏、青海、甘肃，黄河中游的陕西农业纯技术效率处于中等水平。

表 4.9　年均农业纯技术效率空间分布

区间划分	省区市
1.87~2.87	山西、河南、湖北、湖南、广西、广东、海南
0.99~1.87	新疆、四川、重庆、贵州、宁夏、江西、福建
0.73~0.99	云南、西藏、青海、甘肃、陕西

续表

区间划分	省区市
0.33~0.73	黑龙江、吉林、江苏、安徽、浙江、上海
≤0.33	内蒙古、辽宁、北京、天津、河北、山东

利用全局 Moran's I 指数进一步检验农业纯技术效率的空间集聚特征，结果如表4.10所示，2009~2018年，全局 Moran's I 指数均为正值，且均在1%的置信水平上显著，这意味着农业技术进步存在显著的空间溢出效应。各年的全局 Moran's I 指数均在0.29~0.39范围内波动，超过了农业碳排放总量和强度的年均 Moran's I 指数（农业碳排放总量和强度的年均全局 Moran's I 指数均为0.27），表明农业技术进步具有更显著的空间扩散效应。

表4.10 2009~2018年农业纯技术效率的全局 Moran's I 指数

年份	Moran's I	Z 值	P 值
2009	0.383 ***	4.005	0.000
2010	0.368 ***	3.863	0.000
2011	0.298 ***	3.229	0.001
2012	0.280 ***	3.065	0.001
2013	0.274 ***	3.001	0.001
2014	0.277 ***	3.051	0.001
2015	0.269 ***	2.941	0.002
2016	0.296 ***	3.203	0.001
2017	0.333 ***	3.546	0.001
2018	0.353 ***	3.646	0.001

注：*** 指1%的显著性水平。

年均农业纯技术效率局部集聚的 Lisa 表如表 4.11 所示,可看出农业技术进步也表现出明显的局部集聚特征,局部集聚显著的省区市个数占比为 35.48%。热点和冷点呈现南北分化趋势,热点集中在湖南、湖北等中部地区,以及广东、广西和海南等南部沿海地区;冷点集中在北京和天津两个发达城市,西北地区的新疆、宁夏和黄河中游的山西处于农业技术的高-低集聚区,而西南地区的云南处于农业技术的低-高集聚区。

表 4.11　年均农业技术效率的局部集聚 Lisa 表

集聚类型	显著的省区市
H-H（热点）	湖北、湖南、广西、广东、海南
L-L（冷点）	北京、天津
H-L	新疆、宁夏、山西
L-H	云南

2. 农业技术进步对农业碳排放空间溢出影响的模型选择

从表 4.12 可见,LM-lag（Robust）和 LM-error（Robust）分别在 1% 和 10% 的水平下显著,鉴于 LM-lag（Robust）显示出比 LM-error（Robust）更高的显著性水平,认为空间滞后模型（SAR）优于空间误差模型（SEM）。但是,Wald-lag、Wald-error、LR-lag 和 LR-error 检验的 P 值分别为 0、0、0.011 和 0.009,表明空间杜宾模型无法简化为空间滞后模型或者空间误差模型,因此,最终选择空间杜宾模型进行下文分析。

表 4.12　空间面板计量模型检验结果

检验统计量	统计量取值	P 值
LM-lag（Robust）	6.69***	0.010
LM-error（Robust）	3.15*	0.076
Wald-lag	33.58***	0.000
Wald-error	41.99***	0.000
LR-lag	16.48**	0.011
LR-error	17.10***	0.009

注：*、**、***分别表示10%、5%、1%的显著性水平。

利用似然比（LR）检验和 Hausman 检验来判断是否需要在模型中考虑个体固定效应和时间固定效应。如表4.13所示，Hausman 检验的 P 值在1%的置信水平下为70.29，拒绝了随机效应模型优于固定效应模型的假设。此外，LR 检验结果表明个体固定效应优于个体时间双重固定效应。因此，最终选择考虑个体固定效应的空间杜宾模型。

表 4.13　固定效应检验结果

检验统计量	统计量取值	P 值
Hausman 检验	70.29***	0.000
LR 检验	50.62***	0.000

注：***表示1%的显著性水平。

3. 技术扩散渠道分析

分别采用地理距离权重矩阵（w_{ijd}）和经济距离权重矩阵（w_{ije}）对农业技术进步空间溢出渠道进行检验，结果如表4.14所示。

第四章 技术进步、产业集聚与农业碳排放的空间关联

表 4.14 模型估计结果

变量	空间杜宾模型 w_{ijd}	空间杜宾模型 w_{ije}	空间滞后模型 w_{ijd}	空间滞后模型 w_{ije}	空间误差模型 w_{ijd}	空间误差模型 w_{ije}	普通面板模型
$\ln(Pech)$ (β_{Pech})	0.017 (0.89)	0.016 (0.83)	-0.018 (-1.23)	-0.038** (-2.64)	-0.003 (-0.15)	-0.038** (-2.61)	-0.041*** (-2.70)
$\ln(Cul)$ (β_{Cul})	-0.244*** (-3.44)	-0.219*** (-2.89)	-0.169* (-2.4)	-0.126* (-1.71)	-0.232*** (-3.2)	-0.126* (-1.73)	-0.129 (-1.63)
$\ln(Cap)$ (β_{Cap})	-0.051 (-1.21)	-0.034 (-0.81)	-0.076** (-2)	-0.111** (-2.80)	-0.083** (-2.02)	-0.112** (-2.85)	-0.115*** (-2.72)
$\ln(Emp)$ (β_{Emp})	-0.018 (-0.15)	-0.029 (-0.18)	-0.012 (-0.1)	0.080 (0.60)	-0.082 (-0.65)	0.077 (0.58)	0.067 (0.47)
$\ln(Str)$ (β_{Str})	-0.300*** (-2.80)	-0.328*** (-3.02)	-0.280** (-2.54)	-0.358*** (-3.13)	-0.232* (-2.14)	-0.361** (-3.14)	-0.372*** (-3.01)
$\ln(Pch)$ (β_{Pch})	0.005 (0.58)	0.008 (0.98)	0.017*** (0.53)	0.021 (0.63)	0.003 (0.39)	0.021 (0.61)	0.020 (0.55)
$w \times \ln(Pech)$ (β_{Pech})	-0.072*** (-2.85)	-0.078*** (-3.17)					

续表

变量	空间杜宾模型 w_{ijd}	空间杜宾模型 w_{ije}	空间滞后模型 w_{ijd}	空间滞后模型 w_{ije}	空间误差模型 w_{ijd}	空间误差模型 w_{ije}	普通面板模型
$w \times \ln(Cul)$ (β_{Cul})	0.323** (2.42)	0.225* (1.84)					
$w \times \ln(Cap)$ (β_{Cap})	0.070 (0.87)	0.003 (0.06)					
$w \times \ln(Emp)$ (β_{Emp})	0.605* (1.81)	0.227 (0.91)					
$w \times \ln(Str)$ (β_{Str})	-0.501** (-2.01)	-0.311 (-1.47)					
$w \times \ln(Pch)$ (β_{Pch})	0.009 (0.58)	0.031* (1.95)					
ρ	0.317*** (3.74)	0.238*** (3.08)	0.393*** (5.12)	0.006*** (11.73)			
λ					0.006*** (11.63)	0.007*** (11.77)	

注：***、**、* 分别表示 1%、5%、10% 的显著性水平，括号内表示 Z 值。

表 4.14 比较了使用空间杜宾模型（SDM）、空间滞后模型（SAR）、空间误差模型（SEM）和普通面板模型（PDM）的估计结果。整体来看，四种模型的拟合效果没有显著的差异，但是使用空间计量模型时，还可以提取各变量的空间效应，较普通面板模型能够更深入地分析问题。从三种空间计量模型的比较来看，ρ 和 λ 均在 1% 的水平下显著，但空间杜宾模型不仅可以提取因变量的空间效应，还可以提取自变量的空间效应，因此，使用 SDM 可以更好地分析减排互动和技术溢出的相互作用。

从空间杜宾模型的估计结果来看，无论考虑何种权重矩阵，空间自回归系数 ρ 和纯技术效率空间滞后项系数 β_{Pech} 均在 1% 的水平下显著，表明不仅各地农业碳排放存在空间溢出，而且农业技术进步也存在空间扩散。但在经济距离权重下，农业纯技术效率空间滞后项系数的绝对值提高了 0.006，其统计量绝对值也提高了 0.32；同时，农业技术进步潜力的空间滞后项系数 β_{Pch} 也在 10% 的水平下显著，这表明经济渠道是农业技术空间溢出更重要的渠道。因此，区域间经济距离的缩短更有利于农业技术进步的空间溢出。

空间自回归系数 ρ 为正意味着策略模仿和竞争行为的存在会引起区域间碳排放的"同增同减"。纯技术效率空间滞后项系数 β_{Pech} 为负，表明农业技术进步的空间溢出有利于更多区域实现碳减排，这意味着技术溢出可能通过"涓滴效应"影响其他地区，带动其他地区实现减排。使用地理距离权重时，农业技术进步潜力的空间滞后项不显著，而使用经济距离权重时显著，表明加强区域间的经济联系有利于农业技术在地区之间更通畅地传播。

4. 农业技术进步空间溢出效应分解

为更好地展示空间杜宾模型中自变量对因变量的影响，将自变量的影响分解为直接效应和间接效应，结果如表4.15所示。

表4.15表明，使用经济距离权重时，农业纯技术效率（$Pech$）的总效应和间接效应Z统计量的绝对值均有所提高，分别提高了0.4和0.1。农业技术进步潜力由不显著变为显著，总效应和间接效应分别通过了5%和10%的显著性检验。这意味着缩短经济距离确实可以促进地区之间的农业技术交流。一方面，随着互联网信息化的发展，信息传播的渠道进一步拓宽，地理距离对技术转移的限制逐渐减少。另一方面，当两个地区之间的经济发展水平差距过大时，落后地区的技术吸收能力较弱，因此，技术和知识的传播是有限的。然而，当两个地区之间存在较小的经济发展水平差距时，有利于先进技术的有效引进、接受和实施。

从农业纯技术效率的影响来看，其直接效应在10%的显著性水平下为正，表明农业技术水平提高1个百分点会导致当地农业碳排放增加0.014个百分点，这是因为农业技术水平的提高在提升能源利用效率的同时，也推动了农业经济规模的扩大，而扩大的经济规模要求更多的能源投入，产生了反弹效应（宣烨、周绍东，2011；Yang and Li，2017），并且，阈值效应和时滞效应都会影响农业技术进步作用的发挥。新技术从研发到投入应用，可能需要数年时间（时滞效应），而不同的区域特征也会影响到该技术是否会得到最佳利用（阈值效应）。而无论选择地理距离权重矩阵还是经济距离权重矩阵，农业纯技术效率的间接效应都在1%的显著性水平下为负，表明农业技术进步1个百分点，周边地区农业碳排放就会下降0.095个或0.093个百分点，说明技术空间溢出确实会对减排产生积极影响。地理邻近地区为技术溢出提供了低成本的条件，经济密切地区间通过产业往来为技术溢出提供了载体，而我国中部地区强大的农业经济辐射力，使农业技术通过"涓滴效应"向更多区域扩散，进而产生学习和模仿效应，使农业技术得到吸收和采纳。

在经济距离权重矩阵下，技术进步潜力的直接效应不显著，但间接效应显著为正，说明一个地区技术进步潜力的提升不仅不会有助于本地减排，还会使与其经济距离更近地区的农业碳排放有所增加。这是因为技术进步潜力的发挥需要较长时间的积累，对本地减排影响产生时滞，而经济距离近的地区间竞争激烈，当一个地区的技术进步潜力提升时，会使其农业经济的竞争力有上升趋势，在各地区都希望自己是"优等生"的情况下，又预期其他地区农业经济竞争力会在将来增强，则会产生"先发展，后环境"的思想，所以排放会增加。

农业产业结构（Str）的总效应、直接效应和间接效应均在5%或1%的显著性水平下为负，且地理距离权重矩阵下的空间溢出效应更显著，说明一个地区通过农业产业结构升级实现了碳减排，周边地区会在"优等生"效应的影响下，调整和升级产业结构，进而引起更多地区的碳减排。在地理距离权重矩阵下，农业就业人数的间接效应在

表 4.15 空间效应的分解结果

变量	总效应	w_{ijd} 直接效应	w_{ijd} 间接效应	总效应	w_{ije} 直接效应	w_{ije} 间接效应
ln(Pech)	-0.082*** (-2.83)	0.014* (1.44)	-0.095*** (-3.07)	-0.081*** (-3.29)	0.012 (0.64)	-0.093*** (-3.29)
ln(Pch)	0.022 (0.76)	0.006 (0.70)	0.164 (0.67)	0.053** (1.96)	0.011 (1.24)	0.043* (1.92)
Ln(Cul)	0.107 (0.51)	-0.234*** (-3.38)	0.341* (1.79)	-0.001 (-0.001)	-0.212*** (-1.24)	-0.212 (-0.02)
ln(Cap)	0.043 (0.37)	0.042 (1.05)	0.086 (0.77)	-0.027 (-0.31)	-0.029 (-0.71)	0.002 (0.02)
ln(Emp)	0.849* (1.64)	0.013 (1.79)	0.838* (1.79)	0.257 (0.72)	-0.012 (-0.09)	0.269 (0.87)
ln(Str)	-1.195*** (-3.14)	-0.332*** (-3.17)	-0.863** (-2.52)	-0.849*** (-2.96)	-0.352*** (-3.29)	-0.498** (-2.03)

注：*、**、*** 表示 10%、5%、1% 的显著性水平，括号内为 Z 值。

10%的显著性水平下通过了检验,且为正,说明就业变动会对邻近地区农业碳减排产生消极影响,这可能是由于一个地区农业就业增加带动农业经济规模扩大后,周边地区也有扩张农业经济的冲动,农业碳排放也随之增加。在地理距离权重矩阵下,耕地面积的直接和间接影响分别在1%和10%的显著性水平下通过了检验,由于直接效应和间接效应相互抵消,总效应不显著。

第五节 农业产业集聚与农业碳排放空间关联

一 农业产业集聚的测度与分析

学术界根据集聚外部性是否来源于同一产业将集聚分为专业化集聚和多样化集聚。专业化集聚起源于"产业区"的概念,并于1992年形成了专门集聚的基本理论,该理论关注产业的横向相关性,被定义为马歇尔外部性,认为外部性溢出主要来自相同产业的专业化集聚(Brulhart and Sbergami, 2009);多样化集聚是"技术池"理念与强调产业间互动的"市场区域"理念的有效整合,被定义为雅各布斯外部性,强调溢出来自更多不同产业的多样化集聚。由 Ellison 和 Glaeser (1997) 提出的协同集聚也是产业多样化集聚的体现,考虑了产业层次联系和纵向互动。因此,本节从专业化集聚和协同集聚两个方面对农业产业集聚进行测度,分别采用区位商(李二玲等,2016)和协同集聚指数(杨仁发,2013)进行测度。

$$ALQ_i = \frac{AVA_i}{GDP_i} / \frac{AVA}{GDP} \tag{4.18}$$

$$CAI_i = 1 - \frac{1}{2}\left[\left|\frac{ALQ_i - ILQ_i}{ALQ_i + ILQ_i}\right| + \left|\frac{ALQ_i - SLQ_i}{ALQ_i + SLQ_i}\right|\right] \quad (4.19)$$

式（4.18）、式（4.19）中，ALQ_i 和 CAI_i 分别是第 i 个省区市的农业区位商和协同集聚指数，AVA_i 和 GDP_i 分别是第 i 个省区市的农业增加值和地区生产总值，AVA 和 GDP 分别是全国农业增加值和国内生产总值，ILQ_i 和 SLQ_i 分别是第 i 个省区市的工业区位商和服务业区位商。

二 农业产业集聚的时空特点

从图4.4可以看出，2007～2018年，中国农业产业专业化集聚呈现先下降后上升的趋势，从2007年的36.02下降到2014年的32.75，年均增长率为-1.35%，随后增长到2018年的36.68，年均增长率为2.87%，但这12年的总体年均增长率不高，不足0.2%，这与我国农业产业发展有必然的联系。自2006年我国全面取消农业税之后，农业进入了全面发展期，各地农业发展规模都得到了扩大，相较于过去，各地农业优势不再那么突出和明显。到了2015年，国家推进重点农产品价格形成机制和收储制度改革，推动农业适度规模经营，这又使发展优势农业产业成为热潮，因而农业产业专业化集聚加快，呈现上升趋势。

而中国农业产业协同集聚总体呈现略微上升的趋势，从2007年的21.70增加到2018年的22.30，年均增长率为0.25%，高于农业产业专业化集聚，大致可划分为三个阶段。2007～2009年为迅速增长期，增长率为2.30%；而2010～2014年是持续上涨阶段，这一阶段协同集聚度从22.10增加到22.27，年均增长率为0.19%；2015年和2016

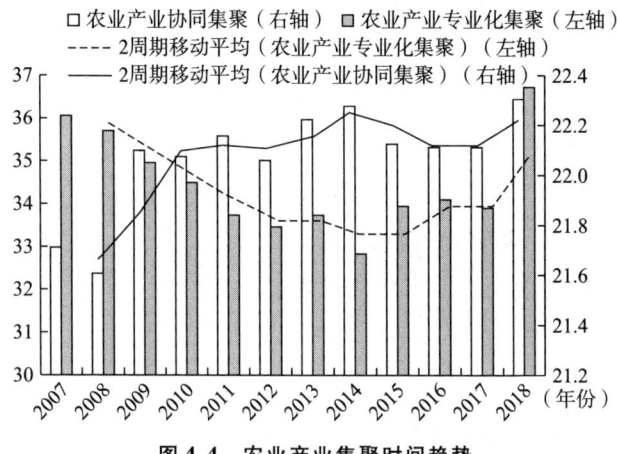

第四章 技术进步、产业集聚与农业碳排放的空间关联

图 4.4 农业产业集聚时间趋势

年为平稳阶段,农业产业协同集聚变化并不明显,之后,农业产业协同集聚从 2017 年的 22.10 增长到 2018 年的 22.30,增长率为 0.90%。"十一五"期间,我国加快推进"三电合一"信息服务工程,启动实施"信息化村示范工程",同时引进农业人才队伍,建立起农村实用人才培养和技能人才开发体系;"十二五"和"十三五"期间,我国又进一步推动了农业产业科技发展,拓展农业发展领域,加大农业与第二、第三产业的融合,这些措施促进了产业协同集聚和发展。

从图 4.5 和图 4.6 农业产业集聚的区块特征来看,2007 年、2018 年农业产业专业化集聚和协同集聚"双高"的地区为湖北、河南和河北,分布在我国中北部地区,这些地区农业经济发展平稳,农业生产规模较大,在国家号召下推动产业集群,实现农业产业集聚"双高"。而农业产业专业化集聚和协同集聚"双低"的地区为广东、浙江、山西、天津、北京和上海，分布在我国沿海地区和少量中部地区。其中，北京、天津、上海和浙江农业用地面积较小，农业经济在地区经济总量中占比较低；山西地理条件差、土壤贫瘠、水资源短缺（王引荣、梁郭栋，2014），农业经济发展较为受限；而广东作为我国沿海省份的代表、改革开放的先行者，工业和服务业发展迅速（益瑞涵，2011），而农业占比也较低。

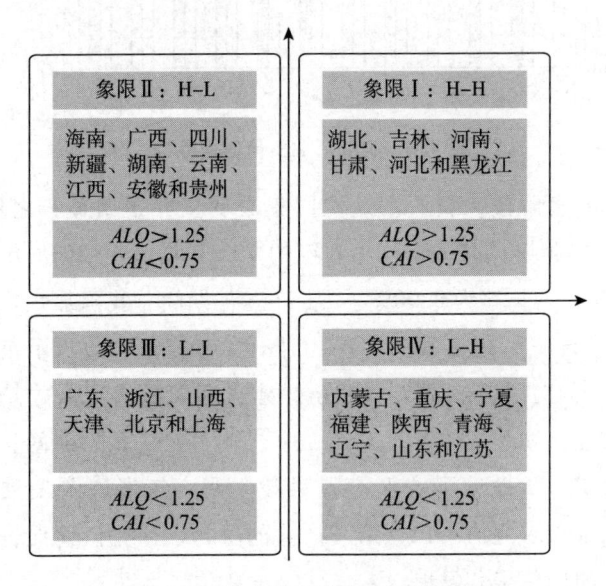

象限Ⅱ：H-L	象限Ⅰ：H-H
海南、广西、四川、新疆、湖南、云南、江西、安徽和贵州	湖北、吉林、河南、甘肃、河北和黑龙江
$ALQ>1.25$ $CAI<0.75$	$ALQ>1.25$ $CAI>0.75$
象限Ⅲ：L-L	象限Ⅳ：L-H
广东、浙江、山西、天津、北京和上海	内蒙古、重庆、宁夏、福建、陕西、青海、辽宁、山东和江苏
$ALQ<1.25$ $CAI<0.75$	$ALQ<1.25$ $CAI>0.75$

图 4.5　2007 年农业产业集聚空间分布

海南、广西、四川、新疆、云南和贵州在 2007 年和 2018 年的产业集聚都呈现"H-L"（专业化集聚高，协同集聚低）态势，这些省区主要分布在我国西部地区，农业资源禀赋较好，耕地较多，农业发展优势明显，因而专业化集聚较高，但由于在内陆，农业与第二、第三产业融合程度较低，协同集聚不高；而重庆、宁夏、福建、陕西、

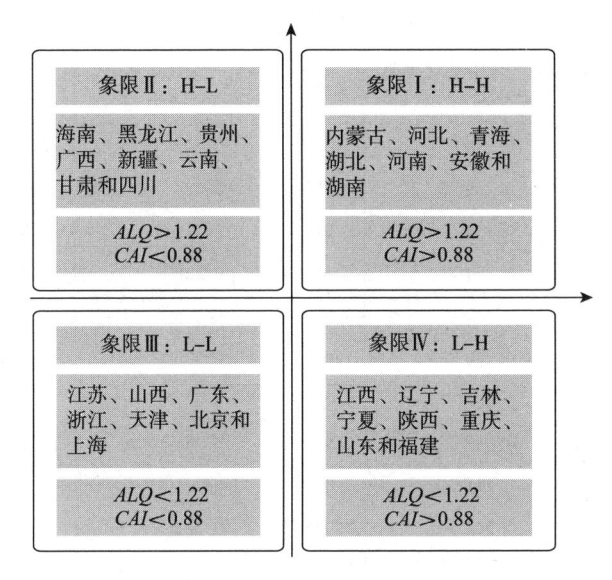

象限Ⅱ：H-L	象限Ⅰ：H-H
海南、黑龙江、贵州、广西、新疆、云南、甘肃和四川	内蒙古、河北、青海、湖北、河南、安徽和湖南
$ALQ>1.22$ $CAI<0.88$	$ALQ>1.22$ $CAI>0.88$
象限Ⅲ：L-L	象限Ⅳ：L-H
江苏、山西、广东、浙江、天津、北京和上海	江西、辽宁、吉林、宁夏、陕西、重庆、山东和福建
$ALQ<1.22$ $CAI<0.88$	$ALQ<1.22$ $CAI>0.88$

图 4.6　2018 年农业产业集聚空间分布

山东和辽宁在 2007 年和 2018 年的产业集聚呈现 "L-H"（专业化集聚低，协同集聚高）态势，这些省区市主要分布在我国中部和沿海地区，农业生产条件较好，且承接东部产业转移和受到东部经济辐射的影响，产业融合发展程度相对西部地区更高，因而农业协同化发展较好。

进一步利用 Moran's I 指数分析产业集聚是否存在空间溢出。由表 4.16 可知，2007~2018 年中国农业产业专业化集聚和协同集聚的全局 Moran's I 指数均显著，且显著性为 1%。其中，农业产业专业化集聚从 2007 年的 0.258 略微下降到 2018 年的 0.242，而农业产业协同集聚从 2007 年的 0.177 显著增加到 2018 年的 0.228，这说明农业产业集聚的空间分布不是随机的，不同类型的产业集聚有不同的空间相关度，但均为空间正相关。

表 4.16　2007~2018 年中国农业产业集聚的 Moran's I 指数

年份	农业产业专业化集聚 全局 Moran's I 指数	Z 值	农业产业协同集聚 全局 Moran's I 指数	Z 值
2007	0.258***	3.222	0.177***	2.369
2008	0.269***	3.362	0.184***	2.447
2009	0.238***	3.018	0.218***	2.851
2010	0.224***	2.861	0.226***	2.954
2011	0.241***	3.068	0.236***	3.082
2012	0.240***	3.032	0.239***	3.128
2013	0.234***	2.946	0.227***	2.974
2014	0.237***	2.975	0.245***	3.188
2015	0.241***	3.016	0.223***	2.923
2016	0.244***	3.058	0.225***	2.931
2017	0.229***	2.885	0.224***	2.888
2018	0.242***	3.023	0.228***	2.946

注：*** 表示 1% 的显著性水平。

三　产业集聚对农业碳排放空间溢出影响的建模和分析

1. 研究假设的提出

第一，产业集聚通过规模经济和产业协同发展影响区域间的碳关联。产业集聚通过基础设施共享、产品生产和销售成本的降低，引导产业资源优化配置，是产业结构调整升级的重要方向（张虎等，2017；Wang et al.，2020b），同时利用劳动力的专业化和快速流动来提高产业的生产效率（季书涵等，2016），从而减少污染物的排放（王海宁、陈媛媛，2010；Wu et al.，2020），进而推动产业快速发展，不仅带来了规模经济（周辉，2012；苏建军、徐璋勇，2014；Gan et al.，2021），也使区域产业在集聚发展过程中不断加深合作。碳排放作为产业发展的非期望产出，合作双方都希望在发展产业的同时减少碳排放（朱俏俏等，2014；Hu et al.，2021；Zhu et al.，2021），从而使碳排放随区域产业关系的加深而更为密切。

第二，产业集聚通过技术扩散影响区域间的碳关联（田云等，2014；马海超等，2017；Jiao et al.，2018a；Hao et al.，2021；何艳秋等，2021；Liu and Zhang，2021）。一方面，产业集聚区各省区市将产生横向或纵向的产业协同，并通过技术研发提高生产效率和实现减排，产业捆绑效应使技术快速在产业集群中传播和共享，带动各省区市生产效率提高与碳减排（张虎等，2017；Liang and Goetz，2018；Wu and Lin，2021）。另一方面，产业集聚区内技术研发能力较强的省区市会形成"技术池"，并产生技术辐射，通过产业链以"水波效应"影响其他地区，进而影响区域碳关联（邵帅等，2019）。

第三，产业集聚产生模仿学习效应和竞争效应，进而影响区域间的碳关联。产业集群或者产业集聚区内企业为成为发展标杆、争取国家更多的优惠政策，会同时存在竞争关系和模仿关系（郭剑飞，2015；Hainsch et al.，2022）。一方面，通过模仿和学习先进的生产技术和经验，兼顾产业发展和节能减排；另一方面，在竞争中不断有优秀的产业集聚区和企业脱颖而出（宛群超等，2021），成为学习和模仿的标杆。模仿学习效应和竞争效应的叠加使区域间的碳关联关系不断加深。基于此，我们提出了假设1：农业产业集聚显著影响农业碳排放空间溢出效应。

产业集聚通过释放集聚效应既带动产业向上发展，又能在一定程度上推动区域低碳经济效率提高（Cheng and Jin，2020），但由于集聚区内产业结构、产业发展进程，以及产业合作方式的差异，产业集聚程度存在高低之分。一方面，由于产业集聚对碳排放的影响并非线性（Wu et al.，2021），且对各地的影响效果不同，高低不同的产业集聚所带来的空间碳关联也会存在非对称差异；另一方面，产业集聚程度不同的区域，其对外的经济和技术辐射力，以及对先进碳减排经验的吸收意愿也有所不同（Wang et al.，2018）。高集聚区对外的经济辐射力和对先进经验的吸纳意愿都较强，而低集聚区对外的经济辐射力有限，且对先进经验的吸纳意愿较低，会造成区域间碳排放空间关联的非对称。据此，我们提出假设2：产业集聚在碳减排空间溢出上存在非对称性。

由于各地产业政策、经济发展和资源禀赋的不同，产业集聚也存在差异。一方面，产业横向集聚和融合式集聚带来碳排放不同的空间溢出效应。前者强调产业内的专业化合作和产业链的形成，产业集聚区内企业可共享劳动力、技术等投入，并通过生产体系的构建降低企业生产成本和风险（Marshall，1890；Jacobs，1969），碳排放空间关联是一种"要素共享式关联"；而后者强调产业集聚区内产业间的搭配融合，并推动企业间的跨界合作与交流（Jacobs et al.，2014），碳排放空间关联以"产业融合式关联"为主。另一方面，结合各地资源承载力、环境容量、生态类型和发展基础等因素，中国划分了优化发展区、适度发展区和保护发展区，各片区产业集聚类型也有区别，优化发展区是中国大宗农产品主产区，适度发展区以特色农业为主，保护发展区以高原农业和海洋渔业为主，不同的农业类型必将产生不同的产业集群（Lan et al.，2021），进而引起碳溢出效应差异。据此提出假设3：碳排放空间溢出程度和方向受到产业集聚类型的影响。

2. 模型的建立

（1）产业集聚对碳排放空间溢出影响的传统空间杜宾模型

为了验证假设1产业集聚是否会对农业碳排放空间溢出产生显著影响，本部分选择了传统空间杜宾模型。根据前人研究，我们发现农业经济发展水平（Wang et al.，2020a）、产业结构（Dong et al.，2020）、城镇化进程（Cui et al.，2019）、环境规制（张金鑫、王红玲，2020）和技术进步（Koondhar et al.，2021）都会对农业碳排放产生影响。

我国作为农业大国，农业碳排放一直是整体排放的重要组成部分，部分学者也指出我国农业经济和农业碳排放仍未达到库兹涅兹曲线拐点，农业经济增长越快，农业碳排放越多（Zhang et al.，2019），所以，农业经济发展水平仍是影响农业碳排放的关键因素之一。随着我国农业绿色低碳转型的提出，农业产业结构不断得到调整和优化，各地依托其农业资源优势形成各具特色的农业发展格局，使产业结构对农业碳排放的影响逐渐凸显出来。而伴随乡村生态振兴的不断推进和深入，农村的基础设施建设、生产生活条件和环境都得到极大改善，城乡差距逐步缩小，城镇化进程也得到较大推动，而农村生产生活方式的改变成为城镇化影响农业碳排放的重要着力点。政府行政手段仍是现阶段农村环境治理的重要途径，并且环境治理强度越大，区域面临的环境约束越严格,农业碳排放等污染就越能够得到控制和改变。而技术创新一直被作为减排的最重要手段,在农业领域也得到了体现,大量学者认为先进的技术是抑制农业碳排放的重要原因(Ismael et al., 2018),技术效率低会引起农业碳利用效率低(Zhang et al., 2020;胡中应,2018),农业生产只有提高技术水平才能实现减排(Fan and Wei, 2016;魏玮等,2018)。

因此,本节在前人研究的基础上,将农业经济发展、农业产业结构、城镇化水平、农业技术进步水平和环境规制等指标作为控制变量。具体变量选取如表4.17所示。

表4.17 变量说明

变量类型	变量描述	变量内涵
因变量	农业碳排放强度(CEI)	农业碳排放量与农业增加值之比
自变量	农业产业区位商(ALQ)	衡量各地农业专业化优势的指标
	农业产业协同集聚(CAI)	衡量各地农业协同化优势的指标
	农业人均GDP(GDP)	农业增加值/总人口
	农业产业结构(IS)	农牧业在第一产业增加值中的比重
	城镇化率(URB)	城镇人口/总人口
	环境规制(ER)	城市中污染治理经济占比
	农业技术进步水平(PI)	农业专利数与农业增加值之比

传统空间杜宾模型定义如下:

$$y_{nt} = \tau_n \alpha + \rho \omega y_{nt} + \partial_s x q_{nt} + \beta_s \omega x q_{nt} + \partial x_{nt} + \beta \omega x_{nt} + \mu_n + \vartheta_t + \varepsilon_{nt}$$
$$\varepsilon_{nt} \sim N(0, \sigma^2 I_n) \qquad (4.20)$$

其中,y_{nt}是$nt \times 1$维因变量,表示第n个省区市第t年的农业碳排放强度;xq_{nt}是第n个区域第t年的农业产业集聚，包括专业化集聚和协同集聚；x_{nt} 为控制变量，包括农业人均 GDP（GDP）、农业产业结构（IS）、城镇化率（URB）、环境规制（ER）和农业技术进步水平（PI）；ω 是空间权重矩阵；ρ 表示农业碳排放的空间溢出程度；∂_s 代表农业产业集聚对当地农业碳排放的影响；β_s 代表农业产业集聚对农业碳排放空间溢出的影响；μ_n 是 $n \times 1$ 维个体固定效应；ϑ_t 是 $t \times 1$ 维时间固定效应；ε_{nt} 是随机误差项。

若 ∂_s 系数显著，说明一个地区农业产业集聚可以显著影响农业碳排放。若 β_s 系数显著，说明农业产业集聚会显著影响农业碳排放的空间溢出，若为正，表明地区农业产业集聚的增强会加剧更多地区的环境污染，使环境得到恶化；若为负，则表明农业产业集聚的增强会抑制更多地区的农业碳排放，使环境得到改善。

为考察农业产业集聚对农业碳排放空间溢出的影响渠道，本节同时设置了地理距离权重和贸易权重。地理距离权重可分析相邻地区间的碳溢出，定义如下：

$$w_{ij}^{ID} = \begin{cases} \dfrac{1}{d_{ij}^2} & i \neq j \\ 0 & i = j \end{cases} \quad (4.21)$$

其中，d_{ij} 是省区市 i 和 j 之间的球面距离，由省会城市之间的球面距离计算得出，该方法假设碳排放的空间相互作用程度取决于区域之间的地理距离，并且随着地理距离的增加呈非线性减小趋势。

区域贸易作为引起"碳泄露"的重要原因，既掩盖了碳排放的真实分布，又模糊了环境保护责任线（Li et al.，2020；Xiao et al.，2019），已成为地区间节能减排的重要矛盾，所以参考 Aten（1997）的研究成果，构建了以贸易流为基础的经济距离权重，其定义如下：

$$w_{ij}^{ED} = \begin{cases} \dfrac{t_{ij}}{\sum_j t_{ij}} & i \neq j \\ 0 & i = j \end{cases} \quad (4.22)$$

$$t_{ij} = \frac{X_{ij} + M_{ij}}{\sum_j (X_{ij} + M_{ij})} \quad (4.23)$$

其中，X_{ij} 是从 i 地到 j 地的贸易流出，M_{ij} 是从 j 地到 i 地的贸易流入，t_{ij} 是 i 地与 j 地间的贸易额占 i 地贸易总额的比重。

（2）产业集聚对农业碳排放空间溢出非对称性影响的分区空间杜宾模型

为检验假设 2 农业产业集聚对农业碳排放空间溢出的非对称性影响，本节采用了分区的空间杜宾模型。根据产业专业化集聚和协同集聚程度的不同，将各地区分为高产业集聚区（H）和低产业集聚区（L）两类，并通过建立分区空间杜宾模型考察 H–H、L–L、H–L 和 L–H 集聚区的农业碳溢出差异。模型定义如下：

$$y_{nt} = \tau_n \alpha + \rho w \, y_{nt} + [\theta_{hh} \omega_{hh} xq_{nt} + \theta_{ll} \omega_{ll} xq_{nt} + \theta_{hl} \omega_{hl} xq_{nt} + \theta_{lh} \omega_{lh} xq_{nt}] + \\ \partial x_{nt} + \beta \omega \, x_{nt} + \mu_n + \vartheta_t + \varepsilon_{nt} \quad (4.24)$$

其中，y_{nt} 是农业碳排放强度；xq_{nt} 是农业产业集聚，包括专业化集聚和协同集聚；x_{nt} 为控制变量；ω 是空间权重矩阵；μ_n 是个体固定效应；ϑ_t 是时间固定效应；ε_{nt} 是随机误差项。

θ_{hh}、θ_{ll} 为农业产业集聚程度相近的地区间产业集聚对农业碳排放空间溢出的影响；θ_{hl}和θ_{lh}代表农业产业集聚程度不同的地区间产业集聚对农业碳排放空间溢出的影响。如果只有θ_{hh}和θ_{ll}是显著的，则表明只有农业产业集聚程度相近的地区才有农业碳溢出，才能进行农业减排合作；当只有θ_{hl}和θ_{lh}显著时，则说明只有在农业产业集聚水平存在差距的地区才有农业碳溢出，才能进行农业减排合作。分区空间杜宾模型的关键是对空间权重矩阵进行分割，分割情况如下：

$$\omega = \begin{bmatrix} \omega_{hh} & \omega_{hl} \\ \omega_{lh} & \omega_{ll} \end{bmatrix} \quad (4.25)$$

其中，ω_{hh}表示高农业产业集聚地区之间的关联权重，ω_{ll}表示低农业产业集聚地区之间的关联权重，ω_{hl}表示高农业产业集聚地区对低农业产业集聚地区的关联权重，ω_{lh}表示低农业产业集聚地区对高农业产业集聚地区的关联权重。

（3）产业集聚类型对农业碳排放空间溢出效应差异的分组杜宾模型

为验证假设3农业碳排放空间溢出受产业集聚类型不同的影响，本节采用了分组的空间杜宾模型，同时考察两种不同的产业集聚方式对农业碳排放空间溢出效应差异的影响。一种是专业化集聚和协同集聚；另一种是基于优化发展区、适度发展区和保护发展区的产业集聚方式。模型如下：

$$y_{nt} = \tau_n \alpha + \rho \omega y_{nt} + \partial_s x q_{nt} + \beta_s \omega x q_{nt} + \partial x_{nt} + \beta \omega x_{nt} + \mu_n + \vartheta_t + \varepsilon_{nt}$$

$$\varepsilon_{it} \sim N(0, \sigma^2 I_i) \quad (4.26)$$

其中，y_{nt}是农业碳排放强度；xq_{nt}是农业产业集聚，包括专业化集聚（ALQ）和协同集聚（CAI）；x_{nt}为控制变量；ω是空间权重矩阵；μ_n是个体固定效应；ϑ_t是时间固定效应；ε_{it} 是随机误差项。

若 ∂_s 系数显著，说明在不考虑空间效应的基础下，不同类型的农业产业集聚对农业碳排放确实会产生差异化影响；若 β_s 系数显著，则说明不同类型的农业产业集聚会对农业碳排放空间溢出产生不同的影响，系数为正说明产业集聚的增强会使环境问题恶化，系数为负说明产业集聚的增强会使环境问题得到改善。

3. 实证分析

（1）产业集聚对农业碳排放空间溢出的影响分析

在前人理论分析的基础上，遵循一般到特殊的建模思路，从无约束空间杜宾模型（SDM）开始探讨模型形式的适当性，利用 LM 检验和 LR 检验对模型形式进行检验，结果如表 4.18 所示。

表 4.18 检验结果

检验	LM/LR	P 值
LM-lag（Robust）	1039.36***	0.00
LM-error（Robust）	1613.95***	0.00
LR-lag	36.79***	0.00
LR-error	52.83***	0.00

注：*** 表示 1% 的显著性水平。

从表 4.18 中可以看出，LM 检验与 LR 检验的结果都是拒绝原假设，即空间杜宾模型无法简化为空间滞后模型或空间误差模型，空间杜宾模型是分析过程中的最佳选择。

为了检验假设 1，运用地理距离权重矩阵和经济距离权重矩阵建立传统空间杜宾模型，并分别选取农业产业区位商和农业协同集聚度作为核心自变量，选取农业碳排放强度作为因变量,结果如表 4.19 所示。

表 4.19 农业产业集聚对碳排放空间溢出影响的建模结果

变量	地理距离权重矩阵 w_1		经济距离权重矩阵 w_2	
$\partial(ALQ)$	-3.041***		-3.367***	
	(-11.23)		(-11.83)	
$\partial(CAI)$		5.583***		7.259***
		(6.24)		(7.32)
$\partial(GDP)$	0.456*	0.132	1.374***	1.204***
	(1.83)	(0.46)	(5.26)	(3.96)
$\partial(IS)$	6.078***	6.217***	6.151***	6.844***
	(3.40)	(3.12)	(3.23)	(3.18)
$\partial(URB)$	-0.109***	-0.091***	-0.162***	-0.127***
	(-4.73)	(-3.60)	(-7.86)	(-5.70)
$\partial(ER)$	-0.013	-0.059	0.174**	0.088
	(-0.20)	(-0.78)	(2.16)	(1.00)
$\partial(PI)$	-0.025	0.043	0.062**	0.153***
	(-0.80)	(1.14)	(2.01)	(4.07)
$w\times\partial(ALQ)$	-1.691**		-10.616**	
	(-2.31)		(-2.05)	
$w\times\partial(CAI)$		10.274***		52.716***
		(3.89)		(2.62)
$w\times\partial(GDP)$	1.431**	2.853***	13.392***	14.498***
	(2.07)	(3.80)	(3.58)	(3.67)
$w\times\partial(IS)$	-10.938**	-8.900***	-31.476	-29.953
	(-2.46)	(-1.75)	(-0.90)	(-0.78)
$w\times\partial(URB)$	-0.128**	-0.131*	-0.575	-0.872**
	(-2.51)	(-2.36)	(-1.45)	(-2.00)
$w\times\partial(ER)$	-0.680***	-0.530**	5.970***	6.320***
	(-3.05)	(-2.16)	(4.88)	(4.56)
$w\times\partial(PI)$	0.037	0.211**	1.155	1.424
	(0.49)	(2.41)	(0.95)	(1.08)
ρ	0.367**	0.312***	-0.084	-0.117
	(4.96)	(3.96)	(-0.30)	(-0.41)

注:***、**、*分别表示 1%、5%、10%的显著性水平,括号内为 Z 值。

从表 4.19 可见，无论是否考虑空间效应，农业产业专业化集聚和协同集聚对碳排放的影响均显著，但是影响方向不同。专业化集聚系数均为负，说明一个地区农业产业专业化优势变大，不仅会显著降低本地农业碳排放强度，还会缓解周边地区以及农业经济接近地区的碳污染；而协同集聚的系数均为正，表明一个地区农业产业协同化程度变大，不仅会显著增加本地农业碳排放强度，还会使周边地区以及农业经济接近地区的碳污染更为严重。

农业产业专业化集聚的增强之所以能够减缓农业碳污染，是因为专业化集聚总是能通过基础设施共享、资源要素的优化配置带来更高的农业生产效率，使各地发挥自身优势形成各具特色的农业生产格局，从而推动生产规模的不断扩大和生产成本的快速降低。专业化、规模化的生产还带动了农业技术的不断更新和进步，在进一步推动生产效率提升的同时，也使农业生产与环境更为协调，并通过空间溢出使更多地区受益。

农业与第二、第三产业协同集聚程度的上升反而会加重碳污染，这是因为工业节能减排成效虽然显著，但仍是控排的主要行业，农业与第二、第三产业融合程度的不断加深一方面带动了农业附加值的增加，而另一方面也使第二、第三产业的碳污染融合到农业生产中，从而加剧了农业的碳排放。

为更准确展示自变量对因变量的影响，对空间杜宾模型的空间效应进行分解，结果如表 4.20 所示。

表 4.20 传统空间杜宾模型效应的分解结果

	自变量	总效应	Z值	直接效应	Z值	间接效应	Z值
w_1	ALQ	-7.48***	-6.05	-3.22***	-11.15	-4.26***	-3.86
	CAI						
	GDP	2.97***	2.95	0.55**	2.25	2.42**	2.56
	IS	-6.84	-0.84	5.69***	3.03	-12.53*	-1.79
	URB	-0.37***	-5.15	-0.12***	-5.60	-0.25***	-3.38
	ER	-1.09***	-2.80	-0.06	-0.81	-1.03***	-2.96
	PI	0.03	0.28	-0.02	-0.66	0.05	0.49
	ALQ						
	CAI	23.24***	5.33	6.29***	6.57	16.95***	4.39
	GDP	4.33***	3.77	0.29	1.02	4.04***	3.73
	IS	-2.86	-0.32	6.08***	2.94	-8.94	-1.18
	URB	-0.32***	-4.28	-0.10***	-4.14	-0.22***	-2.89
	ER	-0.85**	-2.11	-0.09	-1.10	-0.76**	-2.12
	PI	0.38***	2.94	0.06	1.56	0.32***	2.65
w_2	ALQ	-13.26**	-2.10	-3.34***	-10.62	-9.92	-1.61
	CAI						
	GDP	14.21**	2.55	1.34***	4.45	12.86**	2.38
	IS	-20.54	-0.58	6.41***	3.36	-26.94	-0.78
	URB	-0.70	-1.53	-0.16***	-7.49	-0.54	-1.20
	ER	5.94**	2.55	0.17	1.58	5.77***	2.57
	PI	1.32	0.98	0.06*	1.75	1.25	0.94
	ALQ						
	CAI	56.76**	2.25	7.15***	6.26	49.61**	2.02
	GDP	14.68**	2.49	1.16***	3.43	13.52**	2.36
	IS	-17.43	-0.45	7.18***	3.34	-24.61	-0.64
	URB	-0.92*	-1.84	-0.13***	-5.12	-0.80	-1.62

续表

	自变量	总效应	Z值	直接效应	Z值	间接效应	Z值
w_2	ER	6.01**	2.42	0.08	0.66	5.93**	2.47
	PI	1.63	1.06	0.15***	3.26	1.48	0.97

注：***、**、*分别表示1%、5%、10%的显著性水平。

整体来看，无论采用什么权重矩阵，农业产业专业化集聚的三种效应均为负数，说明专业化集聚的提升确实能够使更多地区的农业碳污染降低，而农业协同集聚的三种效应则全为正数，也再次说明农业与第二、第三产业的融合式集聚会加重农业碳污染。

但在两种权重矩阵下，农业产业集聚的影响程度和影响的显著性存在差异。在地理距离权重矩阵下，农业产业专业化集聚的间接效应显著为负，而在经济距离权重矩阵下，其间接效应并不显著，这说明农业产业专业化集聚的减排溢出效应更容易在地理邻近的地区间发生，这是因为地理邻近地区农业生产条件和农业资源禀赋更为相似，更易产生跨区域的专业化产业集聚，从而在要素、人力、技术的共享中形成区域化的农业碳同增同减态势。而在两种权重矩阵下，农业产业专业化集聚的直接效应均显著为负，且差异不大。

无论采用地理距离权重矩阵还是经济距离权重矩阵，农业协同集聚的直接效应和间接效应均显著为正，且经济距离权重矩阵下间接效应明显大于地理距离权重矩阵下的间接效应。协同集聚强调产业之间的搭配与合作，在跨界业务交流与合作的基础上，使碳排放超越了地理相邻的限制，也有着更广泛的空间关联，且经济联系密切的地区更有可能进行产业协同式合作,从而加剧了农业的碳污染。

从控制变量来看,农业人均 GDP 在两种权重矩阵中的间接效应都显著为正,说明农业经济发展水平的提升不利于减排,这是因为我国农业发展与碳排放还未达到库兹涅兹曲线拐点(张滨、吕洁华,2019),碳排放仍随农业经济的发展而上升;城镇化和环境规制在地理距离权重矩阵中的间接效应都显著为负,说明城镇化进程的加快和环境治理能力的提升都会降低本地区以及周边地区的农业碳排放,这是因为城镇化率的提高改变了农业生产和消费模式,进而影响到农业碳排放,而地区的环境规制越严格,地区的减排压力越大,并且会通过地理邻近和经济关联相互扩散,引起更多地区碳污染的减少;产业结构的间接效应仅在地理距离权重矩阵中显著,且为负,说明农业产业结构的调整需要考虑地区农业生产环境的相似性,更容易在地理邻近地区间发生;而农业技术进步水平的间接效应仅在地理距离权重矩阵中显著,系数为正,但数值较小,技术扩散范围较小,在经济关系密切地区间的共享程度还较低,并且由于反弹效应的存在,因农业生产规模扩大而引起的碳排放增加抵消了技术进步对碳排放的抑制作用。

(2)农业产业集聚对碳排放空间溢出的非对称影响分析

通过对权重矩阵的分割来考察农业产业集聚对碳排放空间溢出的非对称影响,结果如表 4.21 所示。

表 4.21 分区空间杜宾模型的估计结果

变量	地理距离权重矩阵	经济距离权重矩阵
$w \times \partial_{HH}$ (ALQ)	-1.88** (-1.99)	0.63 (0.24)

续表

变量	地理距离权重矩阵	经济距离权重矩阵
$w \times \partial_{HL}$ (ALQ)	1.18 (0.88)	-4.59 (-0.97)
$w \times \partial_{LH}$ (ALQ)	1.20 (1.32)	3.70 (0.95)
$w \times \partial_{LL}$ (ALQ)	-4.09*** (-3.01)	-10.13 (-1.19)
$w \times \partial_{HH}$ (CAI)	5.54 (1.61)	-0.75 (-0.10)
$w \times \partial_{HL}$ (CAI)	-5.00* (-1.66)	-29.07 (-1.08)
$w \times \partial_{LH}$ (CAI)	0.29 (0.10)	-4.89 (-0.56)
$w \times \partial_{LL}$ (CAI)	4.23 (1.53)	-19.79 (-1.00)

注：*、**、***分别表示10%、5%、1%的显著性水平，括号内为 Z 值。

从表 4.21 可见，在地理距离权重矩阵下，仅农业产业专业化集聚程度相近的地区间存在农业碳排放的空间溢出，专业化集聚存在差异的地区间没有显著的农业碳溢出；高协同集聚地区对低协同集聚地区有农业碳溢出，且所有显著的系数均为负，说明农业产业集聚程度的上升会降低农业碳污染。但在经济距离权重矩阵下，农业产业集聚对所有类型区域碳排放空间溢出的影响均不显著，进一步将空间杜宾模型的效应进行分解考察效应的非对称性，结果如表 4.22 所示。

第四章 技术进步、产业集聚与农业碳排放的空间关联

表 4.22 分区空间杜宾模型的效应分解结果

变量	地理距离权重矩阵 总效应	地理距离权重矩阵 直接效应	地理距离权重矩阵 间接效应	地理距离权重矩阵 总效应	经济权重矩阵 直接效应	经济权重矩阵 间接效应
$w \times \partial_{HH}$ (ALQ)	-1.84** (-2.45)	-1.92** (-2.35)	-1.88** (-1.99)	0.59 (0.20)	0.71 (0.24)	0.63 (0.24)
$w \times \partial_{HL}$ (ALQ)	1.19 (0.94)	1.21 (0.93)	1.18 (0.88)	-6.71 (-1.63)	-6.95* (-1.74)	-4.59 (-0.97)
$w \times \partial_{LH}$ (ALQ)	1.07 (1.29)	1.22 (1.45)	1.20 (1.32)	4.91* (1.92)	5.17** (1.97)	3.70 (0.95)
$w \times \partial_{LL}$ (ALQ)	-3.93*** (-4.14)	-4.20*** (-4.48)	-4.09*** (-3.01)	-14.56*** (-3.40)	-14.98*** (-3.61)	-10.13 (-1.19)
$w \times \partial_{HH}$ (CAI)	4.31* (1.77)	4.72* (1.76)	5.54 (1.61)	-0.57 (-0.06)	-0.24 (-0.03)	-0.75 (-0.10)
$w \times \partial_{HL}$ (CAI)	-3.81* (-1.84)	-4.17* (-1.94)	-5.00* (-1.66)	-49.75*** (-3.80)	-50.44*** (-3.93)	-29.07 (-1.08)
$w \times \partial_{LH}$ (CAI)	0.13 (0.06)	0.31 (0.13)	0.29 (0.10)	-7.81 (-0.87)	-7.41 (-0.80)	-4.89 (-0.56)
$w \times \partial_{LL}$ (CAI)	3.45 (1.57)	3.65 (1.63)	4.23 (1.53)	-33.47** (-2.36)	-34.35** (-2.48)	-19.79 (-1.00)

注:*、**、*** 分别表示 10%、5%、1% 的显著性水平,括号内为 Z 值。

从表 4.22 可见，在地理距离权重矩阵下，农业产业专业化集聚的间接效应系数 ∂_{HH} 和 ∂_{LL} 均显著为负，且低专业化集聚地区之间的农业碳溢出高于高专业化集聚地区之间的农业碳溢出，∂_{LL} 和 ∂_{HH} 的估计结果分别为 -4.09 和 -1.88。低专业化集聚的地区主要是我国大量的东部沿海地区和少量中西部地区，而高专业化集聚地区大量分布在中西部和东北地区，前者以高附加值农业为主，技术较为先进，虽然农业占比较低，但由于其经济体量较大，对外经济和技术辐射力较强，而这些地区作为我国经济的引领者，学习和进步意愿强烈，这些原因都造成低专业化集聚地区间的碳减排互动性更强；而后者农业生产资源和优势较明显，以传统种植业和畜牧业为主，其农业优势主要基于其生产禀赋，农业经济在地区间的相互合作与竞争中发展，邻近地区间碳溢出也较为明显。

在地理距离权重矩阵下，仅高协同集聚地区对低协同集聚地区的碳排放空间溢出有影响，且显著为负。高协同集聚的地区分布在北部沿海、东部沿海和大量长江中游地区，而低协同集聚地区集中在大量西部地区、东北地区和部分黄河中游地区，前者以高附加值农业和种植业为主，后者以传统种植业和畜牧业为主，由于双方农业产业的相似性和差异性，后者会承接前者的部分产业转移，并学习和模仿前者，在这个过程中，高协同集聚地区的要素、人力、技术等也一起传递给了低协同集聚地区，使产业协同集聚对两个地区间的碳溢出产生明显的影响。

在经济距离权重矩阵下，农业产业专业化集聚和协同集聚对碳溢出影响的非对称性均不显著，一方面，是由于农业经济关联密切的地区间，无论是农业经济发展还是农业环保，竞争都大于合作，造成要素、人力、技术等的扩散渠道不通畅；另一方面，农业在较大程度上依赖资源禀赋，经济关联密切的地区由于生产条件的差异，其经验和技术的吸纳能力也存在一定差异，跨界传递相对于邻近地区来说更难产生，所以经济渠道下产业集聚对农业碳排放的非对称性影响并不显著。

（3）农业产业集聚类型对农业碳排放空间溢出的差异化影响

前文已经考察了专业化集聚和协同集聚对农业碳排放空间溢出的差异化影响，这里参考《全国农业可持续发展规划（2015—2030年）》，综合考虑各地农业资源承载力、环境容量、生态类型和发展基础等因素，将全国划分为优化发展区、适度发展区和保护发展区三类（见表4.23），并通过分组空间杜宾模型考察三类区域碳溢出的差异性。

表4.23 三类区域的划分情况

	优化发展区	适度发展区	保护发展区
划分依据	我国大宗农产品主产区，但也存在农业能源消耗、农业投入品过量使用、资源循环利用程度不高等问题	农业生产特色鲜明，但生态脆弱，水土配置错位，资源性和工程性缺水严重，资源环境承载力有限，农业基础设施相对薄弱	重要的生态安全屏障，高原特色农业资源丰富，存在渔业资源衰退、污染突出等问题

续表

	优化发展区	适度发展区	保护发展区
包含省区市	北京市、天津市、河北省、辽宁省、吉林省、黑龙江省、上海市、江苏省、浙江省、安徽省、福建省、江西省、山东省、河南省、湖北省、湖南省、广东省和海南省	山西省、内蒙古自治区、广西壮族自治区、重庆市、贵州省、陕西省、宁夏回族自治区和新疆维吾尔自治区	四川省、云南省、甘肃省、青海省

优化发展区主要包括京津冀、东北、东部沿海、南部沿海和中部的大部分省区市，也是我国种植业的主要集中区。从表4.24可以看出，农业产业专业化集聚与协同集聚的空间滞后项系数在地理距离权重下均显著，但方向不同，专业化集聚系数为正，协同集聚系数为负，表明农业产业专业化集聚的增强不利于优化发展区减排，反而增加了碳污染，而协同集聚的增强有助于优化发展区实现农业碳减排目标。其原因是这些地区作为我国种植业集中分布区，农业资源禀赋优良，发展条件较好，各区域发挥自身农业优势形成了高于全国平均水平的专业化集聚水平，再进一步过度发展专业化集聚会造成资源利用不充分、技术瓶颈等问题，而协同集聚通过产业链延伸形成产业发展合力，高技术水平的东部沿海地区通过产业渠道激发协同集聚区内的整体农业减排潜力，更利于减缓农业碳污染。

表4.24 优化发展区空间杜宾模型估计结果

变量	地理距离权重矩阵 w_1	经济距离权重矩阵 w_2	地理距离权重矩阵 w_1	经济距离权重矩阵 w_2
$\partial(ALQ)$	-1.901*** (-8.71)	-1.414*** (-6.95)		
$\partial(CAI)$			2.065*** (3.00)	1.979*** (2.88)
$\partial(GDP)$	-0.200 (-1.35)	-0.434** (-2.55)	-0.435** (-2.29)	-0.671*** (-3.36)
$\partial(IS)$	4.804*** (4.37)	6.927*** (6.08)	4.390*** (3.32)	7.047*** (5.51)
$\partial(URB)$	-0.058*** (-4.09)	-0.021 (-1.55)	-0.022 (-1.28)	0.008 (0.51)
$\partial(ER)$	-0.118** (-2.33)	-0.044 (-0.71)	-0.143** (-2.33)	-0.055 (-0.79)
$\partial(PI)$	-0.016 (-0.96)	0.011 (0.72)	-0.01 (-0.06)	0.031 (1.53)
$w \times \partial(ALQ)$	1.309*** (2.78)	2.462 (1.05)		
$w \times \partial(CAI)$			-3.951** (-2.53)	-8.417 (-0.84)
$w \times \partial(GDP)$	-1.292*** (-3.09)	-3.299** (-2.13)	-0.506 (-1.02)	-3.887** (-2.33)
$w \times \partial(IS)$	2.890 (1.21)	50.150*** (3.50)	2.230 (0.77)	54.592*** (3.46)
$w \times \partial(URB)$	0.064* (1.96)	0.115 (0.62)	0.103*** (2.81)	0.182 (0.82)
$w \times \partial(ER)$	-0.010 (-0.08)	1.353** (2.00)	-0.016 (-0.11)	1.328* (1.77)
$w \times \partial(PI)$	0.014 (0.41)	-0.167 (-0.35)	0.035 (0.80)	-0.371 (-0.68)

续表

变量	地理距离权重矩阵 w_1	经济距离权重矩阵 w_2	地理距离权重矩阵 w_1	经济距离权重矩阵 w_2
ρ	0.395*** (4.42)	-0.640** (-2.03)	0.251** (2.51)	-0.769** (-2.38)
λ	0.057*** (10.19)	0.062*** (10.19)	0.083*** (10.31)	0.077*** (10.09)

注：***、**、* 分别表示1%、5%、10%的显著性水平，括号内是Z值。

适度发展区包括西北、西南地区，农业生产特色鲜明，但生态脆弱，资源环境承载力有限。从表4.25可以看出，农业产业专业化集聚空间滞后项系数在经济距离权重矩阵下显著为负，而协同集聚空间滞后项系数在地理距离权重矩阵下显著为负，说明两种农业产业集聚都有利于适度发展区减少碳排放，但影响程度存在差异，协同集聚的影响程度更高一些。这是由于这些地区既是我国畜牧业主产区，也是种植业主产区。为进一步提升农业综合实力，既需要从经济关系密切的地区寻找专业化合作伙伴，共享农业资源，又需要与地理邻近地区进行融合式发展，促进产业间的搭配协作，激发农业发展潜力。而无论是经济接近地区间的专业化合作还是地理邻近地区间的协同合作都会促进区域间的相互学习和模仿，使减排经验和技术得以扩散，使更多地区的农业环境得到改善。

表4.25 适度发展区空间杜宾模型估计结果

变量	地理距离权重矩阵 w_1	经济距离权重矩阵 w_2	地理距离权重矩阵 w_1	经济距离权重矩阵 w_2
$\partial(ALQ)$	-2.712*** (-4.15)	-3.887*** (-8.40)		

续表

变量	地理距离权重矩阵 w_1	经济距离权重矩阵 w_2	地理距离权重矩阵 w_1	经济距离权重矩阵 w_2
$\partial(CAI)$			-4.795*** (-2.97)	-5.141** (-2.27)
$\partial(GDP)$	-0.052 (-0.06)	2.350*** (5.00)	-3.134*** (-4.69)	0.251 (0.35)
$\partial(IS)$	7.474** (2.13)	5.040 (1.45)	-2.808 (-0.62)	5.358 (1.04)
$\partial(URB)$	-0.243*** (-3.74)	-0.401*** (-6.33)	-0.241*** (-3.63)	-0.556*** (-6.11)
$\partial(ER)$	0.061 (0.55)	-0.017 (-0.16)	0.183* (1.69)	-0.276* (-1.93)
$\partial(PI)$	0.034 (0.24)	-0.062 (-0.42)	-0.031 (-0.19)	0.012 (0.06)
$w \times \partial(ALQ)$	-1.430 (-0.80)	-6.395** (-2.31)		
$w \times \partial(CAI)$			-11.066*** (-2.86)	-16.684 (-1.21)
$w \times \partial(GDP)$	-1.667 (-0.97)	11.957*** (3.14)	-7.031*** (-6.38)	8.180 (1.54)
$w \times \partial(IS)$	-4.203 (-0.32)	-24.100 (-1.23)	-30.042** (-2.14)	-15.381 (-0.57)
$w \times \partial(URB)$	-0.013 (-0.08)	-1.517*** (-4.37)	-0.138 (-0.73)	-1.983*** (-4.40)
$w \times \partial(ER)$	0.017 (0.07)	0.884 (1.52)	0.439* (1.65)	0.737 (0.92)
$w \times \partial(PI)$	0.087 (0.26)	-0.711 (-0.76)	-0.365 (-1.06)	-1.506 (-1.20)
ρ	-0.542*** (-3.66)	-0.283 (-1.05)	-0.769*** (-5.79)	-0.260 (-0.93)
λ	0.101*** (7.48)	0.095*** (7.36)	0.125*** (6.38)	0.174*** (6.98)

注：***、**、*分别表示1%、5%、10%的显著性水平，括号内是Z值。

保护发展区包括四川、云南、甘肃和青海，在生态保护与建设方面具有特殊重要的战略地位。从表4.26可以看出，与优化发展区类似，农业产业专业化集聚的空间滞后项系数在地理距离权重矩阵下显著为负，说明保护发展区农业产业专业化集聚的增强会显著降低地理临近地区的农业碳排放，而农业协同集聚的空间滞后项系数在地理距离权重矩阵和经济距离权重矩阵中均显著为正，说明保护发展区农业协同集聚的增强，反而会加重更多地区的农业碳污染。其原因可能是保护发展区的地理位置偏远和农业资源禀赋相对薄弱，农业发展还需依靠优势产业来带动，而专业化集聚可以通过劳动力、技术等生产资源共享来降低地区的农业碳排放。而由于保护发展区的其他产业发展并不均衡，所以农业协同集聚的发展不仅不能提高减排效果，可能在追求经济发展的同时，产业协同集聚产生的污染会进一步增加农业碳排放。

表4.26　保护发展区空间杜宾模型估计结果

变量	地理距离权重矩阵 w_1	经济距离权重矩阵 w_2	地理距离权重矩阵 w_1	经济距离权重矩阵 w_2
$\partial(ALQ)$	-9.803*** (-9.73)	-10.347*** (-3.36)		
$\partial(CAI)$			27.505*** (14.96)	28.514*** (6.46)
$\partial(GDP)$	1.858 (0.50)	10.934 (1.58)	7.038** (2.55)	6.673 (1.48)
$\partial(IS)$	10.396 (0.68)	173.485*** (15.38)	6.437 (0.58)	113.764*** (9.02)
$\partial(URB)$	0.281 (0.80)	-0.272 (-1.38)	0.314 (1.20)	0.301 (1.52)

续表

变量	地理距离权重矩阵 w_1	经济距离权重矩阵 w_2	地理距离权重矩阵 w_1	经济距离权重矩阵 w_2
$\partial(ER)$	-0.035 (-0.07)	1.383*** (5.14)	-0.081 (-0.21)	0.738*** (3.17)
$\partial(PI)$	0.777 (1.27)	2.258*** (2.87)	2.818*** (5.67)	3.20*** (4.77)
$w \times \partial(ALQ)$	-7.425*** (-3.37)	-12.912 (-1.60)		
$w \times \partial(CAI)$			17.673*** (4.01)	31.572** (2.53)
$w \times \partial(GDP)$	-2.933 (-0.46)	16.723 (0.93)	1.687 (0.39)	1.457 (0.12)
$w \times \partial(IS)$	-36.434 (-1.25)	316.700*** (11.88)	-42.415** (-2.09)	202.044*** (7.77)
$w \times \partial(URB)$	0.552 (1.20)	-0.122 (-0.17)	0.361 (1.05)	1.278* (1.84)
$w \times \partial(ER)$	-0.771 (-1.23)	3.595*** (3.43)	-0.636 (-1.35)	2.181** (2.54)
$w \times \partial(PI)$	-0.706 (-0.75)	6.251*** (2.74)	1.102 (1.36)	5.214*** (2.66)
ρ	-0.451*** (-3.79)	-0.043 (-0.19)	-0.441*** (-3.74)	-0.108 (-0.45)
λ	0.149*** (4.44)	0.067*** (5.46)	0.084*** (4.97)	0.053*** (3.81)

注：***、**、*分别表示1%、5%、10%的显著性水平，括号内为Z值。

综上所述，碳排放空间溢出程度和方向受到产业集聚类型的影响，假设3成立。

从表4.27可以看出，三大发展区农业减排所需的农业产业集聚方式各不相同，优化发展区由于经济和技术领先，农业协同集聚有利于农业碳减排；而保护发展区则相反，农业协同集聚会加重农业碳污染，这是由于农业协同化发展很容易加剧资源利用不充分问题，从而造成农业碳排放的增加，保护发展区更倾向于专业化发展；适度发展区的农业产业专业化集聚有利于减排，而协同集聚会加重污染，所以适度发展优势农业产业，并向高技术水平地区看齐是其实现减排的重要途径。

表 4.27 三大保护区系数对比

变量	优化发展区	适度发展区	保护发展区
$w_1 \times \partial (ALQ)$	1.309***	-1.430	-7.425***
$w_1 \times \partial (CAI)$	-3.951**	-11.066***	17.673***
$w_2 \times \partial (ALQ)$	2.462	-6.395**	-12.912
$w_2 \times \partial (CAI)$	-8.417	-16.684	31.572**

注：**、*** 分别表示 5%、1% 的显著性水平。

参考文献

[1] 邓荣荣，杨国华. 区域间贸易是否引致区域间碳排放转移？——基于 2002—2012 年区域间投入产出表的实证分析 [J]. 南京财经大学学报，2018，(3)：1-11.

[2] 丁斐，庄贵阳，刘东. 环境规制、工业集聚与城市碳排放强度——基于全国 282 个地级市面板数据的实证分析 [J]. 中国地质大学学报（社会科学版），2020，20 (3)：90-104.

[3] 郭剑飞. 区域利用外资竞争分析——以东部沿海省份为例 [J]. 经济问题探索，2015，(2)：115-119.

[4] 何艳秋，陈柔，朱思宇等. 策略互动和技术溢出视角下的农业碳减排区域关联 [J]. 中国人口·资源与环境，2021，

31（6）：102-112.

［5］胡中应. 技术进步、技术效率与中国农业碳排放［J］. 华东经济管理，2018，32（6）：100-105.

［6］季书涵，朱英明，张鑫. 产业集聚对资源错配的改善效果研究［J］. 中国工业经济，2016，（6）：73-90.

［7］蒋黎，王晓君. 环境质量与农业经济增长的内在关系探讨——基于我国31个省区面板数据的EKC分析［J］. 农业经济问题，2019，（12）：43-51.

［8］金磊. 基于效率分析视角的火电行业污染物排放权分配研究［D］. 南京航空航天大学，2019.

［9］李二玲，位书华，胥亚男. 中国大豆种植地理集聚格局演化及其机制［J］. 经济经纬，2016，33（3）：37-42.

［10］刘媛媛. 开放经济、产业集聚与区域碳减排效应［J］. 国际经济合作，2020，406（4）：72-80.

［11］柳卸林，贾蓉. 北京地区科学技术成果在中国的扩散模式——从技术市场的角度看［J］. 科学学与科学技术管理，2007，（12）：32-38.

［12］卢娜，王为东，王森等. 突破性低碳技术创新与碳排放：直接影响与空间溢出［J］. 中国人口·资源与环境，2019，29（5）：30-39.

［13］路正南，朱新朗. 政府干预视角下产业集聚对碳排放强度的影响分析［J］. 工业技术经济，2018，37（2）：121-127.

［14］马大来. 中国农业能源碳排放效率的空间异质性及其影响因素——基于空间面板数据模型的实证研究［J］. 资源开发与市场，2018，34（12）：1693-1700+1765.

［15］马海超，雷明，殷子涵. 我国经济发展与碳排放增长的空间特征——基于GDP重心、第二产业重心和碳排放重心的动态轨迹分析［J］. 技术经济与管理研究，2017，

(9): 112-118.

[16] 马海良, 黄德春, 姚惠泽. 中国三大经济区域全要素能源效率研究——基于超效率 DEA 模型和 Malmquist 指数 [J]. 中国人口·资源与环境, 2011, 21 (11): 38-43.

[17] 苗建军, 华潮, 丰俊超. 产业协同集聚的升级效应与碳排放——基于空间计量模型的实证分析 [J]. 生态经济, 2020, 36 (2): 28-33.

[18] 邵帅, 张可, 豆建民. 经济集聚的节能减排效应: 理论与中国经验 [J]. 管理世界, 2019, 35 (1): 36-60+226.

[19] 苏建军, 徐璋勇. 金融发展、产业结构升级与经济增长——理论与经验研究 [J]. 工业技术经济, 2014, 33 (2): 139-149.

[20] 孙亚男, 刘华军, 刘传明等. 中国省际碳排放的空间关联性及其效应研究——基于 SNA 的经验考察 [J]. 上海经济研究, 2016, (2): 82-92.

[21] 田云, 尹忞昊. 产业集聚对中国农业净碳效应的影响研究 [J]. 华中农业大学学报 (社会科学版), 2021, 153 (3): 107-117+188.

[22] 田云, 张俊飚, 丰军辉, 吴贤荣. 中国种植业碳排放与其产业发展关系的研究 [J]. 长江流域资源与环境, 2014, 23 (6): 781-791.

[23] 田云, 张俊飚. 中国农业碳排放、低碳农业生产率及其协调性研究 [J]. 中国农业大学学报, 2017, 22 (5): 208-218.

[24] 宛群超, 袁凌, 谭志红. 科技人才集聚、市场竞争及其交互作用对高技术产业创新绩效的影响 [J]. 软科学, 2021, 35 (11): 7-12.

[25] 王海宁, 陈媛媛. 产业集聚效应与工业能源效率研究——基于中国 25 个工业行业的实证分析 [J]. 财贸研究,

2010, 36 (9): 69-79.

[26] 王健, 林双娇. 物流产业集聚对碳排放跨区域转移的作用机制 [J]. 中国环境科学, 2021, 41 (7): 3441-3452.

[27] 王凯, 杨亚萍, 张淑文等. 中国旅游产业集聚与碳排放空间关联性 [J]. 资源科学, 2019, 41 (2): 362-371.

[28] 王珧, 张永强, 田媛等. 我国粮食主产区农业碳排放影响因素及空间溢出性 [J]. 南方农业学报, 2019, 50 (7): 1632-1639.

[29] 王引荣, 梁郭栋. 山西现代农业发展存在的问题及对策 [J]. 山西农业科学, 2014, 42 (5): 503-506.

[30] 魏玮, 文长存, 崔琦等. 农业技术进步对农业能源使用与碳排放的影响——基于 GTAP-E 模型分析 [J]. 农业技术经济, 2018, (2): 30-40.

[31] 吴义根, 冯开文. 中国省际农业碳排放的时空分异特征及关联效应 [J]. 环境科学与技术, 2019, 42 (3): 180-190.

[32] 肖爽爽, 董会忠, 赵艳敏. 产业集聚对碳排放强度的驱动因素及空间关联性——以中国制造业为例 [J]. 资源开发与市场, 2020, 36 (8): 837-843.

[33] 谢波, 徐琪. 产业集聚、外商直接投资与碳减排——基于中介效应与面板门槛模型分析 [J]. 技术经济, 2019, 38 (12): 120-125.

[34] 许云, 刘云, 贺艳. 北京高校和科研机构跨区域技术转移模式及政策启示 [J]. 科研管理, 2017, 38 (S1): 444-452.

[35] 宣烨, 周绍东. 技术创新、回报效应与中国工业行业的能源效率 [J]. 财贸经济, 2011, (1): 116-121.

[36] 杨桂元, 吴齐, 涂洋. 中国省际碳排放的空间关联及其影响因素研究——基于社会网络分析方法 [J]. 商业经济

与管理, 2016, (4): 56-68+78.

[37] 杨庆, 江成涛, 蒋旭东等. 高技术产业集聚能提升碳生产率吗? [J]. 宏观经济研究, 2021, (4): 141-159.

[38] 杨仁发. 产业集聚与地区工资差距——基于我国269个城市的实证研究 [J]. 管理世界, 2013, (8): 41-52.

[39] 益瑞涵. 工业服务业发展水平与作用研究 [D]. 华南理工大学, 2011.

[40] 余元春, 顾新, 陈一君. 引力模型、边界效应与中国跨区域技术转移——基于2009~2013年省际面板数据分析 [J]. 软科学, 2016, 30 (7): 15-18.

[41] 张滨, 吕洁华. 温室气体排放的环境库兹涅茨曲线检验与减排路径的冲击动态——基于黑龙江省统计核算数据 [J]. 气候变化研究进展, 2019, 15 (1): 84-94.

[42] 张翠菊, 张宗益, 覃明锋. 能源禀赋、技术进步与碳排放强度——基于空间计量模型的研究 [J]. 系统工程, 2016, 34 (11): 47-53.

[43] 张虎, 韩爱华, 杨青龙. 中国制造业与生产性服务业协同集聚的空间效应分析 [J]. 数量经济技术经济研究, 2017, 34 (2): 3-20.

[44] 张华. 环境规制提升了碳排放绩效吗? ——空间溢出视角下的解答 [J]. 经济管理, 2014, 36 (12): 166-175.

[45] 张金萍, 秦耀辰, 张丽君等. 黄河下游沿岸地市CO_2排放的时空分异 [J]. 地理研究, 2012, 31 (12): 2229-2239.

[46] 张金鑫, 王红玲. 环境规制、农业技术创新与农业碳排放 [J]. 湖北大学学报（哲学社会科学版）, 2020, 47 (4): 147-156.

[47] 张哲晰, 穆月英. 产业集聚能提高农业碳生产率吗? [J]. 中国人口·资源与环境, 2019, 29 (7): 57-65.

[48] 赵小雨, 王学军, 郭群. 区域创新能力、农业经济与生

态环境协调发展关系研究——省级面板数据空间计量分析 [J]. 科技进步与对策, 2018, 35 (7): 35-42.

[49] 周辉. 消费结构、产业结构与经济增长——基于上海市的实证研究 [J]. 中南财经政法大学学报, 2012, (2): 27-31.

[50] 朱俏俏, 孙慧, 王士轩. 中国资源型产业及制造业碳排放与工业经济发展的关系 [J]. 中国人口·资源与环境, 2014, 24 (11): 112-119.

[51] Aten, B. H. Dose space matter? International comparisons of the prices of tradables and nontradables [J]. *International Regional Science Review*, 1997, 20 (1-2): 35-52.

[52] Brulhart, M., Sbergami, F. Agglomeration and growth: Cross-country evidence [J]. *Journal of Urban Economics*, 2009, 65 (1): 48-63. doi: 10.1016/j.jue.2008.08.003.

[53] Caves, D. W., Christensen, L. R., Diewert, W. E. The economic theory of index numbers and the measurement of input, output, and productivity [J]. *Econometrica: Journal of the Econometric Society*, 1982, 50 (6): 1393-1414. doi: 10.2307/1913388.

[54] Chakrabarti, A. S. Stochastic Lotka-Volterra equations: A model of lagged diffusion of technology in an interconnected world [J]. *Physica A: Statistical Mechanics and Its Applications*, 2016, 442 (C): 214-223. doi: 10.1016/j.physa.2015.09.030.

[55] Cheng, Z., Jin, W. Agglomeration economy and the growth of green total-factor productivity in Chinese industry [J]. *Socio-Economic Planning Sciences*, 2020: 101003. doi: 10.1016/j.seps.2020.101003.

[56] Cole, M. A., Elliott, R. J. R., Okubo, T., et al. The carbon dioxide emissions of firms: A spatial analysis [J]. *Journal of*

Environmental Economics and Management, 2013, 65 (2): 290-309.

[57] Cui, P., Xia, S., Hao, L. Do different sizes of urban population matter differently to CO_2 emission in different regions? Evidence from electricity consumption behavior of urban residents in China [J]. *Journal of Cleaner Production*, 2019, 240: 118207. doi: 10.1016/j.jclepro.2019.118207.

[58] Dong, B., Ma, X., Zhang, Z., et al. Carbon emissions, the industrial structure and economic growth: Evidence from heterogeneous industries in China [J]. *Environmental Pollution*, 2020, 262: 114322. doi: 10.1016/j.envpol.2020.114322.

[59] Dong, F., Long, R., Li, Z., et al. Analysis of carbon emission intensity, urbanization and energy mix: Evidence from China [J]. *Natural Hazards*, 2016, 82 (2): 1375-1391. doi: 10.1007/s11069-016-2248-6.

[60] Dyer, J. A., Kulshreshtha, S. N., McConkey, B. G., et al. An assessment of fossil fuel energy use and CO_2 emissions from farm field operations using a regional level crop and land use database for Canada [J]. *Energy*, 2010, 35 (5): 2261-2269. doi: 10.1016/j.energy.2010.02.013.

[61] Ellison, G., Glaeser, E. L. Geographic concentration in US manufacturing industries: A dartboard approach [J]. *Journal of Political Economy*, 1997, 105 (5): 889-927. doi: 10.1086/262098.

[62] Fan, C., Wei, T. Effectiveness of integrated low-carbon technologies: Evidence from a pilot agricultural experiment in Shanghai [J]. *International Journal of Climate Change Strategies and Management*, 2016, 8 (5): 758-776.

[63] Färe, R., Grosskopf, S., Lovell, C. A. K. *Production Fron-*

tiers [M]. University of Cambrige Press, 1994.

[64] Fei, R., Lin, B. Technology gap and CO_2 emission reduction potential by technical efficiency measures: A meta-frontier modeling for the Chinese agricultural sector [J]. *Ecological Indicators*, 2017, 73: 653-661. doi: 10.1016/j.ecolind. 2016.10.021.

[65] Fernández, F. Y., Fernández, L. M., González, H. D., et al. Institutional change and environment: Lessons from the European emission trading system [J]. *Energies*, 2018, 11 (4): 706. doi: 10.3390/en11040706.

[66] Gan, C., Voda, M., Wang, K., et al. Spatial network structure of the tourism economy in urban agglomeration: A social network analysis [J]. *Journal of Hospitality and Tourism Management*, 2021, 47: 124-133. doi: 10.1016/j.jhtm. 2021.03.009.

[67] Hafner, R., Elmes, D., Read, D. Exploring the role of messenger effects and feedback frames in promoting uptake of energy-efficient technologies [J]. *Current Psychology*, 2019, 38 (6): 1601-1612. doi: 10.1007/s12144-017-9717-2.

[68] Hainsch, K., Löffler, K., Burandt, T., et al. Energy transition scenarios: What policies, societal attitudes, and technology developments will realize the EU Green Deal? [J] *Energy*, 2022, 239: 122067.

[69] Hao, Y., Ba, N., Ren, S., et al. How does international technology spillover affect China's carbon emissions? A new perspective through intellectual property protection [J]. *Sustainable Production and Consumption*, 2021, 25: 577-590. doi: 10.1016/j.spc.2020.12.008.

[70] Hu, Y. , Yu, Y. , Mardani, A. Selection of carbon emissions control industries in China: An approach based on complex networks control perspective [J]. *Technological Forecasting and Social Change*, 2021, 172: 121030. doi: 10. 1016/j. techfore. 2021. 121030.

[71] Ismael, M. , Srouji, F. , Boutabba, M. A. Agricultural technologies and carbon emissions: Evidence from Jordanian economy [J]. *Environmental Science and Pollution Research*, 2018, 25 (11): 10867 – 10877. doi: 10. 1007/s11356 – 018 – 1327 – 5.

[72] Jacobs, J. *The Economy of Cities* [M]. New York: Vintage Books, 1969.

[73] Jacobs, W. , Koster, H. R. , Van Dort, F. Co-agglomeration of knowledge-intensive business services and multinational enterprised [J]. *Journal of Economic Geography*, 2014, 14 (2): 443 – 475. doi: 10. 1093/jeg/lbs055.

[74] Jiao, J. , Jiang, G. , Yang, R. Impact of R&D technology spillovers on carbon emissions between China's regions [J]. *Structural Change and Economic Dynamics*, 2018a, 47: 35 – 45. doi: 10. 1016/j. strueco. 2018. 07. 002.

[75] Jiao, J. , Yang, Y. , Bai, Y. The impact of inter-industry R&D technology spillover on carbon emission in China [J]. *Natural Hazards*, 2018b, 91 (3): 913 – 929. doi: 10. 1007/ s11069 – 017 – 3161 – 3.

[76] Koondhar, M. A. , Tan, Z. , Alam, G. M. , et al. Bioenergy consumption, carbon emissions, and agricultural bioeconomic growth: A systematic approach to carbon neutrality in China [J]. *Journal of Environmental Management*, 2021, 296: 113242. doi: 10. 1016/j. jenvman. 2021. 113242.

[77] Lan, F., Sun, L., Pu, W. Research on the influence of manufacturing agglomeration modes on regional carbon emission and spatial effect in China [J]. *Economic Modelling*, 2021, 96: 346-352. doi: 10.1016/j.econmod.2020.03.016.

[78] Li, L., Hong, X., Tang, D. GHG emissions, economic growth and urbanization: A spatial approach [J]. *Sustainability*, 2016, 8 (5): 462. doi: 10.3390/su8050462.

[79] Li, Y. L., Chen, B., Chen, G. Q. Carbon network embodied in international trade: Global structural evolution and its policy implications [J]. *Energy Policy*, 2020, 139: 111316. doi: 10.1016/j.enpol.2020.111316.

[80] Liang, J., Goetz, S. J. Technology intensity and agglomeration economies [J]. *Research Policy*, 2018, 47 (10): 1990-1995. doi: 10.1016/j.respol.2018.07.006.

[81] Liu, X., Zhang, X. Industrial agglomeration, technological innovation and carbon productivity: Evidence from China [J]. *Resources, Conservation and Recycling*, 2021, 166: 105330. doi: 10.1016/j.resconrec.2020.105330.

[82] Liu, Y., Xiao, H., Zikhali, P., et al. Carbon emissions in China: A spatial econometric analysis at the regional level [J]. *Sustainability*, 2014, 6 (9): 6005-6023. doi: 10.3390/su6096005.

[83] Lu, X., Kuang, B., Li, J., et al. Dynamic evolution of regional discrepancies in carbon emissions from agricultural land utilization: Evidence from Chinese provincial data [J]. *Sustainability*, 2018, 10 (2): 552. doi: 10.3390/su10020552.

[84] Malmquist, S. Index numbers and indifference surfaces [J]. *Trabajos de Estadistica*, 1953, 4 (2): 209-242.

[85] Marbuah, G., Amuakwa, F. Spatial analysis of emissions in

Sweden [J]. *Energy Economics*, 2017, 68: 383 - 394. doi: 10. 1016/j. eneco. 2017. 10. 003.

[86] Marshall, A. *Principles of Economics* [M]. London: Maclan, 1890.

[87] Meng, B., Xue, J., Feng, K., et al. China's inter-regional spillover of carbon emissions and domestic supply chains [J]. *Energy Policy*, 2013, 61: 1305 - 1321. doi: 10. 1016/j. enpol. 2013. 05. 108.

[88] Pu, Z. N., Yue, S. J., Gao, P. The driving factors of China's embodied carbon emissions: A study from the perspectives of inter-provincial trade and international trade [J]. *Technological Forecasting and Social Change*, 2020, 153: 119930. doi: 10. 1016/j. techfore. 2020. 119930.

[89] Rybaczewska, M., Gierulski, W. Eco-efficiency evaluation of agricultural production in the EU - 28 [J]. *Sustainability*, 2018, 10 (12): 4544. doi: 10. 3390/su10124544.

[90] Toma, P., Miglietta, P. P., Zurlini, G., et al. A non-parametric bootstrap-data envelopment analysis approach for environmental policy planning and management of agriculturalefficiency in EU countries [J]. *Ecological Indicators*, 2017, 83: 132 - 143. doi: 10. 1016/j. ecolind. 2017. 07. 049.

[91] Wang, L., Vo, X. V., Shahbaz, M., et al. Globalization and carbon emissions: Is there any role of agriculture value-added, financial development, and natural resource rent in the aftermath of COP21? [J] *Journal of Environmental Management*, 2020a, 268: 110712. doi: 10. 1016/j. jenvman. 2020. 110712.

[92] Wang, N., Zhu, Y., Yang, T. The impact of transportation infrastructure and industrial agglomeration on energy efficiency:

Evidence from China's industrial sectors [J]. *Journal of Cleaner Production*, 2020b, 244: 118708. doi: 10.1016/j. jclepro. 2019. 118708.

[93] Wang, Y. , Yan, W. , Ma, D. , et al. Carbon emissions and optimal scale of China's manufacturing agglomeration under heterogeneous environmental regulation [J]. *Journal of Cleaner Production*, 2018, 176: 140 – 150. doi: 10.1016/j. jclepro. 2017. 12. 118.

[94] Warner, J. , Zawahri, N. Hegemony and asymmetry: Multiple-chessboard games on transboundary rivers [J]. *International Environmental Agreements: Politics, Law and Economics*, 2012, 12 (3): 215 – 229. doi: 10.1007/s10784 – 012 – 9177 – y.

[95] Wu, J. , Ge, Z. , Han, S. , et al. Impacts of agricultural industrial agglomeration on China's agricultural energy efficiency: A spatial econometrics analysis [J]. *Journal of Cleaner Production*, 2020, 260: 121011. doi: 10.1016/j. jclepro. 2020. 121011.

[96] Wu, J. , Xu, H. , Tang, K. Industrial agglomeration, CO_2 emissions and regional development programs: A decomposition analysis based on 286 Chinese cities [J]. *Energy*, 2021, 225: 120239. doi: 10.1016/j. energy. 2021. 120239.

[97] Wu, R. , Lin, B. Does industrial agglomeration improve effective energy service: An empirical study of China's iron and steel industry [J]. *Applied Energy*, 2021, 295: 117066. doi: 10.1016/j. apenergy. 2021. 117066.

[98] Xiao, H. , Sun, K. J. , Bi, H. M. , et al. Changes in carbon intensity globally and in countries: Attribution and decomposition analysis [J]. *Applied Energy*, 2019, 235: 1492 –

1504. doi: 10. 1016/j. apenergy. 2018. 09. 158.

[99] Xiong, C. , Yang, D. , Xia, F. , et al. Changes in agricultural carbon emissions and factors that influence agricultural carbon emissions based on different stages in Xinjiang, China [J]. *Scientific Reports*, 2016, 6 (1): 1 – 10. doi: 10. 1038/srep36912.

[100] Xu, X. , Huang, X. , Huang, J. , et al. Spatial-temporal characteristics of agriculture green total factor productivity in China, 1998 – 2016: Based on more sophisticated calculations of carbon emissions [J]. *International Journal of Environmental Research and Public Health*, 2019, 16 (20): 3932. doi: 10. 3390/ijerph16203932.

[101] Yang, L. , Li, Z. Technology advance and the carbon dioxide emission in China-Empirical research based on the rebound effect [J]. *Energy Policy*, 2017, 101: 150 – 161. doi: 10. 1016/j. enpol. 2016. 11. 020.

[102] Yang, Z. , Wang, D. , Du, T. , et al. Total-factor energy efficiency in China's agricultural sector: Trends, disparities and potentials [J]. *Energies*, 2018, 11 (4): 853. doi: 10. 3390/en11040853.

[103] You, D. , Jiang, K. Research into dynamic lag effect of R&D input on economic growth based on the vector auto-regression model [J]. *Journal of Computational and Theoretical Nanoscience*, 2016, 13 (10): 6787 – 6796. doi: 10. 1166/jctn. 2016. 5628.

[104] Zhang, H. , Guo, S. , Qian, Y. , et al. Dynamic analysis of agricultural carbon emissions efficiency in Chinese provinces along the Belt and Road [J]. *PloS one*, 2020, 15 (2): e0228223. doi: 10. 1371/journal. pone. 0228223.

[105] Zhang, L. , Pang, J. , Chen, X. , et al. Carbon emissions, energy consumption and economic growth: Evidence from the agricultural sector of China's main grain-producing areas [J]. *Science of the Total Environment*, 2019, 665: 1017 - 1025. doi: 10. 1016/j. scitotenv. 2019. 02. 162.

[106] Zhang, Y. Interregional carbon emission spillover-feedback effects in China [J]. *Energy Policy*, 2017, 100: 138 - 148. doi: 10. 1016/j. enpol. 2016. 10. 012.

[107] Zhu, R. , Zhao, R. , Sun, J. , et al. Temporospatial pattern of carbon emission efficiency of China's energy-intensive industries and its policy implications [J]. *Journal of Cleaner Production*, 2021, 286: 125507. doi: 10. 1016/j. jclepro. 2020. 125507.

第五章　区域农业碳转移分析

第一节　区域碳转移的相关研究

有证据表明，国际贸易中的碳泄漏在很大程度上影响了全球的碳排放分布（Li et al., 2020；Xiao et al., 2019），短期内虽推动了碳排放的增长（Phuc Nguyen et al., 2020；Yao et al., 2021）、促进了经济发展，但却掩盖了全球碳排放的真实分布，模糊了保护环境的责任线，并使国家之间的碳转移量持续增长（Dong et al., 2017）。许多学者进行了研究以明确国际碳转移的方向。Wei 等（2016）认为碳排放主要从发达国家流向发展中国家，在未来的气候谈判中若忽略碳转移则会降低合作减排的有效性；Wood 等（2019）和 Hotak 等（2020）也发现，发达国家的脱碳是以发展中国家排放量增加为代价的，因此，前者针对全球排放问题应承担更大的责任，向发展中国家转让先进生产技术和排放控制技术应成为全球环境政策的强制性选择（Liu et al., 2017）；Han 等（2018）发现，全球超过 95% 的净隐含碳出口来自共建"一带一路"地区，因此，从消费而非生产的角度衡量环境责任更为公平；Zhong 等（2018b）发现一些自然资源丰富的发达国家成为贸易中的碳净出口国。还有学者从不同的角度解释了国际碳转移发生的原因。Wang等（2020）认为，中国在北美和西欧的碳排放主要来自机电设备和化工、橡胶和塑料产品的贸易；Zhang等（2020）发现跨国企业的外国子公司是碳转移的载体；Jiang等（2016，2019）发现，产业部门在全球碳转移网络和调整消费中扮演着不同的角色。

也有部分学者立足于研究一国区域之间的碳转移，并发现省际贸易碳泄漏比国际贸易碳泄漏更为严重（Pu et al.，2020），区域间贸易的隐含碳排放已成为各地节能减排的重要矛盾（邓荣荣、杨国华，2018）；Xie等（2017）和Zhou等（2020）发现碳排放转移方向是从资源密集型地区向发达地区；产业转移是区域间碳转移的重要原因（Xu et al.，2017；Sun et al.，2020），特别是金属冶炼，电力、热力生产和供应，石油加工等部门。此外，技术水平和贸易需求是影响碳排放净流出的主要因素（Fan et al.，2019）。整体来看，碳排放的空间转移与跨区域商品和服务贸易的趋势基本一致（石敏俊等，2012）。因此，必须充分考虑区域减排责任和合作减排过程中所体现的贸易碳结构（Zhong et al.，2018b）。

少量学者还关注到碳转移的效益。Sun等（2016）就发现区域间碳转移有助于区域经济发展，有助于减少煤炭消耗；Meng等（2017）认为区域消费和出口偏好变化引起的碳转移变化可以减少区域碳排放，并设计了比较优势指数来检验区域碳排放转移优势；Ji等（2020）认为，国际碳转移提高了减排效率，加强了国家间的贸易联系。

可见，无论是国家间还是一国内的区域间，碳转移都是引起碳关联的重要原因之一，而产业转移是推动碳转移不可忽视的重要因素。农业作为一个较容易受到气候变化影响，并可能加剧全球变暖的行业（Owusu and Asumadu-Sarkodie, 2017），其区域碳转移情况值得研究。我国农业碳排放与各个地区的农业经济发展、农业产业结构和农业生产条件关系密切，其转移也在一定程度上体现了各个地区的农业产业布局和农业发展优势。因此，本章基于区域间投入产出表，立足农业产业，对我国省域间农业贸易隐含碳转移进行核算，对比和评价各区域农业隐含碳转移的效应与效益，以期从碳转移的角度深入分析区域碳关联，并为科学合理地划分农业碳减排责任、制定农业碳减排策略奠定基础。

第二节 农业碳转移的测度和分析

一 农业碳转移的测算方法

1. 生产角度

区域间农业贸易碳转移是地区间农业贸易引起的碳调入和调出，使碳生产和碳消费得以分离，农业碳净调入地区的碳调入量减碳调出量大于0，说明该地区消费的碳排放大于生产的碳排放；农业碳净调出地区的碳调入量减碳调出量小于0，说明该地区消费的碳排放小于生产的碳排放。某地区农业碳调出量为该地农业贸易调出额乘以该地区的农业碳排放强度，某地区农业碳调入量为该地农业贸易调入额乘以各调入地区的农业碳排放强度。

农业贸易量数据来自区域间投入产出表（2018年发布的《2012年中国31省区市区域间投入产出表》），该表是在各区域投入产出表的基础上,利用区域间贸易数据,按照相同产业分类进行联结和调整而成的,所以,表中农业部门的数据能够反映农业贸易的情况,并且区域间投入产出表中农业部门数据被分为中间使用和最终使用两部分。中间使用表示农业贸易中流动的产品和服务成为中间环节的投入而被消耗掉。而最终使用包括了最终消费和投资。最终消费表示产品和服务直接进入最终消费环节,不会进入中间投入环节;投资表示投资的转移。由于本章研究的是农业贸易引起的农业碳转移,不涉及投资转移,所以暂未考虑最终使用中的投资部分。

鉴于农业部门数据的两种分类,在测算农业贸易隐含碳转移时,也将中间使用和最终使用分别引入。将最终使用所引起的碳转移界定为直接碳转移,表示最终消费转移所引起的碳排放;将中间使用所引起的碳转移界定为间接碳转移,表示中间消耗转移所引起的碳排放,具体测算公式如下:

$$CT_{rsi} = CT_{rsi}^{D} + CT_{rsi}^{I} \qquad (5.1)$$

$$CT_{rse} = CT_{rse}^{D} + CT_{rse}^{I} \qquad (5.2)$$

其中,CT_{rsi} 为 r 地区向 s 地区调出的农业碳排放,碳生产地在 r 地区,碳消费地在 s 地区,CT_{rsi}^{D} 和 CT_{rsi}^{I} 分别为 r 地区向 s 地区的直接碳调出和间接碳调出。CT_{rse} 为 r 地区从 s 地区调入的农业碳排放,碳生产地在 s 地区,碳消费地在 r 地区,CT_{rse}^{D} 和 CT_{rse}^{I} 分别为 r 地区从 s 地区的直接碳调入和间接碳调入。

$$CT_{rsi}^{D} = C_{r} T_{rsi}^{D} \qquad (5.3)$$

$$CT_{rse}^{D} = C_s T_{rse}^{D} \tag{5.4}$$

$$CT_{rsi}^{I} = C_r T_{rsi}^{I} \tag{5.5}$$

$$CT_{rse}^{I} = C_s T_{rse}^{I} \tag{5.6}$$

其中，C_r 和 C_s 分别为 r 地区和 s 地区的农业碳排放强度，T_{rsi}^{D} 和 T_{rsi}^{I} 分别为 r 地区向 s 地区调出的最终使用和中间使用，T_{rse}^{D} 和 T_{rse}^{I} 分别为 r 地区从 s 地区调入的最终使用和中间使用。

r 地区的农业碳净调出量为碳调出量（$\sum CT_{rsi}$）与碳调入量（$\sum CT_{rse}$）的差值，公式如下：

$$NCT_r = \sum CT_{rsi} - \sum CT_{rse} \tag{5.7}$$

2. 消费角度

由农业贸易带来农业生产和消费的分离，对特定省区市来说，就产生了生产角度和消费角度两种碳排放测算口径，生产角度的碳排放指各省区市农业生产中的排放总量（即本书第二章依据五种农业活动所产生的碳排放），消费角度的碳排放指各省区市农业消费产生的排放总量，两者关系如下：

$$C_{消 r} = C_{生 r} + \sum CT_{rse} - \sum CT_{rsi} \tag{5.8}$$

其中，$C_{消 r}$ 和 $C_{生 r}$ 分别为省区市 r 消费角度和生产角度的农业碳排放总量，$\sum CT_{rse}$ 和 $\sum CT_{rsi}$ 分别为省区市 r 农业碳调入量和碳调出量。

二 各省区市生产角度和消费角度的农业碳排放比较

从图 5.1 可见，31 个省区市中，生产角度农业碳排放较高的省区市有 18 个，主要是西北五省区，长江中游四省，东北地区的吉林、黑龙江，沿海地区的河北、海南，以及部分西南地区，这些地区是我国种植业和畜牧业的主要分布地，农业生产优势明显。而消费角度农业碳排放较高的省区市有 13 个，主要分布在北部沿海的北京、天津、山东，东部沿海的上海、江苏，南部沿海的广东、福建，黄河中游的内蒙古、河南、山西等地，这些地区主要是第三产业占比较高的发达地区，或是人口规模较大、消耗农产品较多的地区。

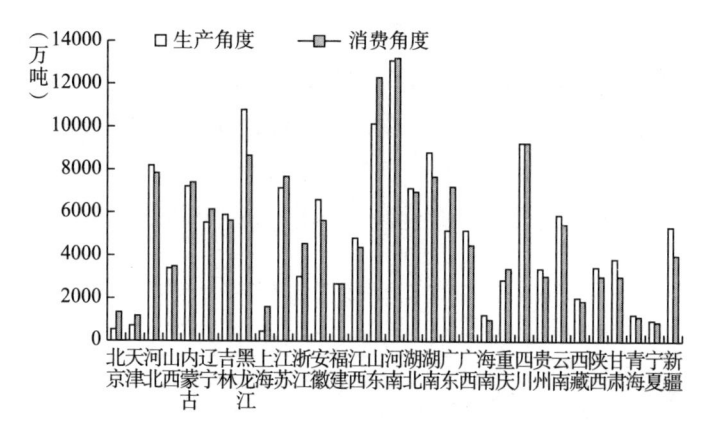

图 5.1　2012 年中国 31 个省区市生产角度和消费角度农业碳排放的区域分布

三　省域农业碳转移分析

在一个特定的经济系统中，碳排放是隐含在商品交换链中，随商品交换进行转移的。区域间商品流动的数量和种类决定了碳排放转移的结构和方向（齐亚伟、徐志琴，2018）。经测算，省域农业贸易引致的碳调出量与碳调入量结果如表 5.1 所示。总体来看，山东、黑龙江、广东、湖南和河南是农业隐含碳转移最大的省份，新疆农业碳调入量为 1.9 万吨，宁夏农业碳调入量为 1.5 万吨，当保留两位小数时，在表格中显示为 0.00。

从农业碳调入量来看，山东、广东、浙江、上海和北京五省市排名前五。除山东外，其余省市均为我国发达地区，其传统农业占比较低，对农产品的需求量较大。而西北地区由于人口密度较小、对农产品的需求量较少，碳调入量较少。

从农业碳调出量来看，黑龙江、湖南、新疆、安徽四省区碳调出量较大，上海、天津、宁夏、浙江、青海碳调出量较小。其中，黑龙江、安徽为我国粮食大省，新疆为主要的商品棉供给地，而湖南农产品呈现多样化，四省区均有大量农产品输出。宁夏、青海因较为极端的气候和匮乏的农业资源，农业生产条件较差，天津、上海为我国一线城市，经济发达，主要发展第二、第三产业，第一产业占比低。

表 5.1　省域农业贸易隐含碳转移量分析

单位：千万吨，名

经济区	省区市	碳调出量	碳调入量	调出排名	调入排名
东北	黑龙江	2.33	0.21	1	22
	辽宁	0.19	0.80	24	8
	吉林	0.34	0.13	18	26
北部沿海	山东	0.55	2.65	12	1
	河北	0.74	0.32	10	13
	北京	0.25	1.07	21	5
	天津	0.06	0.56	30	11
东部沿海	江苏	0.34	0.84	17	7
	浙江	0.13	1.64	28	3
	上海	0.04	1.18	31	4

续表

经济区	省区市	碳调出量	碳调入量	调出排名	调入排名
南部沿海	广东	0.31	2.42	20	2
	福建	0.33	0.37	19	12
	海南	0.49	0.22	14	20
黄河中游	河南	0.94	1.03	6	6
	陕西	0.76	0.27	8	17
	内蒙古	0.42	0.65	15	10
	山西	0.14	0.21	26	21
长江中游	湖南	1.41	0.32	2	14
	安徽	1.23	0.31	4	15
	江西	0.72	0.26	11	19
	湖北	0.39	0.18	16	24
西南	广西	0.97	0.28	5	16
	云南	0.74	0.27	9	18
	重庆	0.22	0.78	23	9
	贵州	0.53	0.15	13	25
	四川	0.14	0.19	27	23
西北	新疆	1.38	0.00	3	30
	甘肃	0.78	0.01	7	28
	西藏	0.25	0.01	22	29
	青海	0.14	0.02	25	27
	宁夏	0.09	0.00	29	31

注：①新疆碳调入量为1.9万吨，宁夏碳调入量为1.5万吨，当保留两位小数时，在表格中显示为0.00。②本章为详细探讨区域间农业碳转移的基本情况，根据国务院发展研究中心的划分方式，将全国各省区市分为东北、北部沿海、东部沿海、南部沿海、黄河中游、长江中游、西南和西北八个片区。由于西北片区与西南片区相比，地域范围广阔、人口密度较小，且农业经济发展多以畜牧业为主，我国的牧场主要分布在西北，而西藏是我国的四大牧场之一，从农业经济发展特色来说与西北地区更为相符，基于本章研究特点，将西藏归入西北地区。

为进一步求出农业碳净转移量，本章将各省区市分为碳净调出地（净调出量为正数）和碳净调入地（净调出量为负数），如图5.2所示。在31个省区市中，54.84%的省区市为农业碳净调出地，45.16%的省区市为农业碳净调入地。净调出省区市主要分布在西北、长江中游、西南地区，以及部分东北、北部沿海等地。我国主要牧场均分布在西北地区；而长江中游由于具有较好的自然气候条件和土地条件，是我国种植业最密集的地区，也是我国农产品流通的枢纽。两大经济区生产的农产品大量销往全国各地，使其成为农业碳排放的净调出地。净调入省区市主要集中在北部沿海、东部沿海、黄河中游，以及部分南部沿海、

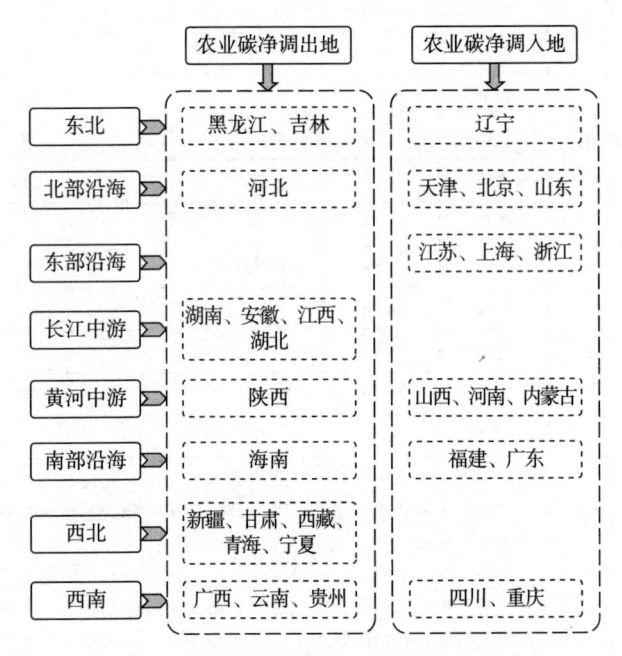

区域	农业碳净调出地	农业碳净调入地
东北	黑龙江、吉林	辽宁
北部沿海	河北	天津、北京、山东
东部沿海		江苏、上海、浙江
长江中游	湖南、安徽、江西、湖北	
黄河中游	陕西	山西、河南、内蒙古
南部沿海	海南	福建、广东
西北	新疆、甘肃、西藏、青海、宁夏	
西南	广西、云南、贵州	四川、重庆

图 5.2　省域农业贸易隐含碳净转移情况

西南和东北地区,其中,山东、河南、江苏、四川和广东虽为我国农业大省,农业增加值高,但人口众多,五省2012年人口数分别占到全国的 7.2%、8.0%、7.0%、6.0% 和 5.9%[①],对农产品的需求量相当庞大,其余省区市农业占比均较低,农产品的大量调入使其调入了大量农业碳排放。

第三节 农业碳转移的价值评价

一 农业碳转移价值评价的方法

1. 农业碳转移的效应

各省区市在贸易价值链中的地位与参与度将影响地区贸易隐含碳排放水平(田建国等,2019;吕延方等,2019)。因此,在分析国内农业贸易隐含碳转移时,对各省区市在国内农业贸易中的地位和作用进行界定,有助于合理制定减排策略。通过计算"碳转移效应比"来分析农业贸易隐含碳转移情况,进而判断各省区市在我国农业贸易中的地位和作用。碳转移效应比为某地区间接农业碳净调出量与直接农业碳净调出量的比值,计算公式如下:

$$k_r = \frac{NCT_r^I}{NCT_r^D} \tag{5.9}$$

$$NCT_r^I = \sum CT_{rsi}^I - \sum CT_{rse}^I \tag{5.10}$$

$$NCT_r^D = \sum CT_{rsi}^D - \sum CT_{rse}^D \quad (s \neq r) \tag{5.11}$$

其中,k_r 为 r 地区的碳转移效应比;NCT_r^I 表示 r 地区

---

① 根据《中国统计年鉴2013》中各省区市人口数计算而得。

的间接农业碳净调出总量,为间接碳调出与碳调入之差;NCT_r^D 表示 r 地区的直接农业碳净调出总量,为直接碳调出与碳调入之差。根据碳转移效应比判断各省区市在农业贸易中的地位和作用,将各省区市分为支配者、中介者与依赖者 3 个大类以及 6 个小类,角色划分标准如图 5.3 所示。

角色划分标准

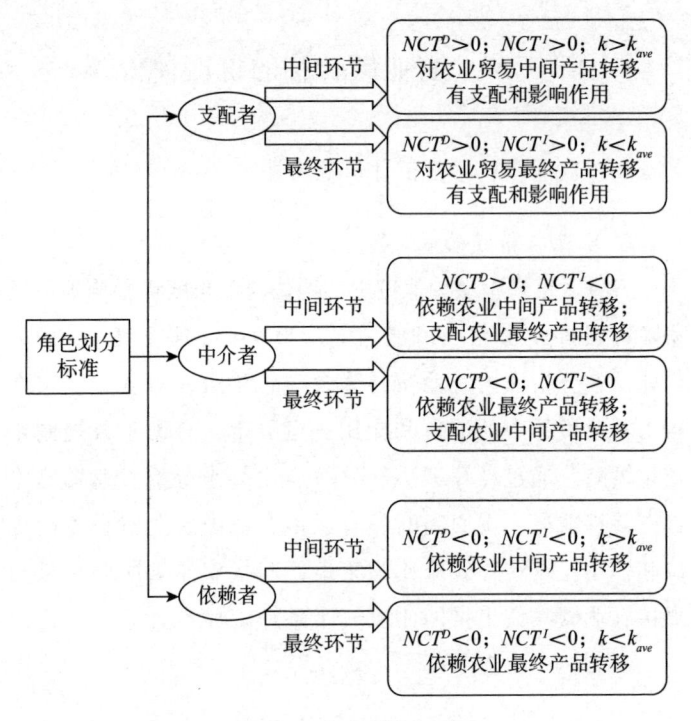

支配者
- 中间环节：$NCT^D>0$；$NCT^I>0$；$k>k_{ave}$ 对农业贸易中间产品转移有支配和影响作用
- 最终环节：$NCT^D>0$；$NCT^I>0$；$k<k_{ave}$ 对农业贸易最终产品转移有支配和影响作用

中介者
- 中间环节：$NCT^D>0$；$NCT^I<0$ 依赖农业中间产品转移;支配农业最终产品转移
- 最终环节：$NCT^D<0$；$NCT^I>0$ 依赖农业最终产品转移;支配农业中间产品转移

依赖者
- 中间环节：$NCT^D<0$；$NCT^I<0$；$k>k_{ave}$ 依赖农业中间产品转移
- 最终环节：$NCT^D<0$；$NCT^I<0$；$k<k_{ave}$ 依赖农业最终产品转移

图 5.3　角色划分标准

注：NCT^D 为直接碳净调出量，NCT^I 为间接碳净调出量，k 为碳转移效应比。

2. 农业碳转移的效益

农业隐含碳转移随省域农业贸易产生,会对发生贸易的双方乃至整个国家的总体经济、环境产生一定影响,即形成碳转移效益。分析农业贸易碳转移效益，有助于判断各区域农业碳转移的合理性，为划分区域减排责任、进行减排合作奠定基础。基于公平原则的配额分配方案将会导致"鞭打快牛"而损失效率，从而导致地区发展成本过高；而基于效率原则的配额分配方案虽然成本较低但会产生"马太效应"问题，从而进一步加剧地区发展不平等；只有兼顾公平与效率的综合配额分配方案，才能既缓解地区发展不平等，又能实现全国平均减排成本最小化（王文举、陈真玲，2019）。因此，为判断各省区市碳转移的有效性，根据碳转移的环境效益和经济效益对 31 个省区市进行分类。

环境效益用碳转移比例来衡量，碳转移比例为某地区农业隐含碳转移量与当年全国农业隐含碳转移总量之比。对于农业碳净调入地，选择该地区及全国调入的农业隐含碳排放量；对于农业碳净调出地，则选择该地区及全国调出的农业隐含碳排放量。

经济效益用农业隐含碳转移的经济贡献率来衡量，经济贡献率为某地区调入或调出的农业贸易额与当年全国农业增加值之比。对于农业碳净调入地，选择该地区调入的农业贸易额；对于农业碳净调出地，则选择该地区调出的农业贸易额。

以均值为界，将 31 个省区市分为"环境影响大、经济贡献大""环境影响大、经济贡献小""环境影响小、经济贡献大""环境影响小、经济贡献小"四类。划分标准如图 5.4 所示。

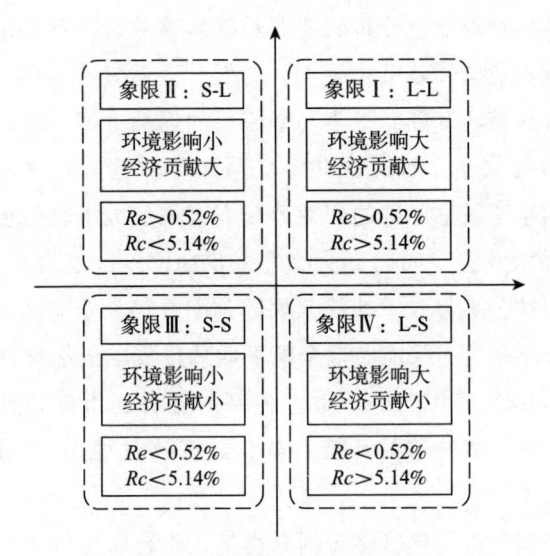

```
        ↑
象限Ⅱ：S-L    │    象限Ⅰ：L-L
环境影响小    │    环境影响大
经济贡献大    │    经济贡献大
Re>0.52%      │    Re>0.52%
Rc<5.14%      │    Rc>5.14%
──────────────┼──────────────→
象限Ⅲ：S-S    │    象限Ⅳ：L-S
环境影响小    │    环境影响大
经济贡献小    │    经济贡献小
Re<0.52%      │    Re<0.52%
Rc<5.14%      │    Rc>5.14%
```

图5.4　碳转移效益类型划分标准

注：Re 为经济贡献率，Rc 为碳转移比例，L、S 分别指影响/贡献大、影响/贡献小。

二　我国农业碳转移价值分析

1. 农业碳转移的效应分析

从表5.2来看，总体而言，支配者、中介者和依赖者的比例分别为54.8%、3.2%和42.0%。各省区市在农产品贸易中的主导地位由西向东、由内陆向沿海逐渐降低。

中间环节支配者主要集中在西北五省区，以及长江中游的江西、西南的贵州和东北的黑龙江。西北地区分布着我国的主要牧场，以发展传统高原农牧业为主。长江中游的江西以种植业为主，是我国商品粮基地；西南的贵州农林果药发展多元并举；东北的黑龙江以玉米、大豆等生产为主。这些地区中间农产品和最终农产品均是净调出，并且以中间农产品的净调出为主。这些地区由于具有农业生产优势，在农业贸易中间环节担任支配者角色。

最终环节支配者主要集中在长江中游的湖南、湖北、安徽，部分分布在西南的广西、云南等地。长江中游的湖南、湖北、安徽以种植业为主，西南的广西、云南以热带农业生产为特色，其中间农产品和最终农产品均是净调出，并且以最终农产品的净调出为主，对全国农产品最终消费结构有重要的影响和支配作用。

中间环节中介者分布在黄河中游的河南，以小麦、棉花等旱地作物为主，中间农产品是净调入，但最终农产品是净调出，因此，中间农产品容易受其他地区的影响，在中间环节存在依赖，但最终农产品有优势，在最终环节形成支配。

中间环节依赖者主要分布在黄河中游的内蒙古与山西，还有东北的辽宁、北部沿海的山东、南部沿海的福建、西南的四川。黄河中游的内蒙古以棉花种植和畜牧业为主，山西的特色经济林果、绿色五谷杂粮在全国占有重要地位；东北的辽宁属于东北老工业区；北部沿海的山东人口密度极大；南部沿海的福建生产茶、柑橘等亚热带经济作物；西南的四川是我国水稻、棉花、油菜籽主要生产区域之一，且人口众多。这些地区中间和最终农产品均是净调入，并且以中间农产品的净调入为主，对其他地区有很强的依赖性。

最终环节依赖者分布在东部沿海的苏浙沪、北部沿海的京津、南部沿海的广东以及西南的重庆。这些地区经济较发达，第一产业占比小，人口集中，故中间和最终农产品均是净调入，且以最终农产品的净调入为主，对其他地区有很强的依赖性。

表 5.2 农业隐含碳转移效应比

贸易地位	经济区	省区市	碳转移效应比	贸易地位	经济区	省区市	碳转移效应比
中间环节支配者		青海	0.42	中间环节中介者	黄河中游	河南	-1.52
	西北	宁夏	0.40	中间环节依赖者	黄河中游	内蒙古	4.31
		甘肃	0.39			山西	0.51
		新疆	0.38		东北	辽宁	0.98
		西藏	0.37		北部沿海	山东	1.06
	长江中游	江西	0.36		南部沿海	福建	0.48
	西南	贵州	0.36		西南	四川	0.87
	东北	黑龙江	0.36	最终环节依赖者	东部沿海	江苏	0.20
最终环节支配者	长江中游	湖南	0.30			浙江	0.07
		安徽	0.24			上海	0.02
		湖北	0.17		北部沿海	天津	0.05
	西南	广西	0.31			北京	0.03
		云南	0.31		南部沿海	广东	0.11
	东北	吉林	0.14		西南	重庆	0.28
	北部沿海	河北	0.21	平均			0.34
	南部沿海	海南	0.33				
	黄河中游	陕西	0.24				

2. 农业碳转移的效益分析

从图 5.5 和图 5.6 可见，17 个净调出省区市均为环境贡献者，即消费的农业碳排放小于其生产的农业碳排放，以环境影响大、经济贡献大和环境影响小、经济贡献小的地区为主，占比分别为29.4%和52.9%，环境影响小、经济贡献大的地区仅有陕西、河北、海南。14个净调入省区市均为环境受益者，即消费的农业碳排放大于其生产的农业碳排放，均为环境影响大、经济贡献大和环境影响小、经济贡献小的地区，占比分别为42.9%和57.1%。

环境影响小、经济贡献大的地区较少，仅有黄河中游的陕西、北部沿海的河北和南部沿海的海南，以较少的农业隐含碳转移带来了较多的农业增加值，三省作为最终环节支配者，其农业生产结构和贸易结构的改变会影响全国整体农业发展，三省的地位和角色都应该进一步加强。

环境影响大、经济贡献大的地区分布在沿海的北京、山东、上海、浙江、广东，长江中游的湖南、安徽，黄河中游的河南，西北的新疆，西南的广西，以及东北的黑龙江。农业隐含碳转移占比高于平均水平，环境影响相对较大，同时对农业经济发展的贡献也比较大。这些地区的重点是改变农业生产方式，降低环境影响水平，巩固各自在农业贸易中的角色和地位。

环境影响小、经济贡献小的地区主要分布在沿海的天津、江苏、福建，西部的西藏、宁夏、青海、甘肃、贵州、云南、重庆、四川，黄河中游的山西、内蒙古，东北的吉林、辽宁以及长江中游的江西、湖北。农业隐含碳转移占比低于平均水平，环境影响相对较小，但农业经济贡献也比较小，农业贸易省际转移对农业经济的整体拉动较小。大量沿海地区的农业占比较低，西部地区农业资源禀赋跟中部相比较差。这些地区的发展重点是在依托自身农业优势的基础上,通过调整农业贸易结构在一定程度上提高经济贡献。

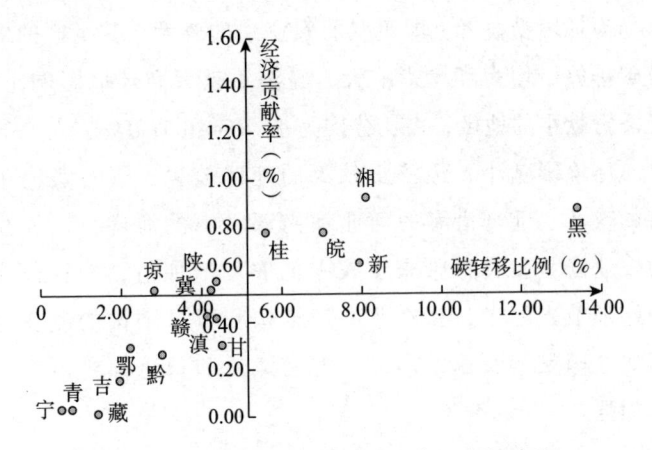

图 5.5　农业隐含碳转移效益分类（净调出地）

注：上述省区市均为简称。

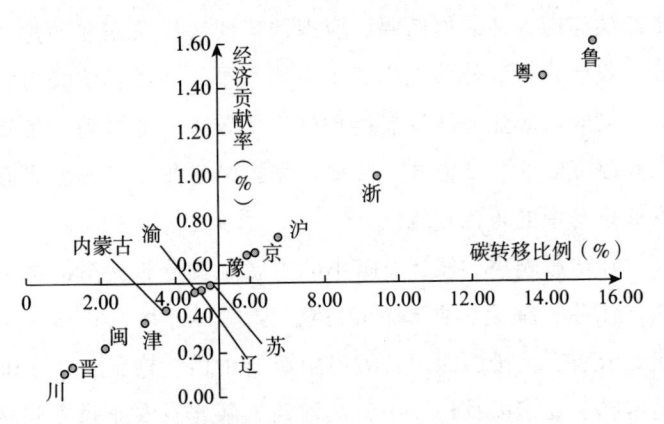

图 5.6　农业隐含碳转移效益分类（净调入地）

注：上述省区市均为简称。

第四节 本章小结

本章将农业碳转移与地区在全国农业贸易中的地位和作用联系起来，并从效应和效益两方面对碳转移进行了价值评价，为从碳转移角度研究区域碳关联，并科学合理地划分农业碳减排责任、制定农业碳减排策略奠定了基础。下面从三个方面来讨论本章的贡献。

一是，本章不仅测算了国内区域间农业碳转移的数量，还评价了碳转移的价值，对以往碳转移研究领域的内容进行了补充和延伸。现有研究过多关注碳转移数量的测算，对碳转移进行价值评价的文献较少。虽有少数学者评价了碳转移的价值，但均立足于国家宏观层面，并未分析具体产业碳转移的价值。本章立足农业产业，通过设计碳转移效应比，将环境、经济放在同一框架下探讨地区环境经济协调发展的差异，分析碳转移的价值，对以往碳转移研究领域的内容进行了补充和延伸。

二是，本章利用碳生产和碳消费两种测算方法，将地区产业发展与碳转移结合到一起，分析了碳转移背后隐含的地区产业地位，为通过产业合作实现减排合作奠定了基础。大量学者关心国家间的碳转移，并发现大多发展中国家扮演碳生产者角色，发达国家扮演碳消费者角色，进而探讨国家减排责任分担。对于一国内部来说，要完成减排目标，也存在减排责任分担、区域协调合作的问题。而产业作为地区经济发展的重要支撑，减排合作离不开产业合作。所以，本章从农业产业视角把握地区农业碳关联，从生产和消费两个角度寻求地区农业碳排放差异的原因，为通过产业合作实现减排合作奠定了基础。

三是，本章关注农业层面的碳排放，分析地区农业碳关联，为农业碳减排合作提供了思路。工业碳减排一直备受关注，人们普遍认为投资规模、技术研发、工业经济水平等都是影响工业碳排放的重要因素。部分学者从国家制度角度探讨了工业减排，有人认为政府扶持能够降低工业行业的碳排放强度，也有人认为我国目前的环境管制不利于环境质量的提高，所以，不能走入盲目提高环境规制强度的误区，应根据各行业现实特点，有针对性地制定差异化的环境规制强度和标准（沈能，2012）。可见，不同行业在减排措施的制定上应存在差异，我国作为农业大国，甲烷和氧化亚氮的排放很大一部分来自农业活动（生态环境部，2019），并且农业碳排放还以年均5%的速度持续增长（冉光和等，2011）。可见，农业减排效果会直接影响我国碳排放总量和强度双控目标的实现，所以，立足农业碳转移，把握区域的农业碳关联，可为农业层面的碳减排合作奠定基础。

参考文献

［1］邓荣荣，杨国华．区域间贸易是否引致区域间碳排放转移？——基于2002—2012年区域间投入产出表的实证分析［J］．南京财经大学学报，2018，（3）：1-11．

［2］吕延方，崔兴华，王冬．全球价值链参与度与贸易隐含碳［J］．数量经济技术经济研究，2019，36（2）：45-65．

［3］齐亚伟，徐志琴．中国区域经济联系研究——基于碳排放转移和劳动力流动的分析［J］．城市与环境研究，2018，

（2）：68-83.

［4］冉光和，王建洪，王定祥. 我国现代农业生产的碳排放变动趋势研究［J］. 农业经济问题，2011，32（2）：32-38+110-111.

［5］沈能. 环境效率、行业异质性与最优规制强度——中国工业行业面板数据的非线性检验［J］. 中国工业经济，2012，（3）：56-68.

［6］生态环境部. 中华人民共和国气候变化第三次国家信息通报［R］. 2019年7月1日.

［7］石敏俊，王妍，张卓颖等. 中国各省区碳足迹与碳排放空间转移［J］. 地理学报，2012，67（10）：1327-1338.

［8］田建国，庄贵阳，陈楠. 全球价值链分工对中日制造业贸易隐含碳的影响［J］. 中国地质大学学报（社会科学版），2019，19（2）：71-84.

［9］王文举，陈真玲. 中国省级区域初始碳配额分配方案研究——基于责任与目标、公平与效率的视角［J］. 管理世界，2019，35（3）：81-98.

［10］Dong, D., An, H., Huang, S. The transfer of embodied carbon in copper international trade: An industry chain perspective ［J］. *Resources Policy*, 2017, 52 (6): 173-180. doi: 10.1016/j.resourpol.2017.02.009.

［11］Fan, X., Wu, S., Li, S. Spatial-temporal analysis of carbon emissions embodied in interprovincial trade and optimization strategies: A case study of Hebei, China ［J］. *Energy*, 2019, 185: 1235-1249. doi: 10.1016/j.energy.2019.06.168.

［12］Han, M., Yao, Q., Liu, W. Tracking embodied carbon flows in the Belt and Road regions ［J］. *Journal of Geographical Sciences*, 2018, 28 (9): 1263-1274. doi: 10.1007/s11442-018-1524-7.

[13] Hotak, S., Islam, M., Kakinaka, M., et al. Carbon emissions and carbon trade balances: International evidence from panel ARDL analysis [J]. *Environmental Science and Pollution Research*, 2020, 27 (19): 24115 - 24128. doi: 10.1007/s11356-020-08478-w.

[14] Ji, X., Liu, Y., Han, M., et al. The mutual benefits from Sino-Africa trade: Evidence on emission transfer along the global supply chain [J]. *Journal of Environmental Management*, 2020, 263: 110332. doi: 10.1016/j.jenvman.2020.110332.

[15] Jiang, M., Gao, X., Guan, Q., et al. The structural roles of sectors and their contributions to global carbon emissions: A complex network perspective [J]. *Journal of Cleaner Production*, 2019, 208 (1): 426 - 435. doi: 10.1016/j.jclepro.2018.10.127.

[16] Jiang, X., Chen, Q., Guan, D., et al. Revisiting the global net carbon dioxide emission transfers by international trade: The impact of trade heterogeneity of China [J]. *Journal of Industrial Ecology*, 2016, 20 (3): 506 - 514. doi: 10.1111/jiec.12404.

[17] Li, Y. L., Chen, B., Chen, G. Q. Carbon network embodied in international trade: Global structural evolution and its policy implications [J]. *Energy Policy*, 2020, 139: 111316. doi: 10.1016/j.enpol.2020.111316.

[18] Liu, Z., Mao, X., Song, P. GHGs and air pollutants embodied in China's international trade: Temporal and spatial index decomposition analysis [J]. *PloS one*, 2017, 12 (4): e0176089. doi: 10.1371/journal.pone.0176089.

[19] Meng, B., Wang, J., Andrew, R., et al. Spatial spillover effects in determining China's regional CO_2 emissions growth:

2007 - 2010 [J]. *Energy Economics*, 2017, 63: 161 - 173. doi: 10. 1016/j. eneco. 2017. 02. 001.

[20] Meng, B. , Xue, J. , Feng, K. , et al. China's inter-regional spillover of carbon emissions and domestic supply chains [J]. *Energy Policy*, 2013, 61: 1305 - 1321. doi: 10. 1016/j. enpol. 2013. 05. 108.

[21] Owusu, P. , Asumadu-Sarkodie, S. Is there a causal effect between agricultural production and carbon dioxide emissions in Ghana? [J]. *Environmental Engineering Research*, 2017, 22 (1): 40 - 54. doi: 10. 4491/eer. 2016. 092.

[22] Phuc Nguyen, C. , Schinckus, C. , Dinh Su, T. Economic integration and CO_2 emissions: Evidence from emerging economies [J]. *Climate and Development*, 2020, 12 (4): 369 - 384. doi: 10. 1080/17565529. 2019. 1630350.

[23] Pu, Z. N. , Yue, S. J. , Gao, P. The driving factors of China's embodied carbon emissions: A study from the perspectives of inter-provincial trade and international trade [J]. *Technological Forecasting and Social Change*, 2020, 153: 119930. doi: 10. 1016/j. techfore. 2020. 119930.

[24] Sun, L. , Qin, L. , Taghizadeh-Hesary, H. F. , et al. Analyzing carbon emission transfer network structure among provinces in China: New evidence from social network analysis [J]. *Environmental Science and Pollution Research*, 2020, 27 (18): 23281 - 23300. doi: 10. 1007/s11356 - 020 - 08911 - 0.

[25] Sun, L. , Wang, Q. , Zhou, P. , et al. Effects of carbon emission transfer on economic spillover and carbon emission reduction in China [J]. *Journal of Cleaner Production*, 2016, 112: 1432 - 1442. doi: 10. 1016/j. jclepro. 2014. 12. 083.

[26] Wang, S. , Wang, X. , Tang, Y. Drivers of carbon emission transfer in China-An analysis of international trade from 2004 to 2011 [J]. *Science of the Total Environment*, 2020, 709: 135924. doi: 10.1016/j. scitotenv. 2019. 135924.

[27] Wei, T. , Dong, W. , Moore, J. , et al. Quantitative estimation of the climatic effects of carbon transferred by international trade [J]. *Scientific Reports*, 2016, 6 (1): 1-7. doi: 10.1038/srep28046.

[28] Wood, R. , Grubb, M. , Anger-Kraavi, A. , et al. Beyond peak emission transfers: Historical impacts of globalization and future impacts of climate policies on international emission transfers [J]. *Climate Policy*, 2019, 20 (Sup1): S14-S27. doi: 10.1080/14693062. 2019. 1619507.

[29] Xiao, H. , Sun, K. J. , Bi, H. M. , et al. Changes in carbon intensity globally and in countries: Attribution and decomposition analysis [J]. *Applied Energy*, 2019, 235: 1492-1504. doi: 10.1016/j. apenergy. 2018. 09. 158.

[30] Xie, R. , Hu, G. , Zhang, Y. , et al. Provincial transfers of enabled carbon emissions in China: A supply-side perspective [J]. *Energy Policy*, 2017, 107 (8): 688-697. doi: 10.1016/j. enpol. 2017. 04. 021.

[31] Xu, J. , Zhang, M. , Zhou, M. , et al. An empirical study on the dynamic effect of regional industrial carbon transfer in China [J]. *Ecological Indicators*, 2017, 73 (2): 1-10. doi: 10.1016/j. ecolind. 2016. 09. 002.

[32] Yao, H. X. , Abban, O. J. , Dankyi Boadi, A. Foreign aid and economic growth: Do energy consumption, trade openness and CO_2 emissions matter? A DSUR heterogeneous evidence from Africa's trading blocs [J]. *PloS one*, 2021, 16 (6):

e0253457. doi: 10. 1371/journal. pone. 0253457.

[33] Zhang, Y. , Li, Y. , Hubacek, K. , et al. Analysis of CO_2 transfer processes involved in global trade based on ecological network analysis [J]. *Applied energy*, 2019, 233: 576 - 583. doi: 10. 1016/j. apenergy. 2018. 10. 051.

[34] Zhang, Z. , Guan, D. , Wang, R. , et al. Embodied carbon emissions in the supply chains of multinational enterprises [J]. *Nature Climate Change*, 2020, 10 (12): 1096 - 1101. doi: 10. 1038/s41558 - 020 - 0895 - 9.

[35] Zhong, Z. , Jiang, L. , Zhou, P. Transnational transfer of carbon emissions embodied in trade: Characteristics and determinants from a spatial perspective [J]. *Energy*, 2018a, 147: 858 - 875. doi: 10. 1016/j. energy. 2018a. 01. 008.

[36] Zhong, Z. Q. , Zhang, X. , He, L. Y. , et al. Regional carbon emissions transfer, embodied emissions in trade per unit of value of trade and regional cooperation: Empirical analysis from 30 provinces in China [J]. *Journal of International Trade*, 2018b, 6: 94 - 104. doi: 10. 13510/j. cnki. jit. 2018. 06. 008.

[37] Zhou, B. , Zhang, C. , Wang, Q. , et al. Does emission trading lead to carbon leakage in China? Direction and channel identifications [J]. *Renewable & Sustainable Energy Reviews*, 2020, 132: 110090. doi: 10. 1016/j. rser. 2020. 110090.

第六章　中国农业碳排放空间关联网络结构

　　学者们虽一致认为由于碳排放空间效应的存在,减排政策的实施必须在考虑地区碳关联和碳依赖的情况下进行多方合作才能达到更好的效果,但立足农业碳排放空间关联的研究仅占少数,且大都基于地理邻近关系或经济距离考察空间关联。Liu 等（2014）构建了空间杜宾模型,发现人口因素、经济因素和技术因素都会带来区域间碳排放的"溢出效应"和"反馈效应";Dong 等（2016）认为城镇化与能源消费结构的相关性会导致碳排放的区域关联,并提出周边地区应合作减排的关键;Marbuah 和 Amuakwa-Mensah（2017）将瑞典作为研究对象,发现由于相似的经济行为、更强的政策互动和更便利的交通,邻近地区间的碳排放更相关。随着我国区域协同发展战略的深入、农业经济发展模式的调整和三产融合步伐的加快,农业投入要素和农产品转移更密切和复杂,农业碳排放空间关联关系也已超越了地理位置关系,与经济关联更为密切,并突破了传统线性模式,呈现出复杂的网络结构特点。各地区在农业碳排放关联网络中扮演什么样的角色,农业碳排放如何在各区域主体间传递,都是值得研究的问题。本章在第五章研究的基础上,从"关系"角度进一步分析农业碳排放空间关联的形式和原因,为我国建立长期的、可持续的区

第六章　中国农业碳排放空间关联网络结构　195

域协同减排机制、最终实现整体高效减排奠定坚实的基础。

第一节　农业碳排放空间关联度的测算及分析

一　农业碳排放空间关联度的测算方法

1989 年，日本学者 Kaya（1989）提出利用以下公式来分析温室气体排放的影响因素：

$$CHG = \frac{CHG}{TOE} \times \frac{TOE}{GDP} \times \frac{GDP}{POP} \times POP \tag{6.1}$$

其中，CHG 代表温室气体排放量，TOE 是一次能源消耗量，GDP 是国内生产总值，POP 是人口规模。该模型认为影响温室气体排放的主要因素包括单位能源消耗排放量、单位能耗、人均国内生产总值和人口规模。

随后，Commoner（1992）于 1992 年提出用 IPAT 模型来分析环境承载力的影响因素。

$$I = P \times A \times T \tag{6.2}$$

式（6.2）中，I 为环境负荷，P 为人口规模，A 为人均国内生产总值，T 为单位产出的环境负荷。

从这两个经典的环境模型中可以看出，污染物的排放受三大因素的影响——技术、经济和人口。农业碳排放不仅受农业生产技术、农业经济发展水平和农业人口的影响，还受农业投入要素（如土地、能源、化肥、农药、农膜等）的影响。根据经济增长理论，农业经济发展水平受各种投入要素的影响，且以土地最为重要。因此，农业碳排放的影响因素可以概括为农业劳动力、农业经济发展水平、农业生产技术和农地使用量。基于这些影响因素，笔者采用修正引力模型测算农业碳排放的空间关联，空间关联矩阵如下：

$$\begin{bmatrix} y_{11} & y_{12} & \cdots & y_{1n} \\ y_{21} & y_{22} & \cdots & y_{2n} \\ \vdots & \vdots & \ddots & \vdots \\ y_{n1} & y_{n2} & \cdots & y_{nn} \end{bmatrix} \tag{6.3}$$

其中，y_{ij} 表示地区 i 和地区 j 农业碳排放的关联度，测算公式如下：

$$y_{ij} = k \frac{\sqrt[4]{P_i G_i T_i A_i} \sqrt[4]{P_j G_j T_j A_j}}{D_{ij}^2} \tag{6.4}$$

其中，P_i、G_i、T_i、A_i、P_j、G_j、T_j、A_j 分别为地区 i 和地区 j 的农业劳动力规模、人均农业增加值、农业碳排放强度和耕地总面积，D_{ij}^2 为地区 i 和 j 省会城市球面距离的平方，k 为经验系数。经验系数用来调整地区间农业碳依赖程度，根据地区间农业碳转移量测算，公式如下：

$$k_{ij} = \frac{c_{ji}}{c_{ji} + c_{ij}} \tag{6.5}$$

其中，k_{ij} 为地区 i 对地区 j 的农业碳依赖经验系数，c_{ji} 为地区 i 调入地区 j 的农产品所转移的碳排放量，c_{ij} 为地区 j 调入地区 i 的农产品所转移的碳排放量。碳转移量 c 由区域间农产品转移额（刘卫东等，2018）与各地区农业碳排放强度相乘可得。

二 农业碳排放关联网络整体特征的刻画指标

利用网络密度、网络关联度、网络等级度和网络效率反映各省区市农业碳排放的关联程度、变化趋势,以及关联关系的稳定程度。利用网络密度、网络关联度反映各省区市农业碳关联关系的紧密程度,利用网络等级度反映网络成员地位的不平等程度,利用网络效率反映网络的稳健性和脆弱性。各指标的取值范围均在 0 和 1 之间,各指标的计算公式见表 6.1。

表 6.1 网络特征的刻画指标

指标	公式	内涵
网络密度	$\dfrac{l}{n(n-1)}$	l 表示网络中实际存在的关系数 n 表示网络节点的数量
网络关联度	$1-\dfrac{v}{n(n-1)}$	v 表示彼此不直接或间接相连的节点数 n 表示网络节点的数量
网络效率	$1-\dfrac{M}{\max(M)}$	M 表示网络中冗余关系数 $\max(M)$ 表示网络中冗余关系的最大数量
网络等级度	$1-\dfrac{K}{\max(K)}$	K 表示网络中对称可达点的数量 $\max(K)$ 表示网络中对称可达点的最大数量

三 农业碳排放空间关联网络结构和特征分析

从图 6.1 来看,2009～2018 年农业碳排放关联网络密度保持在 0.19 以上,凝聚力指数保持在 0.42 以上,进一步验证了农业碳排放存在空间溢出,各省区市间存在农业碳排放间的互动。但网络密度和凝聚力指数都有略微降低的趋势,网络密度由 2009 年的 0.1956 下降到 2018 年的 0.1924,凝聚力指数由 2009 年的 0.4238 下降到 2017 年的 0.4220。

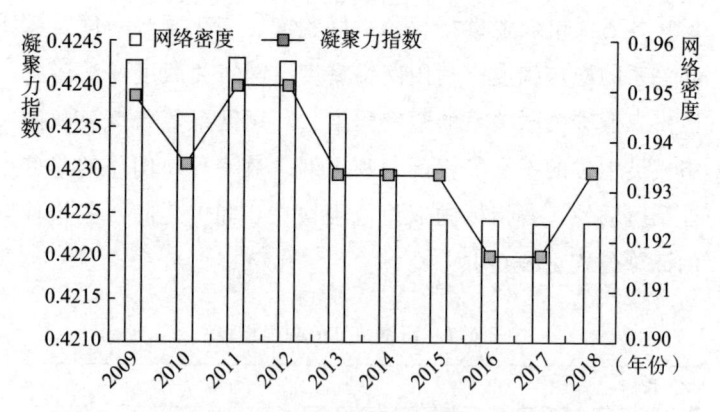

图 6.1 2009~2018 年农业碳排放关联网络密度及凝聚力指数

从图 6.2 来看，网络关联度保持在 0.57 左右，农业碳排放空间关联明显；网络效率较高，为 0.53 左右，说明关联网络中冗余连接较多，网络的整体稳定性较强；网络等级度在 0.97 左右，意味着农业碳排放关联网络中各省区市的地位不平等性较强，排放的区域外溢"等级严格"，部分地区处于主导地位，而其他地区处于跟随地位。

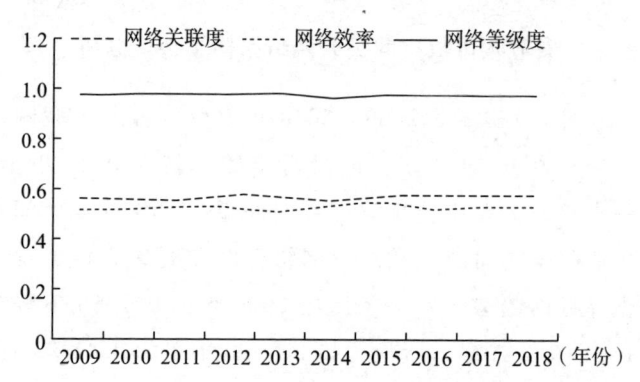

图 6.2 2009~2018 年农业碳排放关联网络整体特征

第二节 各省区市在农业碳排放关联网络中的重要性分析

一 重要性的测度方法

由于各省区市农业碳排放关联网络"等级森严",网络中各节点的重要性不同,笔者同时采用中心性分析和声望分析来寻找农业碳排放关联网络中最"重要"的省区市。中心性强调地区作为碳依赖者的重要性,包括度数中心性、中间中心性和接近中心性,分别测度地区在碳排放关联网络中的活跃性、独立性和控制能力。声望强调地区作为碳被依赖者的重要性,包括度数声望和邻近声望。度数声望衡量直接碳依赖,邻近声望兼顾直接和间接碳依赖。

1. 中心性分析

(1) 度数中心势和度数中心性

度数中心势和度数中心性依据网络节点在网络中的活跃程度来衡量节点的重要性,越活跃的节点重要性越强。公式如下:

$$C_{RD} = \frac{\sum_{i=1}^{n}(C_{rdmax} - C_{rdi})}{n-2} \quad (6.6)$$

$$C_{rd} = (a+b)/2(n-1) \quad (6.7)$$

其中,C_{RD}为度数中心势,C_{rd}为度数中心性,C_{rdmax}表示相对度数中心性的最大值,C_{rdi}表示地区i的度数中心性,n为地区数量。a和b分别为某地区的点入度和点出度,点入度和点出度都只考虑与地区i有直接关系的地区数量，不考虑间接关系。

（2）中间中心势和中间中心性

中间中心势和中间中心性依据网络节点在网络中的控制力大小来衡量其重要性，控制力越强，具有中介作用的节点越重要。公式如下：

$$C_B = \frac{\sum_{i=1}^{n}(C_{B\max} - C_{Bi})}{N-1} \tag{6.8}$$

$$C_{Bi} = \frac{2\sum_{j=1}^{n}\sum_{k=1}^{n}b_{jk}(i)}{N^2 - 3N + 2} \tag{6.9}$$

$$b_{jk}(i) = \frac{g_{jk}(i)}{g_{jk}} \tag{6.10}$$

其中，C_B 表示中间中心势；$C_{B\max}$ 为相对中间中心度的最大值；C_{Bi} 为地区 i 的相对中间中心度，表示中间中心性；j 不等于 k，且不等于 i，并且 $j<k$；$g_{jk}(i)$ 为地区 j 和 k 之间存在的经过 i 的路径的数目，$b_{jk}(i)$ 为地区 i 控制地区 j 和 k 关联的能力，N 为地区个数。

（3）接近中心性

接近中心性依据网络节点在网络中的独立性来衡量其重要性，越独立的节点，越不容易受到其他节点的干扰，也就越重要。公式如下：

$$C_{rpi} = \frac{n-1}{\sum_{j=1}^{n}d_{ij}} \tag{6.11}$$

其中，C_{rpi} 表示接近中心性，d_{ij} 是地区 i 和地区 j 之间的测地线距离，n 为地区数。

2. 声望分析

（1）相对度数声望

相对度数声望是一种比较直接测度网络中节点被其他节点依赖程度的声望指标，只考虑了网络节点间的直接依赖关系，公式如下：

$$P_{di} = \frac{x_i}{n-1} \qquad (6.12)$$

其中，x_i 表示网络节点 i 的度数中心性（点入度），n 表示网络中节点的数量。

（2）邻近声望

邻近声望不仅衡量了网络中某节点被其他节点直接依赖的程度，还考虑了其他节点的间接依赖程度，能够较全面地衡量节点的重要性。

$$P_{pi} = \frac{I_i/(n-1)}{[\sum_{j=1}^{n} d(n_j, n_i)]/I_i} \qquad (6.13)$$

其中，I_i 表示行动者 i 影响范围内的行动者数量，$d(n_j, n_i)$ 表示从点 j 到点 i 的测地线长度。

3. 块模型

为进一步对网络节点的角色和地位进行分析，找到行动者组合，简化农业碳排放关联网络，分析农业碳排放的区域传递特征，利用迭代相关收敛法构建块模型将我国各省区市分为不同的功能块。评价标准参照 Stanley 和 Katherine（1994）的研究，并根据我国实际情况进行调整，如表 6.2 所示。

表 6.2 内部关系评价标准

位置内部的关系比例	位置接受的关系比例	
	≈0	>0
≥$(gk-1)/(g-1)$	孤立者	初级者
<$(gk-1)/(g-1)$	依赖者	中介者

注：$(gk-1)/(g-1)$ 表示一个角色总关系的期望比，gk 表示功能块内成员数量，g 表示网络中总成员数量。

孤立者不会受到关联网络中其他参与者的影响，也不会过多影响其他人，他们的农业碳排放相对独立；依赖者受块外成员的影响比块内成员的影响更大，他们较少影响其他人，对块外成员的农业碳排放较为依赖；中介者充当网络中的桥梁，其农业碳排放既受到其他成员的影响，又影响其他成员的碳排放；初级者对块内成员的农业碳排放有显著影响，同时也会影响块外成员的碳排放。

二 重要性分析

1. 中心性分析

从表 6.3 可以看出，2009～2018 年度数中心势从 30.99% 上升到 32.87%，表明网络中各省区市的农业碳排放关联关系随时间推移更为密切；中间中心势从 22.52% 下降到 17.95%，表明随着我国交通物流网络的不断发展，区域间往来更为便捷，作为网络中介和桥梁的区域数量有所减少，省际农业碳排放的直接相关性增强。

第六章 中国农业碳排放空间关联网络结构

表6.3 2009年和2018年中心性分析

单位：%

中心势	2009年	2018年
度数中心势	30.99	32.87
中间中心势	22.52	17.95

从图6.3度数中心性关联网络结构来看，位于长江中游的湖北、湖南和江西一直处于网络的中心，与网络中的其他地区相比，其农业碳排放关系最为活跃。这些地区的排放受其他地区的影响，并影响其他地区的排放。长江中游平原地区历来是我国农业生产的集中地，是连接东西、贯通南北的重要枢纽，其在网络中的参与度相对较高。黄河中游的陕西在网络中的活跃程度也较高，其与西部各省、中部各省的农业碳排放关联较多。而东北的吉林、辽宁、黑龙江则一直处于网络边缘，农业碳排放相对独立。随着时间的推移，河北在网络中的活跃度增加，而广东和河南的活跃度略微降低。河北作为北部沿海的重要省份，与北方省区市、中部省区市的碳排放关系密切，其重要性明显提升。

从图6.4中间中心性关联网络结构可见，河北、湖北、辽宁和陕西对农业碳排放关联网络的控制力最强，承担起中间人的角色，这些地区农业碳排放的联系更为密切。河北是连接北部沿海与其他地区的重要枢纽；辽宁是连接东北三省与其他地区的中心点；陕西和湖北是中国东部、中部、西部地区的重要纽带。湖北和陕西对碳排放关联网络的控制力随着时间的推移而增强；而河北的控制力有所减弱；与此同时，山东、河南、湖南的重要性也开始逐渐显现。

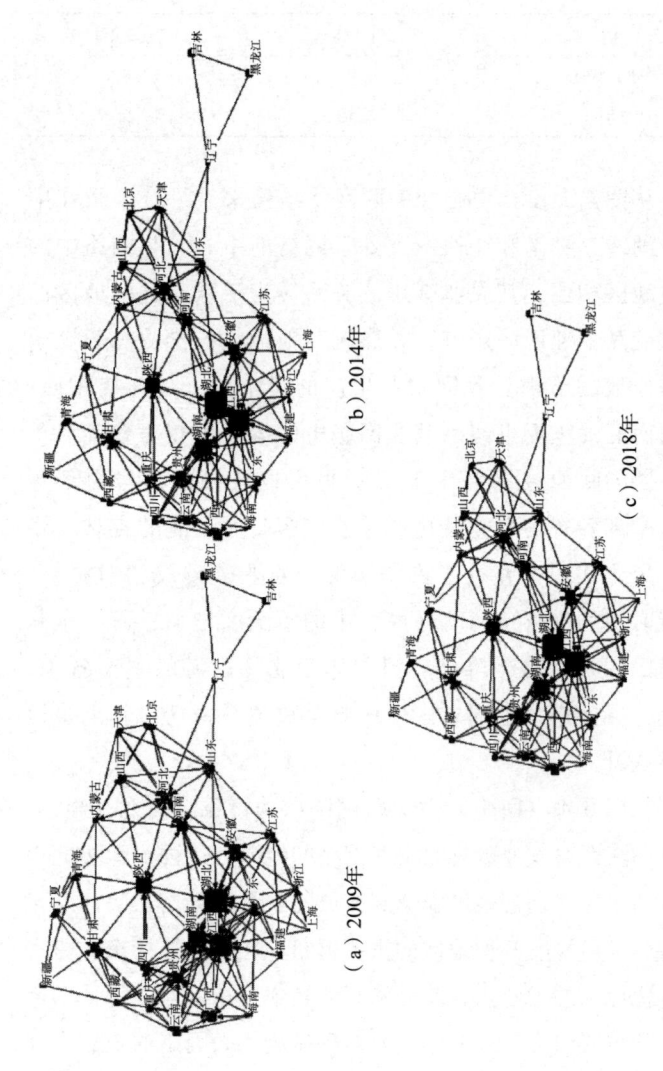

图 6.3 农业碳排放的度数中心性关联网络结构

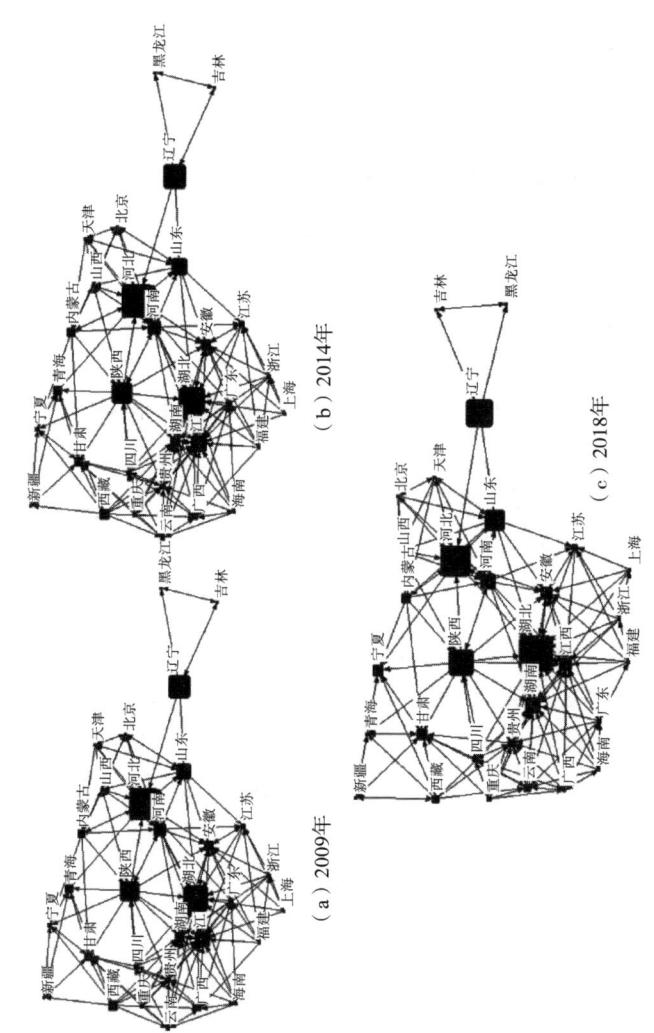

图6.4 农业碳排放的接近中心性关联网络结构

从图 6.5 接近中心性关联网络结构来看，黑龙江、吉林和新疆在网络中的独立性最强，其次是辽宁、宁夏。一方面，这些地区距离我国中心平原地区较远；另一方面，它们区域范围广且人口相对稀少，使其农业碳排放与其他省区市的关联关系相对较弱。北京、天津和上海等发达城市在农业碳排放关联网络中也较为独立，这些地区以第三产业发展为主，农业占比较低，对其他地区的农业碳依赖，或者其他地区对它们的农业碳依赖都较小。山西作为我国重要的煤炭主产区，其农业碳排放的独立性随时间推移明显减弱。

总的来看，中国各省区市在农业碳排放相关网络中的重要性不同。长江中游地区在关联网络中较为活跃，与其他省份有着广泛的联系；具有地理优势的省区市充当了关联网络中的桥梁和中介；东北三省和发达地区在关联网络中相对独立。

2. 地区重要性的空间分布格局

为把握各省区市在农业碳排放关联网络中重要性差异的区域分布特点，根据国务院发展研究中心划分标准将各省区市分为八大经济区[①]，基于各地中心性和声望的差异总结各地特点，并利用加权平均思想，将中心性和声望整合成"重要性指数"，得到中国各省区市重要性的区域分布。

[①] 八大经济区：东北地区包括吉林、辽宁、黑龙江；北部沿海包括北京、天津、山东、河北；东部沿海包括上海、江苏、浙江；南部沿海包括广东、福建、海南；长江中游包括湖北、湖南、江西、安徽；黄河中游包括陕西、山西、河南、内蒙古；西北地区包括甘肃、青海、宁夏、西藏、新疆；西南地区包括云南、贵州、四川、重庆、广西。

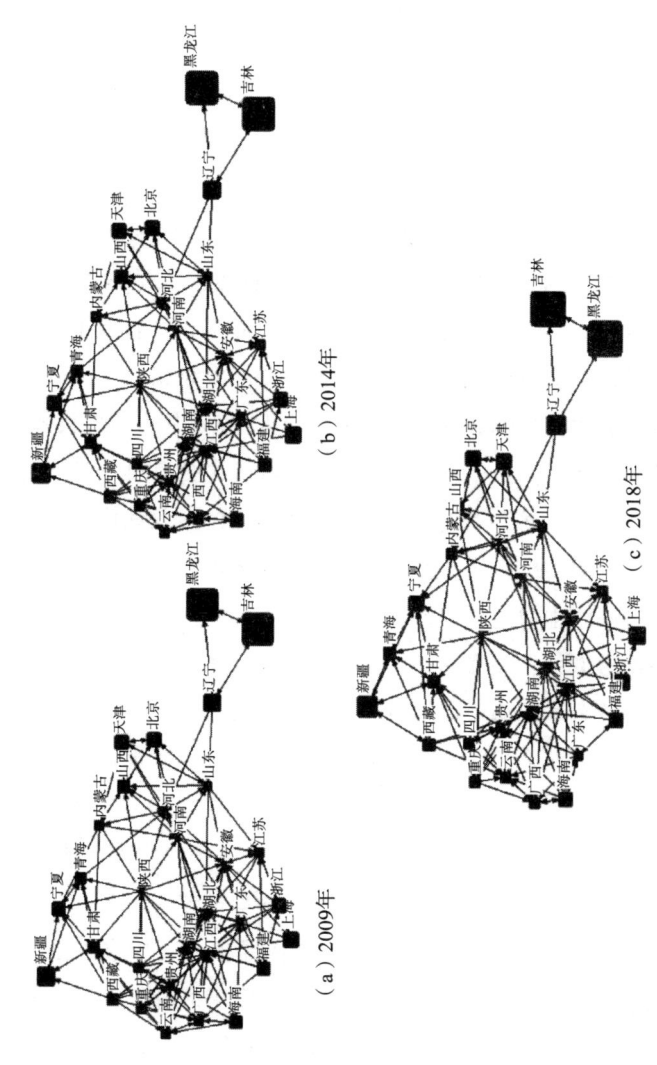

图 6.5 农业碳排放的接近中心性关联网络结构

从表6.4可见，长江中游、黄河中游和西南地区相对中间中心性、相对度数声望和邻近声望均排名靠前，在农业碳排放关联网络中较活跃，也对关联网络有较强的控制力，且被多数地区直接或间接依赖和选择，处于网络最核心和最重要的地位。这三个经济区都是我国农业生产集中地和资源禀赋较为丰富的地区，在全国农业生产链中均处于较为核心的地位。西北地区相对中间中心性和相对度数声望较高，对关联网络控制力较强，且被多数地区直接依赖和选择，西北地区分布着我国较多的牧场，畜牧业生产优势明显，且畜牧产品区域转移频繁。北部沿海相对点出度和相对度数声望较高，在农业碳排放关联网络中活动力较强，也被多数地区直接依赖和选择，该地区既包括以第三产业为主的北京和天津，也包括农业增加值较高的河北和山东，在网络中的参与度较高。所以，西北和北部沿海处于农业碳排放关联网络中次重要的位置。南部沿海相对点出度较高，但声望均很低，在关联网络中活动力较强；东部沿海在整个农业碳排放关联网络中活动力、控制力和独立性都较弱，声望也较低，这两个地区均不以农业生产为主，对其他地区的农业依赖性较强。东北地区相对外接近中心性较高，在整个网络中相对独立，不太容易受其他地区碳关联的影响。所以，南部沿海、东北和东部沿海处于不太重要的位置。

从表6.5重要性指数区域分布格局来看，中国农业碳排放关联网络中中部地区最为重要。长江中游的湖南、湖北，黄河中游的陕西、河南，北部沿海的河北，以及西南的贵州六省的重要性指数一直排在前25%。从地理上看，这些省份是重要的枢纽和中转站；从农业发展来看，河北、河南、湖北、湖南都是粮食大省，农产品种类繁多，并销往全国。吉林、黑龙江、青海、宁夏、天津、上海、北京由于缺乏农业发展优势，其重要性一直排在后25%。随着时间的演变，31个省区市中有74%的省份重要性指数有所上升，西北和西南地区的重要性指数上升明显。

表6.4　农业碳排放关联网络中八大经济区的重要性分析

单位：%

经济区	相对点出度	相对外接近中心性	相对中间中心性	相对度数声望	邻近声望	重要性特征
长江中游	13.5	15.8	7.5	0.47	0.23	控制力强；被多地直接、间接依赖
黄河中游	27.3	18.5	7.3	0.19	0.08	活动力和控制力强；被多地直接、间接依赖
西南	26.2	18.3	9.4	0.18	0.08	
西北	18.8	16.1	7.1	0.16	0.03	控制力强；被多地直接依赖
北部沿海	24.7	18.2	5.9	0.16	0.06	活动力强；被多地直接依赖
南部沿海	25.6	17.2	2.8	0.07	0.03	活动力强；不重要
东北	8.7	27.1	3.1	0.05	0.00	独立性强；不重要
东部沿海	17.8	15.1	4.5	0.10	0.03	不重要

注：声望和中心性均为年平均值。

表6.5　2009年和2018年中国31个省区市重要性指数分布

	2009年	2018年
排名前25%	北部沿海：河北 长江中游：湖北、江西、湖南 黄河中游：陕西、河南 西南：贵州、广西	东北：辽宁 北部沿海：河北 长江中游：湖北、湖南、安徽 黄河中游：陕西、河南 西南：贵州、四川

续表

	2009 年	2018 年
排名 中间 50%	东北：辽宁 东部沿海：浙江 南部沿海：福建、广东、海南 北部沿海：山东 黄河中游：内蒙古、山西 长江中游：安徽 西南：四川、重庆 西北：西藏、甘肃	东部沿海：浙江、江苏 南部沿海：广东、海南、福建 北部沿海：山东 黄河中游：内蒙古、山西 长江中游：江西 西南：云南、重庆、广西 西北：新疆、西藏、甘肃
排名 后 25%	东北：黑龙江、吉林 北部沿海：天津、北京 东部沿海：江苏、上海 西北：新疆、青海、宁夏 西南：云南	东北：黑龙江、吉林 北部沿海：天津、北京 东部沿海：上海 西北：青海、宁夏

3. 角色和地位分析

为展示农业碳排放关联网络的关联模式，以社会关系矩阵为基础，根据各区域的结构对等性，将各省区市划分为不同的角色，因此，整个农业碳排放关联网络被视为一个相互关联的角色系统。表 6.6 清晰展示了农业碳排放关联网络的整体结构。

中国农业碳排放关联网络可分为八个板块。2009 年，板块一主要包括北部沿海两省两市，黄河中游的山西、内蒙古；板块二由黄河中游的河南和陕西组成；板块三为东北三省；板块四为西北的新疆、青海、宁夏；板块五为东部沿海两省一市，以及南部沿海的福建；板块六为长江中游的湖南、江西、湖北、安徽；板块七主要分布在西南的云南、重庆、广西、贵州、四川，以及南部沿海的广东、海南；板块八为西北的西藏和甘肃。到 2018 年，除板块

五、板块六无调整外，其余所有板块的省区市均有所变化，板块二和板块四包含的省份数量大幅增加。除北京和天津外，板块一的北部沿海两省均转移到板块二，黄河中游的内蒙古、山西从板块一转移到板块二，板块三仍集中在东北，板块四仍涵盖大量西北省区，四川、重庆从板块七移至板块八。区块调整与我国的农业布局和区域经济发展密切相关。河北、山西、陕西、内蒙古是农牧业发展交错的重点地区。这些省区于2018年并入板块二。四川、西藏、甘肃、青海、新疆是中国草原生态区，农业发展模式为农牧互补。成渝经济区的建立和不断发展，使川渝经济联通，川渝迁至板块八。

表6.6 2009年和2018年中国农业碳排放关联网络结构

板块	2009年	2018年
板块一	北部沿海：河北、山东、北京、天津 黄河中游：内蒙古、山西	东北：辽宁 北部沿海：北京、天津
板块二	黄河中游：河南、陕西	黄河中游：河南、陕西、内蒙古、山西 北部沿海：河北、山东
板块三	东北：黑龙江、吉林、辽宁	东北：黑龙江、吉林
板块四	西北：新疆、青海、宁夏	西北：新疆、青海、宁夏、甘肃
板块五	东部沿海：浙江、江苏、上海 南部沿海：福建	东部沿海：浙江、江苏、上海 南部沿海：福建
板块六	长江中游：湖南、江西、湖北、安徽	长江中游：湖南、江西、湖北、安徽
板块七	西南：云南、重庆、广西、贵州、四川 南部沿海：广东、海南	西南：云南、广西、贵州 南部沿海：广东、海南

续表

板块	2009 年	2018 年
板块八	西北：西藏、甘肃	西南：四川、重庆 西北：西藏

以 2018 年农业碳排放关联网络中各板块关系为研究重点，考察块间和块内关联以确定每个板块在网络中的角色和地位，结果如表 6.7 所示。

整体来看，农业碳排放关联网络中的关系总数为 358 个，其中，块间关系数为 204 个，块内关系数为 154 个，块间关系总数远大于块内关系总数，说明八大板块在农业碳排放关联网络中扮演着不同的角色，农业碳排放的区域间溢出效应明显。并且板块二、板块六和板块七块间关系数明显高于其他板块，占到块间关系总数的 60%。

从板块地位来看，板块三关系总数为 7 个，块间关系数仅为 3 个，实际内部关系比大于期望内部关系比，块内网络密度为 1。这说明板块三在农业碳排放关联网络中既不容易受到其他板块的影响，也较少影响其他板块，并且板块内的碳依赖关系更加活跃，处于孤立者地位，由于距离偏远，在碳排放关联网络中的重要性排名较靠后。

板块一和板块八的关系总数分别为 22 个和 30 个，块间关系比块内关系多，实际内部关系比小于期望内部关系比，且块内密度在八个板块中排名最后，在农业碳排放关联网络中处于依赖者的角色，对块外成员的碳依赖多于对块内成员的碳依赖，且不太被块外成员依赖。两板块内各省区市的点出度都明显高于点入度，且重要性在碳排放关联网络中处于中下水平。

表 6.7 农业碳排放关联网络中的板块关联情况

板块	接受关系数（个）块内	接受关系数（个）块间	发出关系数（个）块内	发出关系数（个）块间	板块成员数（个）	块内关系数（个）	块间关系数（个）	块内密度	期望内部关系比（%）	实际内部关系比（%）	板块特征
板块一	2	4	2	14	3	4	18	0.33	0.07	0.04	依赖者
板块二	24	14	24	25	6	48	39	0.80	0.17	0.27	初级者
板块三	2	2	2	1	2	4	3	1.00	0.03	0.07	孤立者
板块四	11	14	11	1	4	22	15	0.92	0.10	0.18	初级者
板块五	8	4	8	15	4	16	19	0.67	0.10	0.13	初级者
板块六	12	47	12	3	4	24	50	1.00	0.10	0.10	初级者
板块七	16	12	16	22	5	32	34	0.80	0.13	0.21	初级者
板块八	2	5	2	21	3	4	26	0.33	0.07	0.04	初级者
总计	77	102	77	102	31	154	204				

注：表中数字均为 2009～2018 年的年平均数。

根据表 6.7，板块二、四、五、六、七 5 个板块符合初级者地位，但是仅根据实际内部关系和期望内部关系判断太粗略，而它们各自又有不同的特点，所以下面分别根据其特点又将其进一步划分为影响者、依赖者和中介者。

板块四和板块六被视为影响者，特征是块间接受的关系数远大于发出的关系数，说明其被较多的块外成员依赖，两板块包含了长江中游地区和西北地区省区市，长江中游地区是我国重要的农业集中地，规模大，品种多；而西北地区能源资源丰富，农业生产投入要素和产出的地区间转移使其在农业碳排放关联网络中扮演着影响者角色。

板块五的期望内部关系比小于实际内部关系比，板块内部的关系相对活跃，且板块间的关系也较多，说明板块五对块外成员有较强依赖，也很容易受到其他板块的影响，因此，板块五被定义为依赖者。

板块二和板块七是中介者，这两个板块与其他板块之间存在较多的接受和发出关系，说明这两个板块对农业碳排放关联网络具有较强的控制力，充当整个网络的中介枢纽。表 6.8 详细展现了两个板块的中介作用。

表 6.8 板块二和板块七发出和接受关系数的详情

板块	接受关系	发出关系
板块二（山西、内蒙古、河北、山东、河南、陕西）	板块一（12）、板块八（2）	板块一（3）、板块四（6）、板块五（2）、板块六（12）、板块七（1）、板块八（1）

续表

板块	接受关系	发出关系
板块七（广东、云南、广西、海南、贵州）	板块二（1）、板块五（1）、板块六（2）、板块八（8）	板块四（2）、板块五（1）、板块六（16）、板块八（3）

注：括号中为关系数。

从表6.8可见，板块二包含了北部沿海和黄河中游的大量地区，主要接受来自板块一北京、天津和辽宁的关系，而发出的关系主要面向长江中游和西北地区；板块七包含了部分南部沿海和西南地区，主要接受来自板块八西部地区的关系，而发出的关系包括中部和东部大量地区。可见，板块二和板块七虽然都起中介作用，但连接对象有所不同，板块二主要连接北部和中、西部地区，而板块七主要连接西部和中部地区，它们在碳排放关联网络中的作用有所差异。最终，农业碳排放关联网络可简化为图6.6。

从图6.6可见，农业碳排放关联网络中的依赖者主要集中在沿海发达地区和少数西部地区；影响者主要分布在长江中游和西北地区，这些地区是我国的农业主产区，并且农业资源丰富；中介者较为分散，起到连接东西、贯通南北的作用。

第三节 农业碳排放区域关联原因的非参数 QAP 回归

一 方法介绍和矩阵建立

农业碳排放的空间相关性与农业投入要素的空间相关

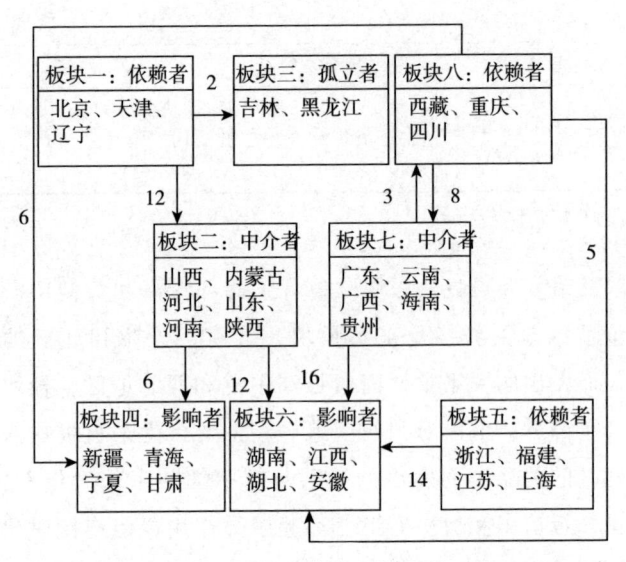

```
            ┌─────────────┐  2  ┌─────────────┐  ┌─────────────┐
            │板块一:依赖者│────→│板块三:孤立者│  │板块八:依赖者│
            │北京、天津、 │     │吉林、黑龙江 │  │西藏、重庆、 │
            │辽宁         │     │             │  │四川         │
            └─────────────┘     └─────────────┘  └─────────────┘
               │      12↓             3↑      8↕
               │      ┌─────────────┐  ┌─────────────┐
              6│      │板块二:中介者│  │板块七:中介者│         5
               │      │山西、内蒙古 │  │广东、云南、 │
               │      │河北、山东、 │  │广西、海南、 │
               │      │河南、陕西   │  │贵州         │
               │      └─────────────┘  └─────────────┘
               │       6↓  12↓  16↓
               ↓      ┌─────────────┐  ┌─────────────┐
            ┌─────────┐│板块六:影响者│←─│板块五:依赖者│
            │板块四:影响者│湖南、江西、│  │浙江、福建、 │
            │新疆、青海、│湖北、安徽  │  │江苏、上海   │
            │宁夏、甘肃  │            │14│             │
            └─────────────┘└─────────┘  └─────────────┘
```

图 6.6　农业碳排放关联网络中八大板块角色及关联关系

注:图中数字指两板块间的关系数。

性有关,所以,我们利用基于"关系"数据的 QAP 回归 (Quadratic Assignment Procedure,二次指派程序)来分析农业碳排放空间相关的原因。因变量是农业碳排放的空间相关矩阵,使用修正引力模型计算得到,自变量包括空间地理关系矩阵、技术差异矩阵、农业产业结构相似矩阵、农业能源结构相似矩阵、农产品区域转移矩阵、跨区域农业龙头企业数量矩阵。各矩阵定义如下。

1. 空间地理关系矩阵(X)

根据地理学第一定律,任何事物都是与其他事物相关的,只不过相近的事物关联更紧密,所以,首先考虑的影响因素即是地理距离。随着我国交通网络的不断发展,区域间的距离不断缩小,由于两地间交通的便利性可以更好

地反映区域之间的空间距离,所以采用两地铁路运行时间来衡量空间地理关系。矩阵如下:

$$\begin{bmatrix} x_{11} & x_{12} & \cdots & x_{1n} \\ x_{21} & x_{22} & \cdots & x_{2n} \\ \vdots & \vdots & \ddots & \vdots \\ x_{n1} & x_{n2} & \cdots & x_{nn} \end{bmatrix} \quad (6.14)$$

其中,x_{ij}表示区域i和区域j之间的铁路运行时间。

2. 技术差异矩阵(A)

技术存在显著的空间溢出效应,并引起区域碳关联(Guo and Fan,2017;何艳秋等,2022),因此,将技术差异矩阵作为第二个影响因素来分析技术溢出对农业碳排放区域相关性的影响。技术水平以农业碳生产率(农业附加值/农业温室气体排放量)来表示。矩阵如下:

$$\begin{bmatrix} a_{11} & a_{12} & \cdots & a_{1n} \\ a_{21} & a_{22} & \cdots & a_{2n} \\ \vdots & \vdots & \ddots & \vdots \\ a_{n1} & a_{n2} & \cdots & a_{nn} \end{bmatrix} \quad (6.15)$$

其中,a_{ij}代表区域i和区域j农业碳生产率之间的差值。

3. 农业产业结构相似矩阵(S)

产业集聚通过规模经济和产业协同发展影响区域间的碳关联,还会通过学习效应、竞争效应和生产要素的共享加强区域间的碳关联,区域产业结构的分化程度会影响区域的碳减排合作(苗建军等,2020)。因此,将区域农业产业结构之间的相似性作为碳关联的重要影响因素。矩阵如下:

$$\begin{bmatrix} s_{11} & s_{12} & \cdots & s_{1n} \\ s_{21} & s_{22} & \cdots & s_{2n} \\ \vdots & \vdots & \ddots & \vdots \\ s_{n1} & s_{n2} & \cdots & s_{nn} \end{bmatrix} \qquad (6.16)$$

其中，s_{ij} 表示区域 i 和区域 j 的农业产业结构相似度，使用式（6.17）计算得出：

$$s_{kl} = \frac{\sum_{j=1}^{n} s_{kj} s_{lj}}{\sqrt{\sum_{j=1}^{n} s_{kj}^2 \sum_{j=1}^{n} s_{lj}^2}} \qquad (6.17)$$

其中，s_{kj} 和 s_{lj} 分别表示产业 j 在地区 k 和地区 l 的农业总产值中的比重，n 为农业子行业的个数。

4. 农业能源结构相似矩阵（N）

化石能源燃烧是产生碳排放的主要原因之一（Sarkodie and Strezov, 2019），因此，有必要研究不同地区能源消费结构的相似性是否会导致区域间碳排放相关。矩阵如下：

$$\begin{bmatrix} n_{11} & n_{12} & \cdots & n_{1n} \\ n_{21} & n_{22} & \cdots & n_{2n} \\ \vdots & \vdots & \ddots & \vdots \\ n_{n1} & n_{n2} & \cdots & n_{nn} \end{bmatrix} \qquad (6.18)$$

其中，n_{ij} 表示区域 i 和区域 j 农业能源结构的相似度，计算公式如下：

$$n_{kl} = \frac{\sum_{j=1}^{n} n_{kj} n_{lj}}{\sqrt{\sum_{j=1}^{n} n_{kj}^2 \sum_{j=1}^{n} n_{lj}^2}} \qquad (6.19)$$

其中，n_{kj} 和 n_{lj} 分别是区域 k 和区域 l 第 j 种能源消耗的比例，n 是农业消耗的能源种类数。

5. 农产品区域转移矩阵（E）

商品的跨区域流动导致碳排放的跨区域流入和流出（邓荣荣、杨国华，2018）。因此，农产品的区域间转移被认为是一个重要的影响因素，矩阵如下：

$$\begin{bmatrix} e_{11} & e_{12} & \cdots & e_{1n} \\ e_{21} & e_{22} & \cdots & e_{2n} \\ \vdots & \vdots & \ddots & \vdots \\ e_{n1} & e_{n2} & \cdots & e_{nn} \end{bmatrix} \quad (6.20)$$

其中，e_{ij} 表示区域 i 和区域 j 之间转移的农产品数量，数据来自中国省级的多区域投入产出表（Liu et al.，2014）。

6. 跨区域农业龙头企业数量矩阵（M）

跨区域的企业在生产、销售等各个环节中既分享生产率提高和碳减排的经验，也会形成较为频繁的投入、产出流动，因此，它们在区域协同减排中发挥着重要作用，也是引起区域碳关联的重要因素。矩阵如下：

$$\begin{bmatrix} m_{11} & m_{12} & \cdots & m_{1n} \\ m_{21} & m_{22} & \cdots & m_{2n} \\ \vdots & \vdots & \ddots & \vdots \\ m_{n1} & m_{n2} & \cdots & m_{nn} \end{bmatrix} \quad (6.21)$$

其中，m_{ij} 表示区域 i 和区域 j 中存在的跨区域农业龙头企业数量，其数据是通过 Wind 数据库手动收集的。

二 结果分析

1. 全样本回归

从表 6.9 可见，各个影响因素对农业碳排放空间相关性的综合解释能力约为55%，并在1%的显著性水平下通过了检验，表明农业碳排放的空间相关性受地理关联、经济关联和技术关联的影响。

空间地理关系矩阵（X）是一个地理因素。空间地理关系矩阵的估计系数为负，表明随着两个地区之间铁路运行所需时间的减少，农业碳排放的关联将增强。除能源结构相似矩阵（N）外，跨区域农业龙头企业数量矩阵（M）、农业产业结构相似矩阵（S）、农产品区域转移矩阵（E）等经济因素的估计结果均显著为正。这表明跨区域农业龙头企业数量越多，农业产业结构越相似，农产品转移越频繁，区域间农业碳排放之间的关系就越密切。2009~2018年农业能源消耗产生的碳排放占农业碳排放总量的平均比重为14.5%，相对其他农业排放源较低，所以，能源结构相似矩阵的系数估计结果不显著。技术差异矩阵（A）的系数为负，表明区域间农业技术水平越接近，农业碳排放的相关性越强。

总体来看，跨区域龙头企业数量对农业碳排放区域相关性的影响最大，其次是地理距离，这表明缩短区域间的地理距离，加强农业企业间的合作可以增加区域的协同减排程度，实现合作减排。

2. 分组回归

为了进一步分析农业碳排放关联网络中不同角色内部间关联的原因差异，将样本分为中介者、依赖者和影响者，进行分组QAP回归，结果如表6.10所示。

表 6.9 全样本 QAP 回归结果

年份	地理关联 X	经济关联 M	经济关联 S	经济关联 E	经济关联 N	技术关联 A	R²
2009	-0.24*** (0.00)	0.25*** (0.00)	0.15*** (0.00)	0.07** (0.03)	0.03 (0.11)	-0.09** (0.02)	0.560*** (0.00)
2010	-0.25*** (0.00)	0.25*** (0.00)	0.14*** (0.00)	0.07** (0.03)	0.03 (0.12)	-0.08** (0.02)	0.561*** (0.00)
2011	-0.24*** (0.00)	0.25*** (0.00)	0.07* (0.06)	0.08** (0.02)	0.03 (0.14)	-0.08* (0.02)	0.555*** (0.00)
2012	-0.24*** (0.00)	0.25*** (0.00)	0.15*** (0.00)	0.07** (0.03)	0.03 (0.12)	-0.07* (0.01)	0.557*** (0.00)
2013	-0.24*** (0.00)	0.24*** (0.00)	0.13*** (0.00)	0.07** (0.03)	0.03 (0.12)	-0.07* (0.01)	0.553*** (0.00)
2014	-0.24*** (0.00)	0.24*** (0.00)	0.12*** (0.00)	0.08** (0.03)	0.04 (0.11)	-0.09** (0.02)	0.546*** (0.00)
2015	-0.23*** (0.00)	0.24*** (0.00)	0.13*** (0.00)	0.08** (0.03)	0.03* (0.09)	-0.08** (0.02)	0.550*** (0.00)

续表

年份	地理关联 X	经济关联 M	经济关联 S	经济关联 E	经济关联 N	技术关联 A	R^2
2016	-0.24*** (0.00)	0.24*** (0.00)	0.12*** (0.00)	0.08** (0.03)	0.03 (0.11)	-0.09** (0.02)	0.548*** (0.00)
2017	-0.23*** (0.00)	0.24*** (0.00)	0.12*** (0.00)	0.08** (0.03)	0.03 (0.11)	-0.08** (0.02)	0.551*** (0.00)
2018	-0.23*** (0.00)	0.23*** (0.00)	0.13*** (0.00)	0.08** (0.03)	0.04 (0.11)	-0.08** (0.02)	0.561*** (0.00)

注：***、**、* 分别表示 1%、5%、10% 的显著性水平，括号内为 P 值。

第六章 中国农业碳排放空间关联网络结构

表 6.10 分组 QAP 回归结果

角色	年份	地理关联 X	M	经济关联 S	E	N	技术关联 A	R^2
中介者	2009	−0.36***	0.20**	−0.0004***	0.05**	−0.0004	0.12	0.381
中介者	2012	−0.38***	0.22**	−0.0008***	0.02**	0.16*	0.18*	0.321
中介者	2015	−0.35***	0.20**	0.004***	0.02**	0.12	0.08	0.397
中介者	2018	−0.30***	0.20**	0.007***	0.04**	0.007	0.06	0.380
依赖者	2009	−0.25***	0.70***	0.14**	0.05	0.06	−0.10**	0.665
依赖者	2012	−0.23***	0.72***	0.13**	0.05	0.06	−0.06**	0.658
依赖者	2015	−0.19***	0.70***	0.14**	0.06	0.03	−0.10*	0.625
依赖者	2018	−0.18***	0.71***	0.09**	0.05	0.06	−0.07*	0.628
影响者	2009	−0.47***	0.29*	0.03	0.09	−0.01	0.002	0.595
影响者	2012	−0.42***	0.37**	0.02	0.04	−0.004	0.002	0.571
影响者	2015	−0.43***	0.35**	0.02***	0.08	−0.01	0.002	0.605
影响者	2018	−0.47***	0.31*	0.02***	0.08	−0.001	0.02***	0.589

注：***、** 和 * 分别表示 1%、5% 和 10% 的显著性水平。

从表 6.10 可见，铁路运行时间和跨区域农业龙头企业数量是各角色省际农业碳关联的主要原因。地理距离越近，跨区域农业龙头企业数量越多，其农业碳排放关系越密切。影响者内部各区域间农业碳排放相关性主要受地理距离的影响，依赖者内部各区域间农业碳排放相关性受跨区域农业龙头企业的影响最大。

中介者内部各区域之间农业碳关联的明显原因还包括农产品的区域转移和农业产业结构的相似性。农产品区域转移越频繁，不同区域农业碳排放之间的关系就越密切；随着时间的推移，农业产业结构相似性对农业碳排放相关性的影响由负转正，产业结构越相似，农业碳排放相关性就越强。依赖者内部各区域之间农业碳排放相关性的明显原因为农业产业结构的相似性和技术进步的差异性。农业产业结构越相似，技术水平差异越小，地区间农业碳排放的关系越密切。农业产业结构和技术差异在影响者内部各区域间农业碳排放相关性中的作用逐渐显现。

参考文献

[1] 邓荣荣，杨国华. 区域间贸易是否引致区域间碳排放转移？——基于 2002—2012 年区域间投入产出表的实证分析 [J]. 南京财经大学学报，2018，(3)：1-11.

[2] 何艳秋，成雪莹，王芳. 技术扩散视角下农业碳排放区域溢出效应研究 [J]. 农业技术经济，2022，(4)：132-144.

[3] 刘卫东，唐志鹏，韩梦瑶等. 2012 年中国 31 省区市区域间投入产出表 [M]. 北京：中国统计出版社，2018.

[4] 苗建军，华潮，丰俊超. 产业协同集聚的升级效应与碳排放——基于空间计量模型的实证分析 [J]. 生态经济，

2020, 36 (2): 28-33.

[5] Commoner, B. *Making Peace with the Planet* [M]. New York, America, 1992.

[6] Dong, F., Long, R., Li, Z., et al. Analysis of carbon emission intensity, urbanization and energy mix: Evidence from China [J]. *Natural Hazards*, 2016, 82 (2): 1375-1391. doi: 10.1007/s11069-016-2248-6.

[7] Guo, J. X., Fan, Y. Optimal abatement technology adoption based upon learning-by-doing with spillover effect [J]. *Journal of Cleaner Production*, 2017, 143: 539-548. doi: 10.1016/j.jclepro.2016.12.076.

[8] Kaya, Y. Impact of Carbon Dioxide Emission Control on GNP Growth: Interpretation of Proposed Scenarios [R]. Paris, France, 1989.

[9] Liu, Y., Xiao, H., Zikhali, P., et al. Carbon emissions in China: A spatial econometric analysis at the regional level [J]. *Sustainability*, 2014, 6 (9): 6005-6023. doi: 10.3390/su6096005.

[10] Marbuah, G., Amuakwa-Mensah, F. Spatial analysis of emissions in Sweden [J]. *Energy Economics*, 2017, 68: 383-394. doi: 10.1016/j.eneco.2017.10.003.

[11] Sarkodie, S. A., Strezov, V. Effect of foreign direct investments, economic development and energy consumption on greenhouse gas emissions in developing countries [J]. *Science of the Total Environment*, 2019, 646: 862-871. doi: 10.1016/j.scitotenv.2018.07.365.

[12] Stanley, W., Katherine, F. *Social Network Analysis: Methods and Applications* [M]. Cambridge, English, 1994.

第七章　中国农业碳减排的区域协同

合作减排是应对大气污染和跨界污染扩散较为科学的方法（汪明月等，2019），学者们对协同减排进行了较为广泛的研究，主要集中在协同减排和协同发展的原因、机制和效果三个方面。从协同减排和低碳经济协同发展的原因来看，张世秋等（2015）从微观主体行为的相关性分析协同治理的原因，认为区域间的环境行为相互影响，有很强的溢出效应，如果相关管理制度安排和政策手段不能有效体现这类溢出效应，则一方面会导致地方政府在追求局部利益目标下的区域不可持续发展，另一方面无法为有效的污染治理行为提供持续性的激励。李炫榆和宋海清（2015）、孙华平等（2016）从区域碳排放的关联出发分析协同治理的原因，前者认为正是因为碳排放水平的空间集聚特征和显著的空间溢出效应，在碳减排中才要进行区域合作，尤其是相邻地区的合作；后者从我国碳排放区域转移的角度解释了在碳治理中需要实施碳转移规制，促进我国区域协同发展与碳排放收敛，进而提升整个区域的环境质量。张友国（2016）指出为了有效控制区域间的碳排放溢出与反馈效应，各地区应当加强碳减排领域的合作，以此提升跨区域供应链的碳排放效率；余晓钟等（2013）、程强等（2016）从区域发展的非均衡性角度分析协同治理原因，认为由于我国区域发展非均衡，低碳经济的有效运行是在不同类型区域发展非均衡状态下进行的，所以不同类型区域之间的协同合作是推进低碳经济顺利进行的有效模式；陈德湖等（2016）从区域减排成本差异角度解释协同治理原因，由于二氧化碳边际减排成本区域差异较为明显，要实现国家碳减排的总体宏观目标，各区域要加强合作，互相借鉴成功的碳减排技术与经验等，并建立区域协同治理机制。

从碳减排协同治理、低碳经济协同发展途径和机制来看，刘鸿渊和孙丽丽（2011）、赵新峰和袁宗威（2014）都重点关注在协同治污中，中央政府和地方政府之间的事权划分问题，并构建跨区域合作组织来实现地方政府之间的合作和协同；崔晶和孙伟（2014）、徐志伟（2016）均认为区域协同的关键是降低污染的外部性，通过增强区域间的经济联系，保持适当的产业同构水平，形成"你中有我，我中有你"的利益共同体，进而降低污染外部性。部分学者从协同治理机制搭建的角度进行了研究。陈怡男和刘鸿渊（2013）建立了包含基础性机制、动力性机制和保障性机制在内的跨区域低碳经济协调发展机制；余晓钟等（2013）从区域协同创新机制的动力及其搭建入手，探讨了跨区域的碳减排合作；随后，余晓钟和辜穗（2013）以协调、沟通、共享三要素为基础，从协调（一致机制）、协作（沟通机制）、协同（共享机制）等方面对我国跨区域低碳经济发展管理协同的形成机制进行了研究，表明通过目标、文化、信息、资源、技术、制度等方面的有机协同，可以促使各区域形成一致的集体行为和共生依据，实现区域低碳协同发展；张世秋等（2015）指出大气污染区域协同治理的途径是建立区域大气环境跨地区合作与激励机制、区域间财政转移支付机制、区域间补偿机制，以及建立区域大气污染防治基金；程强等（2016）从目标协同、沟通协同、文化协同和制度协同四个方面提出应建立跨区域低碳经济协同发展基础，并在此基础上提出了包括技术合作、碳交易、碳足迹制度、奖惩机制在内的低碳经济协同发展路径。

国外学者更关注碳排放治理的国际协同和碳减排协同治理效果的定量评估。Asheim 等（2006）通过模型定量比较了全球减排合作协议与两区域减排合作协议，发现建立在区域合作基础上的减排协议比多元主体的全球协议有更好的减排效果；随后，Breton 等（2008）通过构建动态模型考察了国际合作减排协议的约束力和稳定性，发现只要签署国和非签署国所获得的福利是平等的，则协议具有稳定性，并有较大的约束力；Fischer 和 Newell（2008）通过对比单一政策和协同政策，发现协同政策较单一政策更有利于以更低的成本促进碳减排和可再生能源的发展；Carley（2011）的研究发现，美国各州能源政策的协同有显著的减排效果，并且相邻州能源政策的协同对整体减排效果更为有效；Gavard 等（2016）通过给发展中国家间的碳交易限制门槛，使两个地区相对于孤立运营的碳市场更好。

本章基于碳减排区域协同合作背景，立足农业碳减排，从搭建区域农业碳协同减排理论分析框架入手，通过设置地理渠道、经济渠道和技术渠道，分别采用传统空间杜宾模型和分区空间杜宾模型，深入分析地区合作减排的方式、渠道以及合作条件，为区域协同合作减排指明方向。本章着重解决以下几个问题：地区间是否存在减排策略互动？各地区选择的减排策略互动方式是什么？减排策略互动的实现渠道是什么？减排策略互动的实现条件是什么？

第一节 区域农业协同减排理论分析

由于存在外部性，空气污染控制很难仅依靠某个地区的单方面行动取得效果，必须通过区域协调行动来实现（Warner and Zawahri，2012），区域农业碳排放可能通过直接和间接的策略互动而紧密相连。

直接策略互动是一种相对简单的减排模仿，某个地区的排放增加或减少将被其他地区直接用作调整自身排放的原因，换句话说，跨地区的碳排放不是独立的。农业经济发展一直与农业碳排放密切相关，在经济和减排方面造成了区域之间的双重竞争（蒋黎、王晓君，2019）。由于政治集权和经济区域分权相结合的特殊制度安排（Blanchard and Shleifer，2001；Xu，2011；Kostka and Nahm，2017），邻近地区将面临相似的农业经济发展政策和环境监管措施，因此将采取"战略趋同"。当某个地区的排放水平提高并且经济快速发展时，其他地区的政府官员将面临更大的经济评估压力（周黎安等，2005），为了成为农业经济发展中的"优等生"，他们将放宽其碳排放，在地方官员对经济增长表现出压倒性偏好以增加其晋升机会的背景下（Jin et al.，2005），所有地区都呈现出"经济优先、环境靠后"的趋势。相反，当某个地区的排放水平降低时，其他地区的政府官员将面临更大的环境评估压力，并且对环保要求也将更加严格，呈现出"环境优先、经济靠后"的趋势。

间接策略互动是一种相对"智能"且持续的减排互动。某个区域分析其他区域减少排放的原因，然后调整自身行为以促进减排。作为减少碳排放的重要途径，技术进步自然是学习的重要方向。一方面，技术进步的空间溢出在地理距离更近的区域之间更为明显。这是因为地理距离的接近使交通更加便利，人力资本的流动成本较低，从而产生了"知识溢出效应"，农业产业集聚也更可能发生在地理邻近的地区间，从而带来资源共享和规模经济（Zhang，2017），而技术就成为重要的共享资源（Guo and Fan，2016），产生"产业合作效应"。另一方面，经济联系更紧密的地区更可能发生技术进步的空间溢出，因为经济发展水平相同的地区在技术上的差距可能较小，研究开发能力和技术吸收能力相当，技术溢出和吸纳更通畅，即产生了"学习模仿效应"，相反，较弱的经济联系可能阻碍地区之间的技术交流。区域农业协同碳减排理论分析框架见图7.1。

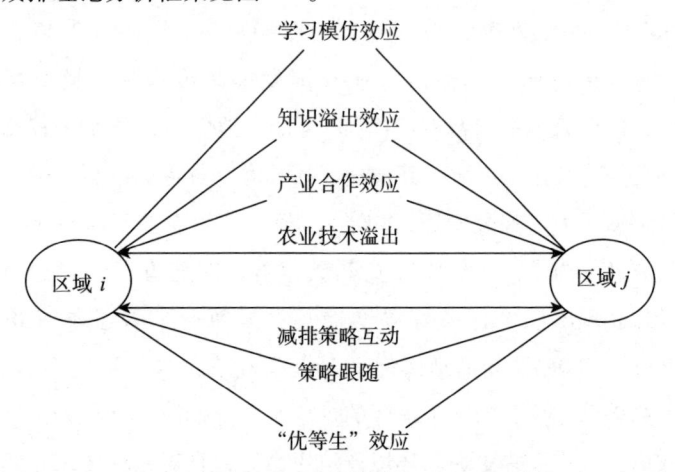

图 7.1 区域农业协同碳减排理论分析框架

第二节 模型的建立和选择

一 传统空间杜宾模型

1. 模型的建立

为分析区域农业碳减排协同策略的选择和实现渠道,建立了如下传统空间杜宾模型:

$$\ln AEI_{nt} = \tau_n \alpha + \rho \omega \ln AEI_{nt} + \beta_{pi} \ln PI_{nt} + \theta_{pi} \omega \ln PI_{nt} + \beta \ln x_{nt} + \theta \omega \ln x_{nt} + \mu_n + \upsilon_t + \varepsilon_{nt} \quad (7.1)$$

其中, AEI_{nt} 表示农业碳排放强度; PI_{nt} 为农业专利授权强度,衡量农业技术进步水平; x_{nt} 为控制变量, ε_{nt} 为随机干扰项; ω 为空间权重矩阵,选择了3种空间权重,即地理距离权重矩阵 ω_{ijd}、经济距离权重矩阵 ω_{ije} 和技术势差矩阵 ω_{ijt}。公式如下:

$$\omega_{ijd} = \begin{cases} \frac{1}{d_{ij}^2}(i \neq j) \\ 0(i = j) \end{cases} \quad (7.2)$$

$$\omega_{ije} = \begin{cases} \frac{1}{|GDP_i - GDP_j|}(i \neq j) \\ 0(i = j) \end{cases} \quad (7.3)$$

$$\omega_{ijt} = \begin{cases} \frac{1}{|Tec_i - Tec_j|}(i \neq j) \\ 0(i = j) \end{cases} \quad (7.4)$$

其中, d_{ij} 为省会城市之间的球面距离; GDP_i 和 GDP_j 分别为省区市 i 和 j 的农业增加值; Tec_i 和 Tec_j 分别为省区

市 i 和 j 的农业专利授权总量。

2. 空间效应的分解

对于空间计量经济模型,自变量的变化不仅通过空间乘数效应影响自身,而且还间接影响其他区域,为准确展示自变量对因变量的影响,将空间杜宾模型按以下方式重新排列:

$$\ln(AEI_{nt}) = (I - \rho w)^{-1} [\beta_{tec} \ln(PI_{nt}) + \beta \ln(x_{nt}) + \theta_{tec} \omega \ln(PI_{nt}) + \theta w \ln(x_{nt})] + (I - \rho w)^{-1} (\tau_n \alpha + \mu_n + \upsilon_t + \varepsilon_{nt}) \qquad (7.5)$$

然后通过偏导数将总效应分解为直接效应和间接效应,结果如下:

$$\begin{aligned}
& \left[\frac{\partial E\ln(AEI_1)}{\partial \ln(x_{1k})} \cdots \frac{\partial E\ln(AEI_n)}{\partial \ln(x_{nk})} \right] \\
&= \begin{bmatrix} \frac{\partial E\ln(AEI_1)}{\partial(x_{1k})} & \frac{\partial E\ln(AEI_1)}{\partial(x_{2k})} & \cdots & \frac{\partial E\ln(AEI_1)}{\partial(x_{nk})} \\ \frac{\partial E\ln(AEI_2)}{\partial(x_{1k})} & \frac{\partial E\ln(AEI_2)}{\partial(x_{2k})} & \cdots & \frac{\partial E\ln(AEI_2)}{\partial(x_{nk})} \\ \vdots & \vdots & \ddots & \vdots \\ \frac{\partial E\ln(AEI_n)}{\partial(x_{1k})} & \frac{\partial E\ln(AEI_n)}{\partial(x_{2k})} & \cdots & \frac{\partial E\ln(AEI_n)}{\partial(x_{nk})} \end{bmatrix} \\
&= w_{12} \begin{bmatrix} \beta_{1k} & \omega_{12}\theta_k & \cdots & \omega_{1n}\theta_k \\ \omega_{21}\theta_k & \beta_{2k} & \cdots & \omega_{2n}\theta_k \\ \vdots & \vdots & \ddots & \vdots \\ \omega_{n1}\theta_k & \omega_{n2}\theta_k & \cdots & \beta_{nk} \end{bmatrix} \qquad (7.6)
\end{aligned}$$

其中,AEI_i 为省区市 i 的农业碳排放强度,x_{ik} 是省区市 i 的第 k 个自变量,ω_{ij} 是空间权重矩阵的第 i 行第 j 列值。直接效应表示本地自变量对本地因变量的影响和本地自变量对其他地区因变量产生影响后反馈给本地因变量的影响之和,即式(7.6)对角线元素的总和;间接效应显示了其他所有地区的自变量对本地因变量的影响,即式(7.6)非对角线所有元素的平均值,也称为空间溢出效应;总效应则是二者之和。

3. 变量的定义

农业碳排放强度度量了农业经济发展的环境成本,最能体现经济发展与碳排放之间的关系,且随着中国碳减排目标的提出与推进,碳排放强度成为制定中国减排目标的主要参考指标之一,因此选用农业碳排放强度衡量农业环境受碳污染的程度。

核心自变量为农业技术创新,对技术创新的测度主要有三种方法:从投入角度选择指标(如研发投入占比、R&D研发投入占比),从生产资料使用效率的角度选择指标(如化肥施用强度、农药施用强度、能耗强度),利用全要素生产率进行综合化测算(数据包络分析法、随机前沿分析法)。但投入角度选择的指标侧重研发能力,投入多并不能说明技术创新水平高;生产资料使用效率角度选择的指标主要是从生产效率提高的视角来表示技术进步,但技术创新的内涵比技术进步的内涵更为宽泛,不但有"进步"之意,还有"创新"之意;全要素生产率的测算更侧重技术效率,与技术创新仍有一定差距。而涉农专利是与农业联系较紧密、作用较直接的农业科学技术(郑怀国等,2017),并且专利数据具有较好的时间连续性(Costantini et al.,2017),可以利用中国专利数据库获取比较全面和准确的信息。所以,从指标适用性和数据可得性两方面综合考虑,最终选用农业专利授权强度来衡量农业技术创新水平。

模型中纳入的控制变量包括农业经济发展水平、城镇化率、环境规制水平、城乡收入差距。环境和经济发展总是相互影响的（Meadows et al., 1972），随着经济的不断发展，能源需求增长，碳排放增加（程琳琳，2018），但由于公众环境保护意识的增强，碳排放也会在一定程度上向着减少的方向前进；城镇化率的提高可能会导致更多的资源消耗，并给环境带来更大的压力（Poumanyvong and Kaneko, 2010），但也有学者指出，城镇化发展与农业碳排放呈倒"V"形曲线关系，在城镇化早期，随着农村人口比例的减少，为了追求农业生产效率的提高，碳排放量增加，但城镇化的进一步发展也带来技术进步，随后出现拐点，碳排放量随之降低（王芳、周兴，2012）；环境规制是减少碳排放的重要行政手段，对碳排放有显著的调节作用，且具有明显的区域特征（Yin et al., 2015）；由于不同收入水平家庭的碳密集产品的消费倾向各不相同（Jorgenson et al., 2017），城乡收入差距的变化将导致消费方式的变化，进而影响区域的碳排放。具体变量定义和资料来源如表7.1所示。

表 7.1　各变量的定义

变量名称	变量符号	计算方式	资料来源
农业碳排放强度	AEI	农业碳排放量与农业增加值之比	前文测算
农业专利授权强度	PI	农业专利数与农业增加值之比	中国专利数据库

续表

变量名称	变量符号	计算方式	资料来源
农业经济发展水平	AGDP	农业增加值与农村人口之比	《中国农村统计年鉴》
城镇化率	UR	城市人口数与总人口数之比	《中国农村统计年鉴》
环境规制水平	GER	农业环保支出与农业增加值之比	《中国环境统计年鉴》
城乡收入差距	UIG	城镇居民与农村居民可支配收入之比	《中国农村统计年鉴》

4. 模型的选择

为判断空间杜宾模型能否简化为空间滞后模型和空间误差模型，采用了 LM 检验和 LR 检验，结果如表 7.2 所示。

表 7.2 LM 和 LR 检验结果

检验	统计量值	P 值
LM – lag（Robust）	6.45	0.01
LM – error（Robust）	5.05	0.02
LR – lag	0.07	0.79
LR – error	1.47	0.22

从表 7.2 可见，LM 检验结果的 P 值均小于 0.05，拒绝原假设，所以，空间杜宾模型无法简化为空间滞后模型和空间误差模型。但 LR 检验的结果却接受原假设，认为空间杜宾模型并不是最优选择。由于 LR 检验相对于 LM 检验来说不具有稳健性，而数据生成过程中可能无法满足经典假设（Bera and Yoon，1993），所以以 LM 检验结果为准。

当基于宏观数据进行回归分析时，固定效应模型往往会提供更好的选择（Wooldridge，2009），因此，本章的模型检验最终选择了固定效应。对比传统空间杜宾模型（传统 SDM）、空间滞后模型（SAR）、空间误差模型（SEM）和普通面板模型（OLS-FE）的结果，进一步验证四者的适用性，结果如表 7.3 所示。

表 7.3　普通面板回归和传统 SDM、SAR、SEM 的估计结果

变量	系数	OLS-FE	SAR	SEM	传统 SDM
$\ln(PI)$	β_{pi}	-0.00002 (-0.00)	0.005 (0.36)	0.011 (0.79)	0.008 (0.59)
$\ln(AGDP)$	β_1	-0.853*** (-7.96)	-0.847*** (-17.04)	-0.865*** (-17.98)	-0.854*** (-17.46)
$\ln(UR)$	β_2	-0.390 (-1.25)	-0.244* (-1.69)	-0.270* (-1.83)	-0.081 (-0.52)
$\ln(GER)$	β_3	-0.130*** (-3.37)	-0.134*** (-6.66)	-0.129*** (-6.45)	-0.116*** (-5.72)
$\ln(UIG)$	β_4	-0.139 (-0.63)	-0.215** (-2.22)	-0.181** (-2.20)	-0.085 (-0.77)
$w \times \ln(PI)$	θ_{pi}				-0.096** (-2.42)
$w \times \ln(AGDP)$	θ_1				0.448*** (3.13)
$w \times \ln(UR)$	θ_2				0.051 (0.13)
$w \times \ln(GER)$	θ_3				0.049 (0.93)
$w \times \ln(UIG)$	θ_4				0.336 (1.42)
ρ			0.353*** (5.74)		0.514*** (7.08)

续表

变量	系数	OLS – FE	SAR	SEM	传统 SDM
λ				0.523*** (7.10)	
R^2		0.918	0.888	0.901	0.882

注：***、**、*分别表示1%、5%、10%的显著性水平，括号内为Z值。

从表7.3可见，四种模型的整体拟合效果相差不大，在普通面板模型中，农业技术创新并未显示出对农业碳排放强度有显著影响，但在空间杜宾模型中，农业技术创新呈现5%显著性下的空间作用，且人均GDP也呈现空间效应，说明普通面板模型忽略了地区之间农业碳排放和影响因素的相互作用，使其不能充分展示区域间减排行为的空间影响，所以选择空间杜宾模型能够更好地分析区域间减排策略互动。

从SAR、SEM、传统SDM三种空间模型估计结果来看，空间自回归系数分别为0.353、0.523和0.514，且均在1%的水平下显著，表明农业碳排放强度存在正的空间溢出作用，各个地区存在直接的减排策略互动，即区域间存在直接的减排效仿；农业技术创新滞后项（θ_{pi}）系数为负，说明一个地区农业技术创新水平的提升可以带动周边地区农业碳排放强度的降低，地区间的农业碳减排存在间接的策略互动，即技术溢出效应。可见，空间杜宾模型不仅从理论上来讲可以给出无偏系数估计（张文彬等，2010），而且从实证分析的角度来讲便于分析区域的直接和间接协同，是最为合适的模型。

二 分区空间杜宾模型

对传统空间杜宾模型的权重矩阵进行分割，以考察区域农业碳协同减排的实现条件，空间权重分割为ω_{HH}、ω_{LL}、ω_{HL}和ω_{LH}：

$$\omega = \begin{bmatrix} \omega_{HH} & \omega_{HL} \\ \omega_{LH} & \omega_{LL} \end{bmatrix} \quad (7.7)$$

式（7.7）中，ω_{HH}表示高水平地区之间的空间关系；ω_{HL}表示高水平地区对低水平地区的空间关系；ω_{LH}表示低水平地区对高水平地区的空间关系；ω_{LL}表示低水平地区之间的空间关系。

选取农业经济发展水平、人力资本水平、农业产业集聚水平和技术研发水平进行地区分组。一般情况下，经济水平越高，减排意愿越强，对技术研发和技术成果的推动也越积极（吴贤荣等，2015；何丽敏等，2019）；人力资本水平的提高不仅会促进技术的进步，同时也显现出明显的减排效应（逯进等，2019；程惠芳、陈超，2017）；产业越集聚，污染集聚水平越高，产业专业化集聚对技术创新越存在促进作用（刘娜等，2019；葛尧，2019）；技术研发能力越强，技术创新水平越高，越有助于降低空气污染（宋维佳、杜泓钰，2017；周杰琦等，2019）。据此将各省区市进行排序，前15名分别为农业经济发展水平、人力资本水平、农业产业集聚水平和技术研发水平高组，后15名则为低组（见表7.4）。

表7.4 权重分割的标准

标准	高组	低组
农业经济发展水平	河北、内蒙古、辽宁、吉林、黑龙江、江苏、福建、山东、河南、湖北、湖南、广西、海南、四川、新疆	北京、天津、山西、上海、浙江、安徽、江西、广东、重庆、贵州、云南、陕西、甘肃、青海、宁夏
人力资本水平	北京、天津、山西、内蒙古、辽宁、吉林、上海、江苏、浙江、福建、湖北、陕西、青海、宁夏、新疆	河北、黑龙江、安徽、江西、山东、河南、湖南、广东、广西、海南、重庆、四川、贵州、云南、甘肃
农业产业集聚水平	河北、山西、黑龙江、上海、江苏、山东、河南、湖南、重庆、贵州、云南、陕西、甘肃、宁夏、新疆	北京、天津、内蒙古、辽宁、吉林、浙江、安徽、福建、江西、湖北、广东、广西、海南、四川、青海
技术研发水平	北京、天津、山西、上海、江苏、浙江、安徽、福建、山东、广东、广西、重庆、陕西、甘肃、宁夏	河北、内蒙古、辽宁、吉林、黑龙江、江西、河南、湖北、湖南、海南、四川、贵州、云南、青海、新疆

1. 直接策略互动模型

面对其他地区的农业减排行为,不同地区有不同的反应(Elhorst and Fréret,2009),即产生直接策略互动。因此,参考范欣等(2017)的研究,引入了农业碳排放强度的分区空间杜宾模型,以分析区域之间农业碳减排的直接策略互动。传统空间杜宾模型的权重矩阵是根据区域合作减排的四个条件划分的,模型如下:

$$\ln AEI_{nt} = \tau_n \alpha + (\rho_{HH} \omega_{HH} \ln AEI_{nt} + \rho_{LL} \omega_{LL} \ln AEI_{nt} + \rho_{HL} \omega_{HL} \ln AEI_{nt} + \rho_{LH} \omega_{LH} \ln AEI_{nt}) + \beta_{pi} \ln PI_{nt} + \theta_{pi} \omega \ln PI_{nt} + \beta \ln x_{nt} + \theta \omega \ln x_{nt} + \mu_n + v_t + \varepsilon_{nt}$$

(7.8)

式(7.8)中,ω_{HH}、ω_{HL}、ω_{LH}和ω_{LL}分别表示H-H

区、H-L区、L-H区和L-L区之间减排策略的相互作用。ρ_{HH}和ρ_{LL}代表条件相似的地区之间减排行为的相互影响；ρ_{HL}和ρ_{LH}代表了条件差距较大的地区之间减排行为的相互影响。如果系数为正且显著，则表示区域之间存在"模仿策略"；如果系数为负且显著，则表示区域之间存在"对立策略"。

2. 间接策略互动模型

为了分析区域之间的间接策略互动，引入了农业技术创新的分区空间杜宾模型。间接策略互动是指通过农业技术创新的溢出效应来实现区域间减排的互动。技术溢出与地区的技术吸纳能力密切相关，而技术吸纳能力与一个地区的经济发展水平、人力资本水平、技术研发能力和产业发展水平是分不开的。我们仍然根据上文所示的四个条件对权重矩阵进行划分，以验证农业技术外溢更有可能发生在条件相似的地区间，还是条件差距较大的地区之间。模型如下：

$$\ln AEI_{nt} = \tau_n \alpha + \rho\omega\ln AEI_{nt} + \beta_{pi}\ln PI_{nt} + (\theta_{HH}\omega_{HH}\ln PI_{nt} + \theta_{HL}\omega_{HL}\ln PI_{nt} + \theta_{LH}\omega_{LH}\ln PI_{nt} + \theta_{LL}\omega_{LL}\ln PI_{nt}) + \beta\ln x_{nt} + \theta\omega\ln x_{nt} + \mu_n + \upsilon_t + \varepsilon_{nt}$$

(7.9)

式（7.9）中，θ_{HH}和θ_{LL}代表农业技术溢出对条件相似地区之间碳减排的影响；θ_{LH}和θ_{HL}表示农业技术溢出对条件存在差距的区域之间碳减排的影响。如果系数为负且显著，则意味着技术溢出可以使更多地区受益，技术溢出带来"积极影响"（即减排作用）；如果系数为正且显著，则意味着技术溢出将不会使其他地区受益，技术溢出会产生"负面影响"。如果仅θ_{HH}和θ_{LL}显著，则意味着农业技术溢出仅在条件相似的地区之间产生；如果θ_{LH}和θ_{HL}也很显著，则意味着农业技术溢出可以在条件差距较大的区域之间发生。

第三节 区域协同减排策略分析

一 区域农业协同减排策略选择结果

从表 7.5 可见，在地理距离权重矩阵 ω_{ijd}、经济距离权重矩阵 ω_{ije} 和技术势差矩阵 ω_{ijt} 三种情况下，农业碳排放强度的空间自回归项系数 ρ 均显著，表明各个地区间确实存在直接的减排策略互动，一个地区的农业减排行为会被其他地区直接作为参考，使农业碳排放存在空间溢出效应；且空间自回归系数 ρ 为正，表明区域间存在模仿的直接策略，即相互看齐，出现"你增我增，你减我减"的态势。除经济距离权重矩阵外，在地理距离权重矩阵和技术势差矩阵下，农业技术创新的空间滞后项 θ_{pi} 也显著，表明区域间不仅存在直接减排互动，也存在以技术溢出为载体的间接减排互动；且估计系数为负，表明一个区域技术的进步会使更多区域受益，推动更多区域实现农业碳减排，产生了积极作用，因此技术合作可以成为提升减排效果的重要途径。

表 7.5 2007~2018 年地理、经济和技术渠道下
传统 SDM 的估计结果

变量	系数	地理距离权重矩阵 ω_{ijd}	经济距离权重矩阵 ω_{ije}	技术势差矩阵 ω_{ijt}
ln（PI）	β_{pi}	0.008 (0.59)	0.003 (0.20)	0.016 (1.01)

续表

变量	系数	地理距离权重矩阵 ω_{ijd}	经济距离权重矩阵 ω_{ije}	技术势差矩阵 ω_{ijt}
ln(AGDP)	β_1	-0.854*** (-17.46)	-0.862*** (-16.38)	-0.871*** (-16.83)
ln(UR)	β_2	-0.081 (-0.52)	-0.346** (-2.32)	-0.599*** (-3.88)
ln(GER)	β_3	-0.116*** (-5.72)	-0.129*** (-6.07)	-0.127*** (-6.02)
ln(UIG)	β_4	-0.085 (-0.77)	-0.144 (-1.44)	-0.186* (-1.78)
$w\times\ln(PI)$	θ_{pi}	-0.096** (-2.42)	-0.055 (-1.05)	-0.125** (-2.42)
$w\times\ln(AGDP)$	θ_1	0.448*** (3.13)	-0.150 (-0.76)	-0.186 (-1.06)
$w\times\ln(UR)$	θ_2	0.051 (0.13)	0.328 (0.79)	0.823* (1.81)
$w\times\ln(GER)$	θ_3	0.049 (0.93)	-0.080 (-1.31)	-0.133** (-2.81)
$w\times\ln(UIG)$	θ_4	0.336 (1.42)	-0.547* (-1.91)	-0.437 (-1.52)
ρ		0.514*** (7.08)	0.365*** (4.11)	0.200** (2.21)
R^2		0.882	0.879	0.886
直接策略		模仿策略	模仿策略	模仿策略
间接策略		积极影响	积极影响	积极影响

注：***、**、*分别表示1%、5%、10%的显著性水平，括号内为Z值。

从图7.2可见，虽然地区间既存在直接减排互动，又存在间接减排互动，但互动渠道和程度仍存在一定差异。直接减排策略的空间滞后项 ρ 均比间接减排策略的估计值大，表明区域间农业减排策略仍以模仿为主，技术学习还未充分发挥减排效应。并且直接策略互动更容易在地理邻近地区间产生，其空间滞后项 ρ 估计值最大，为 0.514，而间接策略互动更容易在技术势差小的地区间产生。

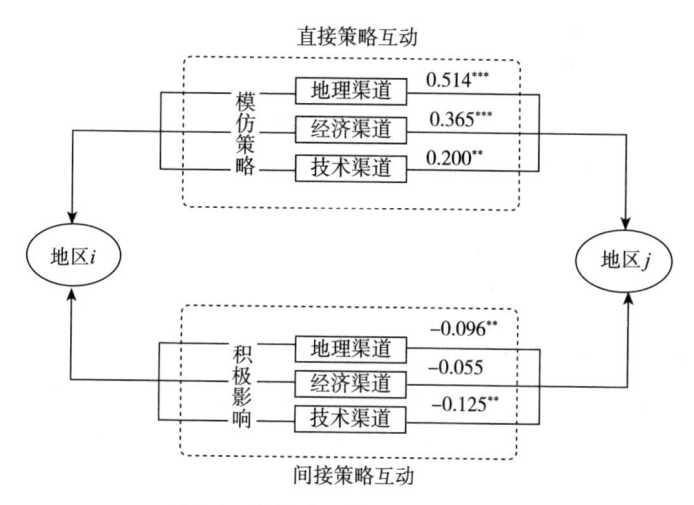

```
                    直接策略互动
            ┌─────────────────────────┐
            │   ┌──地理渠道── 0.514***│
         模 │   │                     │
         仿─┼───┼──经济渠道── 0.365***│
         策 │   │                     │
         略 │   └──技术渠道── 0.200** │
            └─────────────────────────┘
    ┌───┐                            ┌───┐
    │地 │                            │地 │
    │区i│                            │区j│
    └───┘                            └───┘
            ┌─────────────────────────┐
         积 │   ┌──地理渠道── -0.096**│
         极 │   │                     │
         影─┼───┼──经济渠道── -0.055 │
         响 │   │                     │
            │   └──技术渠道── -0.125**│
            └─────────────────────────┘
                    间接策略互动
```

图 7.2　地区农业协同减排策略选择

注：** 、*** 分别表示 5%、1% 的显著性水平。

为更准确展示自变量对因变量的影响，对空间杜宾模型进行效应分解，结果如表 7.6 所示。从表 7.6 可见，除经济距离权重矩阵下农业技术创新（PI）的各种效应均不显著以外，另外两种矩阵下农业技术创新的间接效应均在 5% 的水平下显著为负，且与表 7.5 相比，系数估计的绝对值有明显的增加，说明技术溢出作为一种有意识的知识溢出（Polanyi，2015），与各区域的地理距离、技术势差、技术特性和技术吸收能力有关（Brooks，1994；Boschma，2005），地理邻近地区和技术势差较小地区均能产生技术学习，从而使环境问题得到改善。

农业经济发展水平（AGDP）的空间外溢不受渠道影响，其直接效应、间接效应和总效应均在5%或1%的显著性水平下为负，说明地区农业经济的不断发展不仅使本地环境问题得到改善，还能缓解更多地区的农业碳排放，使更多地区的环境受益。这也表明中国农业以牺牲环境为代价的粗放型生产方式已转向科学化、集约化、规模化的绿色低碳发展模式，且取得了一定成效。

在经济距离权重矩阵和技术势差矩阵下，环境规制水平（GER）对农业碳排放强度的直接效应、间接效应和总效应系数均为负，三者均在5%或1%的水平下显著，说明地区加大农业环保投资、带动本地减排的同时，也会促使其他地区面临环保压力，从而产生"减排策略跟随"。而在地理距离权重矩阵下，间接效应不显著，这可能是由于污染企业就近转移，对邻近地区形成巨大的减排压力（李小平等，2020），而且地理条件下环境规制的门槛条件也较为苛刻，导致实际情况下尚未跨越环境规制中的门槛效应，因此很难形成溢出效应。

在地理距离权重矩阵下，城镇化水平（UR）对农业碳排放强度的直接效应、间接效应和总效应均显著为正，说明城镇人口增加的规模效应带来更大的环境负担，从而造成碳排放量增加（卢娜等，2019）；经济距离权重矩阵和技术势差矩阵下呈现直接效应显著为负，而间接效应系数为正，总体效应不显著的情况，说明跨区域人口流动使城镇人口的规模效应造成更多地区的环境压力增大，在一定程度上加重了碳污染。

表7.6 传统空间杜宾模型空间效应的分解

矩阵	自变量	总效应	Z值	直接效应	Z值	间接效应	Z值
w_{ijd}	PI	-0.296*	-1.81	0.012	0.50	-0.308**	-2.08
	AGDP	-2.261***	-5.64	-1.022***	-15.33	-1.239***	-3.41
	UR	3.131**	2.12	0.751***	3.15	2.380*	1.72
	GER	-0.283**	-2.20	-0.120***	-4.78	-0.163	-1.37
	UIG	-0.320	-0.37	-0.033	-0.21	-0.287	-0.39
w_{ije}	PI	-0.076	-0.81	0.001	0.04	-0.077	-0.91
	AGDP	-1.590***	-4.94	-0.890***	-16.01	-0.699**	-2.43
	UR	-0.063	-0.10	-0.323**	-2.22	0.260	0.42
	GER	-0.328***	-3.18	-0.136***	-6.27	-0.191**	-1.99
	UIG	-1.093**	-2.13	-0.174*	-1.69	-0.918*	-1.95
w_{ijt}	PI	-0.133*	-1.93	0.012	0.74	-0.144**	-2.26
	AGDP	-1.316***	-5.93	-0.886***	-17.19	-0.431**	-2.14
	UR	0.274	0.51	-0.561***	-3.67	0.835*	1.67
	GER	-0.321***	-3.7	-0.133***	-6.08	-0.189**	-2.45
	UIG	-0.762*	-1.86	-0.198*	-1.84	-0.564	-1.58

注：***、**、*分别表示1%、5%、10%的显著性水平。

二 区域协同减排直接策略互动实现渠道分析

前文传统空间杜宾模型中，农业碳排放强度的空间滞后项系数均显著为正，说明一个地区农业碳减排会通过地理、经济和技术渠道与其他地区产生直接策略互动。碳污染会通过产业转移、贸易往来、资源跨区域调配等经济活动带动周边地区农业碳排放的同步变化，产生"联动效应"（胡艺等，2019；赵峰等，2020）；由于地理邻近地区的自然条件和资源禀赋存在较高的相似性，

"联动效应"较为明显，并且在较为严格的环境规制下，企业极有可能将污染产业进行就近转移（沈坤荣等，2017），从而对周边地区环境产生影响；跨区域的技术扩散效应使得技术水平相当的地区农业碳排放的关系也越密切（He et al.，2020），主要呈现以技术为中心的双向交流、单向扶持以及购买服务三种方式（见图7.3）。实证结果显示，在地理、经济和技术渠道下，农业碳排放强度的溢出效应均显著，空间自回归系数分别为0.514、0.365和0.200，农业碳排放强度的溢出效应在地理距离更近的区域间更为突出，即如果某个地区将农业碳排放强度增加（降低）1%，则周边地区碳排放强度也将增加（降低）0.514%。

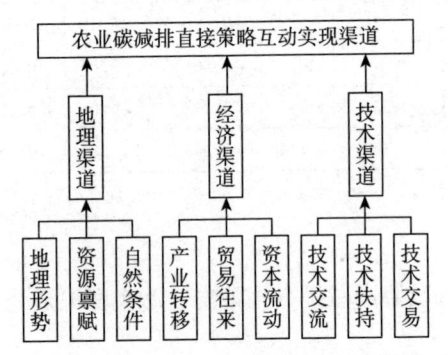

图7.3 区域农业碳减排直接策略互动实现渠道

三 区域协同减排间接策略互动实现渠道分析

上文传统空间杜宾模型中，农业技术创新空间滞后项系数均为负，说明一个地区农业技术创新会产生空间溢出作用，并影响其他地区的农业碳减排，产生以技术为载体的间接策略互动（见图 7.4）。一个地区农业技术创新水平的提升可以缓解更多地区的碳污染，使更多区域受益（Chen and Lee，2020；Gu et al.，2019）。一般来说，地区间的产业集聚和技术集聚加强了知识在地理上的溢出，而溢出成本又控制了溢出范围（符淼，2009）；产业转移、直接投资和技术交易等经济活动提高了技术使用率和成果转化率（王庆喜，2013；周伟，2018）；而政治层面的技术交流和技术扶持活动是地区技术合作的重要形式，人力资源的流动更是带动了"知识的流动"（朱敏，2013）。而实证结果显示，在地理、技术渠道下，农业技术创新溢出在 5% 的水平下显著，空间自回归系数分别为 -0.096、-0.125，技术溢出效应在技术势差更近的区域间更为突出，即如果某个地区将农业技术创新水平提高（降低）1%，则周边地区碳排放强度也将降低（增加）0.125%。总体上看，经济渠道不是地区间接策略互动的显著实现渠道。

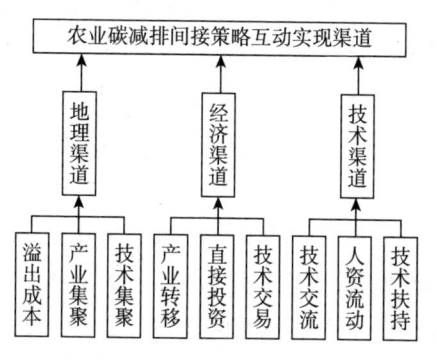

图 7.4 区域农业碳减排间接策略互动实现渠道

第四节　区域协同减排实现条件分析

一　直接策略互动实现条件

1. 农业经济发展水平条件

本部分重点考察区域间直接减排互动会不会受到农业经济发展水平差异的阻隔，通过分析农业碳排放的溢出方向来判断直接减排策略互动的经济条件，估计结果如表7.7所示。按农业经济发展水平分割权重时，H→H、H→L、L→H、L→L各方向都存在显著的农业碳排放空间溢出，说明农业经济发展水平不会成为区域减排策略直接互动的阻碍，农业经济发展的协同可为区域碳减排协同奠定基础。

在地理距离权重矩阵下，ρ_{HH}、ρ_{HL}、ρ_{LH}和ρ_{LL}均在1%的水平下显著，且估计系数均为正，说明各种农业经济发展水平地区间的直接策略互动均为减排模仿，这是因为地理邻近地区更容易观察到彼此的变化，并相互模仿，由于它们处于同一发展片区，会相互比较和竞争，以防止自己成为国家眼中的"差生"。其中，农业经济低水平地区间的直接策略互动程度最大，估计系数为1.052，随着绿色发展思路的不断加深，地方政府政绩考核会逐渐向经济与环境的协调性偏移。面对经济和环境的双重压力，地理邻近且同为低经济发展水平地区之间的竞争会更为激烈，所以减排模仿程度较高。

在经济距离权重矩阵下，仅ρ_{HH}和ρ_{LL}显著，且前者为负，后者为正，表明农业经济高水平地区间的直接减排策略互动是减排对立,而农业经济低水平地区间的直接减排策略互动是减排模仿。这是因为对于地方政府政绩的角逐,要么选择"经济优先、环境次之"的发展思路,要么选择"环境优先、经济次之"的发展思路。而高经济发展水平地区更侧重维护自己的经济发展地位,相互之间的经济竞争更为激烈。当对手因为减排而产生经济代价时,其他地区会更倾向于快速发展经济,所以产生了对立策略。而低经济发展水平地区显然会更看重环境考核对自己的影响,选择"你增我增,你减我减"的模仿策略。

表7.7 农业经济发展水平条件下各地区农业碳排放强度溢出方向

权重分割标准	矩阵	H→H	H→L	L→H	L→L
按农业经济发展水平分割权重	w_{ijd}	0.986*** (6.02)	0.820*** (7.19)	0.940*** (6.80)	1.052*** (9.60)
	策略选择	模仿策略	模仿策略	模仿策略	模仿策略
	w_{ije}	-0.398** (-2.13)	0.208 (1.32)	-0.250 (-1.29)	0.441*** (3.50)
	策略选择	对立策略	—	—	模仿策略
	w_{ijt}	0.301** (2.06)	0.350** (2.41)	0.831*** (5.64)	0.226 (1.19)
	策略选择	模仿策略	模仿策略	模仿策略	—

注:***、**分别表示1%、5%的显著性水平,括号内为Z值。

在技术势差矩阵下,除ρ_{LL}外,其余三个空间滞后项系数均显著为正,说明技术渠道下,地区间仍以模仿策略为主。这是因为农业技术创新的空间溢出是有条件的,地区的技术辐射能力和吸纳能力都会影响到溢出的畅通性,而低农业经济发展水平的地区在农业技术开发上也存在一定的劣势,所以相互之间的技术溢出和学习并不显著,以技术为载体的间接策略互动并未发生，但高农业经济发展水平地区的技术研发能力、辐射能力和吸纳能力都较强，低经济发展水平地区也会将其作为学习标杆，充分利用"标杆效应"，因而另外三个方向的间接策略互动均显著。

从图7.5也可见，农业经济发展水平不会阻碍地区的直接减排策略互动，在地理渠道下，策略互动最为频繁，出现了"强强对话""弱弱较量""强弱互补"三种形式；在经济渠道下，仅产生了"强强对话"和"弱弱较量"两种形式的直接策略互动；在技术渠道下，强者的"标杆效应"得到体现，出现了"强强对话"和"强弱互补"两种形式的直接策略互动。

2. 农业人力资本水平条件

按人力资本水平分割权重，结果如表7.8所示，ρ_{HH}、ρ_{HL}、ρ_{LH}和ρ_{LL}大多在1%的水平下显著为正，说明人力资本水平的协同发展，有助于地区农业碳减排直接策略互动的实现，地区人力资本条件的差异也不会阻碍区域减排协同，但会影响减排协同的程度。

在地理距离权重矩阵和经济距离权重矩阵下，各类人力资本水平地区间均存在模仿策略，且高人力资本对低人力资本地区，以及低人力资本地区之间的模仿程度较高，空间滞后项系数估计结果分别为1.176和1.127，以及0.709和0.743。这说明地理邻近、经济接近的地区间会有明显的人力资本溢出，带来减排协同，而低人力资本地区有更强的人才竞争意识，使其对高人力资本地区，或者同为低人力资本地区的减排模仿程度更高。

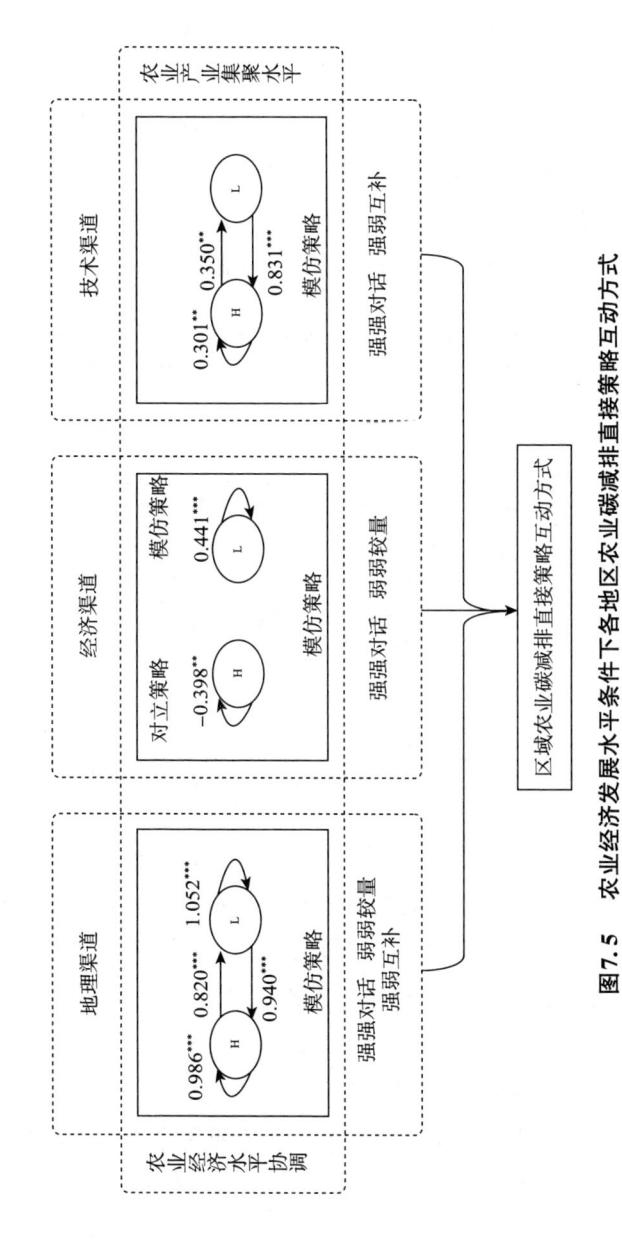

图7.5 农业经济发展水平条件下各地区农业碳减排直接策略互动方式

注：**、***分别表示5%、1%的显著性水平。

在技术势差矩阵下,除ρ_{HL}不显著外,其余三个空间滞后项系数均显著为正,且ρ_{HH}的估计结果远高于其他系数,表明农业技术研发能力相当,且同为高人力资本水平的地区间的农业碳减排模仿程度更高,这是因为创新作为国家的重要发展目标之一,各地区为成为"技术标杆"产生了激烈的竞争,尤其是在研发能力较强的地区间。

表7.8 人力资本水平条件下各地区农业碳排放强度溢出方向

权重分割标准	矩阵	H→H	H→L	L→H	L→L
按人力资本水平分割权重	w_{ijd}	0.849 *** (6.93)	1.176 *** (7.04)	0.958 *** (7.28)	1.127 *** (9.38)
	策略选择	模仿策略	模仿策略	模仿策略	模仿策略
	w_{ije}	0.657 *** (3.91)	0.709 *** (5.13)	0.606 *** (3.81)	0.743 *** (4.35)
	策略选择	模仿策略	模仿策略	模仿策略	模仿策略
	w_{ijt}	0.996 *** (5.61)	0.142 (0.92)	0.562 *** (3.64)	0.359 ** (2.52)
	策略选择	模仿策略	—	模仿策略	模仿策略

注:***、**分别表示1%、5%的显著性水平,括号内为Z值。

从图7.6也可见,人力资本水平不会阻碍地区的农业减排直接策略互动,但地理相邻地区间的策略互动程度较高,空间滞后项系数的估计结果较大,三种渠道下均产生了"强强对话""弱弱较量""强弱互补"三种形式的互动。

3. 农业产业集聚条件

按农业产业集聚度分割权重,结果如表7.9所示,地理、经济和技术三类权重下,ρ_{HH}、ρ_{HL}、ρ_{LH}和ρ_{LL}均至少在10%的水平下显著,说明农业产业集聚水平也不会成为区

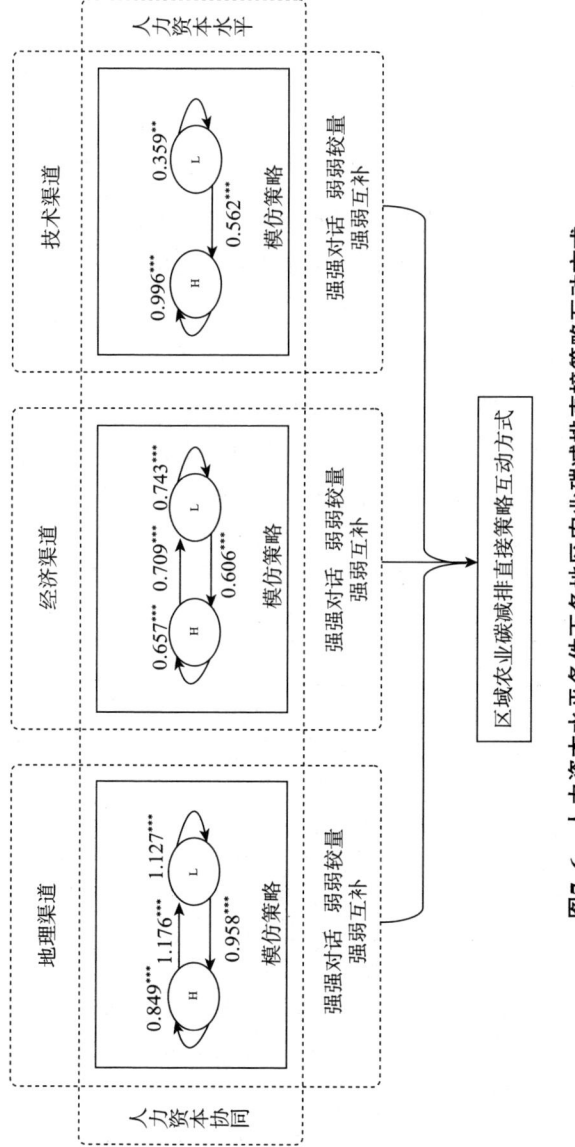

图7.6 人力资本水平条件下各地区农业碳减排直接策略互动方式

注：**、***分别表示5%、1%的显著性水平。

域直接减排互动的障碍，且空间滞后项的估计系数均为负，表明区域间产生了模仿策略。

在地理距离权重矩阵和经济距离权重矩阵下，ρ_{HH} 的估计结果均最大，表明一个高农业产业集聚地区农业碳排放强度增加（减少）1%，将带动其他高农业产业集聚地区碳排放强度增加（减少）1.281%和0.861%，呈现"强强对话"的竞争形势。这是因为高农业产业集聚地区和高农业经济发展水平地区有较大重合，多为中国种植业和畜牧业的主产区，相互间的经济竞争程度更高，也引起碳减排的较大竞争和模仿；而低农业产业集聚地区主要在农业现代化程度高、规模小的沿海地区，以第二、第三产业为主，农业占比较低，相互间的经济环境竞争相对小一些。

表7.9 农业产业集聚条件下各地区农业碳排放强度溢出方向

权重分割标准	矩阵	H→H	H→L	L→H	L→L
按农业产业集聚度分割权重	w_{ijd}	1.281*** (10.44)	0.642*** (4.97)	0.952*** (7.45)	0.884*** (6.98)
	策略选择	模仿策略	模仿策略	模仿策略	模仿策略
	w_{ije}	0.861*** (4.86)	0.511*** (2.94)	0.763*** (5.45)	0.689*** (4.07)
	策略选择	模仿策略	模仿策略	模仿策略	模仿策略
	w_{ijt}	0.387*** (2.61)	0.393*** (2.64)	0.295* (1.82)	0.593*** (3.32)
	策略选择	模仿策略	模仿策略	模仿策略	模仿策略

注：***、*分别表示1%、10%的显著性水平，括号内为Z值。

在技术势差矩阵下，ρ_{LL} 的估计结果最大，表明一个低农业产业集聚地区的农业碳排放强度增加（减少）1%，将带动技术相似的低农业产业集聚地区碳排放强度增加（减少）0.593%，说明低农业产业集聚地区间的农业碳减排直接策略互动程度更高。这是因为低农业产业集聚地区虽然不是我国的农业主产区，但其现代农业发展较好，农业技术研发能力较强，相互间的技术竞争合作程度也较高，使高农业产业集聚地区间通过技术渠道产生的碳减排策略互动程度更高。

从图7.7也可见，农业产业条件不会阻碍区域间的农业碳减排直接策略互动，且地理渠道、经济渠道和技术渠道下，均出现了"强强对话""弱弱较量""强弱互补"三种形式的互动，区域间的产业协同有助于实现农业碳减排协同。

4. 农业技术研发能力条件

按农业技术研发能力分割权重，结果如表7.10所示，H→H、H→L、L→H、L→L各方向大都存在显著的农业碳排放溢出，表明农业技术研发能力差异不会成为区域碳减排策略直接互动的阻碍，且空间滞后项系数均为正，表明区域间产生了模仿策略，农业技术研发能力协同可为区域碳减排协同奠定基础。

在地理距离权重矩阵下，ρ_{HH}、ρ_{HL}、ρ_{LH}和ρ_{LL}都在1%的水平下显著，由于高技术研发水平地区的集中性和低技术研发水平地区的农业属性，地理距离越近的地区越容易产生农业减排的直接策略互动。农业碳排放强度在H→L、L→H方向溢出效果更明显，说明地区间的技术研发能力差异更有助于相互间的技术交流和学习，产生更强的减排直接互动。

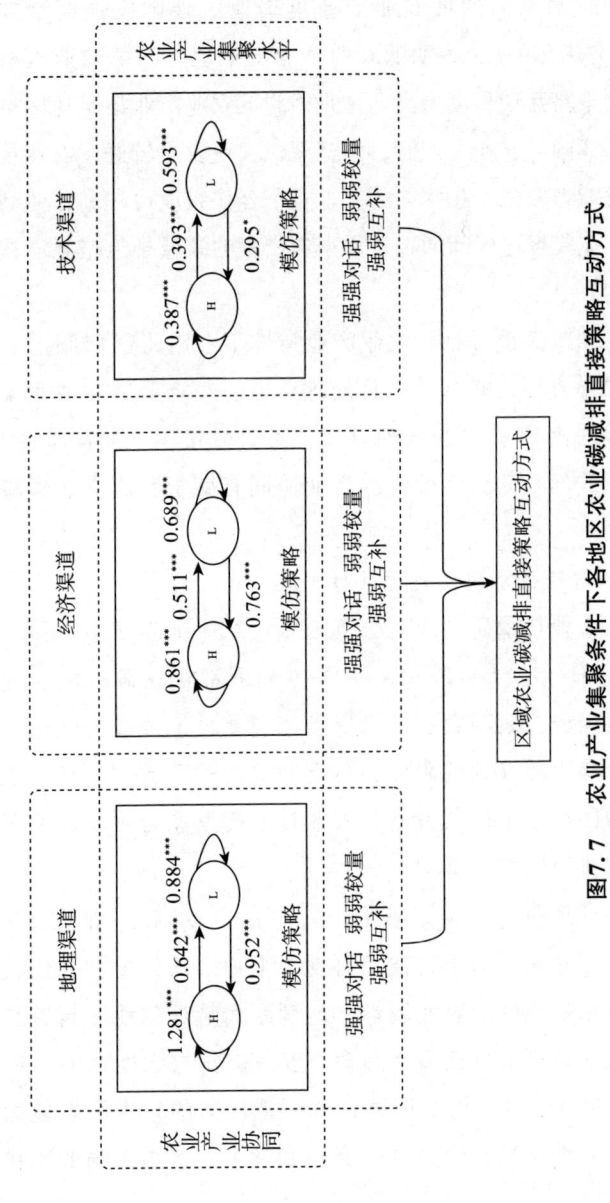

图7.7 农业产业集聚条件下各地区农业碳减排直接策略互动方式

注：*、***分别表示10%、1%的显著性水平。

在经济距离权重矩阵下，ρ_{HH}、ρ_{HL}、ρ_{LH}分别为0.873、0.601和0.802，且都在1%的水平下显著，且高农业技术研发能力地区间农业碳排放溢出效应最强，而低农业技术研发能力地区不会通过经济渠道探求其他低农业技术研发能力地区农业减排策略。这是因为经济关联是引起技术关联的重要途径，而高技术研发能力的地区更容易成为"技术标杆"。

而在技术势差矩阵下，农业碳排放强度溢出在H→H、L→H方向显著，一个高（低）技术研发能力地区农业碳排放强度增加（减少）1%，将带动其他高技术研发能力地区排放强度增加（减少）0.669%、0.568%，说明各地区优先向高技术研发能力地区的减排策略看齐。

表7.10　农业技术研发能力条件下各地区农业碳排放强度溢出方向

权重分割标准	矩阵	H→H	H→L	L→H	L→L
按技术研发能力分割权重	w_{ijd}	0.839*** (6.75)	1.089*** (8.52)	1.078*** (9.34)	0.667*** (4.76)
	策略选择	模仿策略	模仿策略	模仿策略	模仿策略
	w_{ije}	0.873*** (5.63)	0.601*** (3.41)	0.802*** (5.58)	0.254 (1.46)
	策略选择	模仿策略	模仿策略	模仿策略	—
	w_{ijt}	0.669*** (4.36)	0.248 (1.56)	0.568*** (3.26)	0.179 (1.13)
	策略选择	模仿策略	—	模仿策略	—

注：*** 表示1%的显著性水平，括号内为Z值。

从图7.8也可见，农业技术研发能力差异不会阻碍地区间的农业碳减排直接策略互动，且高技术研发能力地区会成为"技术标杆"，被更多地区学习和模仿，地理渠道

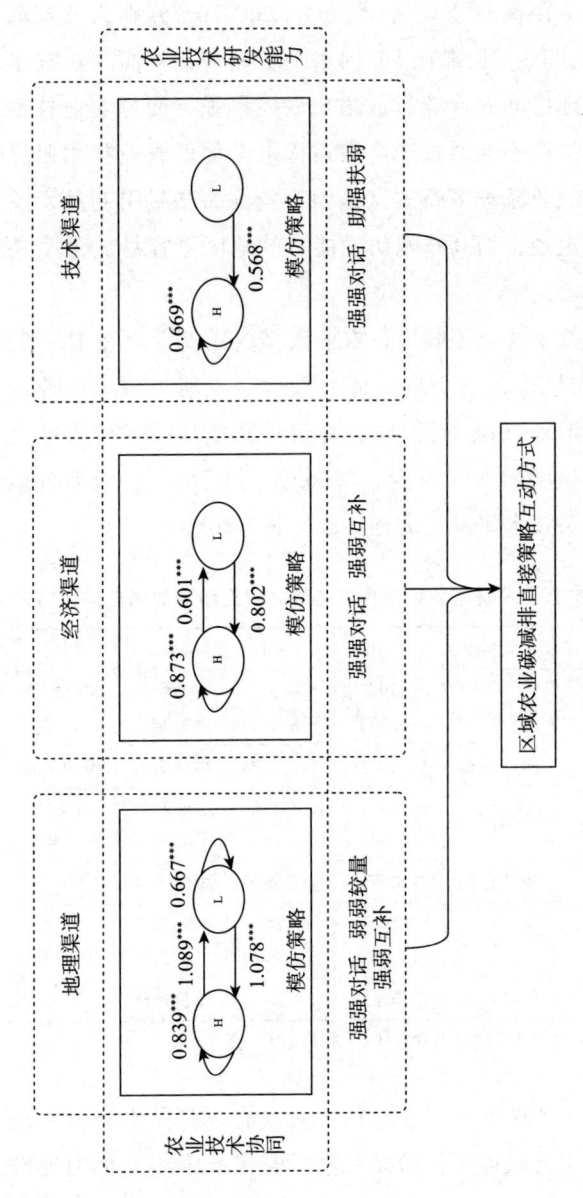

图 7.8　农业技术研发能力条件下各地区农业碳减排直接策略互动方式

注：***表示1%的显著性水平。

下产生了"强强对话""弱弱较量""强弱互补"三种形式的互动,经济渠道下产生了"强强对话"和"强弱互补"两种形式的互动,而技术渠道下产生了"强强对话"和"助强扶弱"两种形式的互动。

二 间接策略互动实现条件

1. 农业经济发展水平条件

为进一步检验以农业技术创新空间溢出为载体的间接策略互动实现条件,首先考察技术溢出会不会受制于农业经济发展水平,结果如表 7.11 所示。可见,H→H、H→L、L→H、L→L 四个方向大都存在显著的农业技术创新溢出,农业经济发展水平不会成为区域减排策略间接互动的阻碍,"经济竞争效应"带动区域共享技术减排成果。

在地理距离权重矩阵下,θ_{HH}、θ_{HL}、θ_{LH} 和 θ_{LL} 四个空间滞后项系数均显著为负,表明无论农业经济发展水平是否存在差距,地理邻近地区间的农业技术合作都会产生,并促进农业碳减排;农业技术创新在经济发展水平相似的邻近地区之间具有更明显的溢出效应($|\theta_{HH}|>|\theta_{HL}|$,$|\theta_{LL}|>|\theta_{LH}|$),进而更好地带动农业碳减排,并且低经济发展水平地区间技术溢出对农业碳减排的抑制效应最强,这是因为低经济发展水平地区有更强烈的发展意愿,引发人力资本竞争,地理的相邻又使交通更加便利,人力资本的流动成本较低,从而产生了"知识溢出效应",形成"弱弱"地区间的"抱团取暖"。

在经济距离权重矩阵下,仅 θ_{HH} 和 θ_{LH} 在 1% 的水平下显著为正,说明农业技术创新的空间溢出不仅未能缓解农业碳排放，反而使碳污染问题加重，并产生了"助强扶弱"和"一荣俱荣，一损俱损"的负面影响。这可能是因为随着某地区农业经济发展水平的提高，与其经济贸易往来密切的地区将受到技术辐射，从而提高了农业碳利用效率，但由于反弹效应，地区又会增加各种投入以促进农业经济发展，投入增加带来的碳排放增加量抵消了技术进步带来的碳排放减少量，从而产生了抵消作用，使得空间滞后项系数为正。

在技术势差矩阵下，技术溢出仅在 H→L、L→H 的地区间发生，主要原因是技术差距越大，技术带来的经济提升与碳排放降低效应越明显，高与低农业经济发展水平的地区相互竞争和相互学习，呈现"强弱互助"的间接减排互动。

表7.11 农业经济发展水平条件下各地区农业技术创新溢出方向

权重分割标准	矩阵	H→H	H→L	L→H	L→L
按农业经济发展水平分割权重	w_{ijd}	-0.149*** (-2.66)	-0.094** (-2.48)	-0.095* (-1.88)	-0.208*** (-4.98)
	影响效果	积极影响	积极影响	积极影响	积极影响
	w_{ije}	0.328*** (4.14)	0.066 (1.31)	0.309*** (4.22)	-0.069 (-1.36)
	影响效果	负面影响	—	负面影响	—
	w_{ijt}	-0.076 (-1.35)	-0.087* (-1.78)	-0.286*** (-4.91)	-0.045 (-0.18)
	影响效果	—	积极影响	积极影响	—

注：***、**、*分别表示1%、5%、10%的显著性水平，括号内为Z值。

从图 7.9 也可看出，农业经济发展水平的差异不会阻碍地区间以技术溢出为主的农业碳减排间接策略互动，且地理相邻和农业技术势差较大的地区间都会由于相互间的

第七章 中国农业碳减排的区域协同

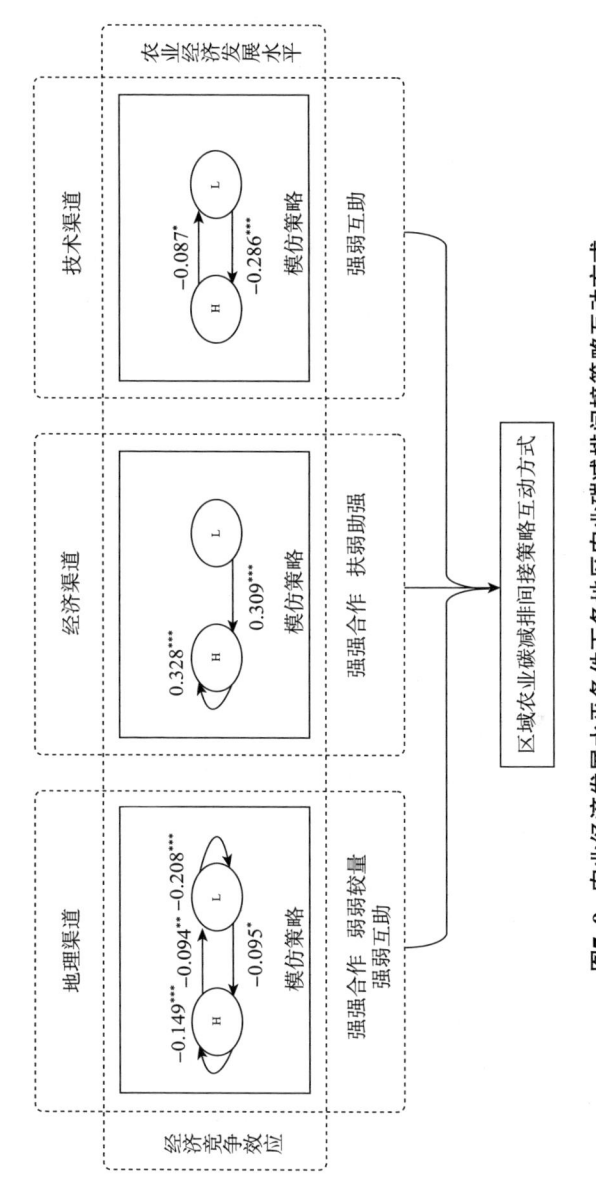

图7.9 农业经济发展水平条件下各地区农业碳减排间接策略互动方式

注：***、**、*分别表示1%、5%、10%的显著性水平。

技术辐射和学习,引起农业碳污染的降低,以"强强合作""弱弱较量""强弱互助"三种形式为主;而经济关联密切的地区间却会由于反弹效应,使技术溢出的减排作用完全被抵消,呈现出更严重的农业环境问题。

2. 农业人力资本水平条件

本部分考察了农业碳减排间接策略互动会不会受到各地区农业人力资本差异的影响,结果如表 7.12 所示。θ_{HL} 始终不显著,即 H→L 方向始终不存在农业技术创新溢出,并且只有一半左右的技术空间滞后项估计系数显著,说明人力资本水平确实会在一定程度上阻碍间接策略互动,"马太效应"的存在会影响以人力资本为载体的"知识溢出效应"带动的区域共享技术减排成果。

在地理距离权重矩阵下,仅 θ_{HH} 和 θ_{LL} 在 1% 的水平下显著为负,一个高(低)人力资本水平地区的农业技术创新水平增加 1%,邻近地区的农业碳排放强度将减少 0.169%(0.118%),间接合作减排策略互动显著。这也说明邻近地区间人力资本流动引起的知识溢出是有条件的,同等人力资本水平的地区间更容易产生知识溢出,从而带动更多地区减排。

在技术势差矩阵下 θ_{HH} 和 θ_{LH} 在 5% 的水平下显著,而在经济距离权重矩阵下仅 θ_{LH} 在 10% 的水平下显著,且均为负数,说明在技术、经济渠道下,地区间人力资源配置为农业碳减排做出了积极贡献。由于"马太效应"的存在,人才总是呈现两极化集聚,为寻求更好的发展机会和交流机会,人才"向高处飞"的趋势明显,因此人才总是流向农业经济发展水平高、农业技术人才多的地区,进一步促进了地区的农业减排,最终呈现"助强扶弱"的局面。

表7.12　人力资本水平条件下各地区农业技术创新溢出方向

权重分割标准	矩阵	H→H	H→L	L→H	L→L
按人力资本水平分割权重	w_{ijd}	-0.169*** (-2.81)	-0.046 (-1.09)	-0.042 (-0.73)	-0.118*** (-3.01)
	影响效果	积极影响	—	—	积极影响
	w_{ije}	-0.017 (-0.23)	-0.045 (-0.86)	-0.127* (-1.73)	0.016 (0.29)
	影响效果	—	—	积极影响	—
	w_{ijt}	-0.134** (-2.58)	0.012 (0.23)	-0.114** (-2.24)	0.000 (0.00)
	影响效果	积极影响	—	积极影响	—

注：***、**、*分别表示1%、5%、10%的显著性水平，括号内为Z值。

从图7.10也可见，人力资本水平会在一定程度上影响区域间农业碳减排的间接策略互动，地理相邻地区间仅人力资本水平相似才能产生显著的农业技术外溢，以"强强合作"和"弱弱联手"两种形式为主；经济关系密切地区间由于"马太效应"的存在，仅产生"助强扶弱"形式；而技术渠道下，以"强强合作"和"强弱互助"两种形式为主。

3. 农业产业集聚条件

本部分考察了农业产业集聚度是否会阻碍农业减排的间接策略互动，结果如表7.13所示。可见，H→H、H→L、L→H、L→L在地理渠道和技术渠道下均显著，在经济渠道下均不显著，农业产业集聚不会成为区域减排策略间接互动的阻碍，"产业合作效应"带动区域共享技术减排成果。

在地理距离权重矩阵下，θ_{HH}、θ_{HL}、θ_{LH}和θ_{LL}四个技术空间滞后项系数均至少在5%的水平下显著为负，说明无论农业产业集聚水平如何，邻近地区间都会以技术合作为

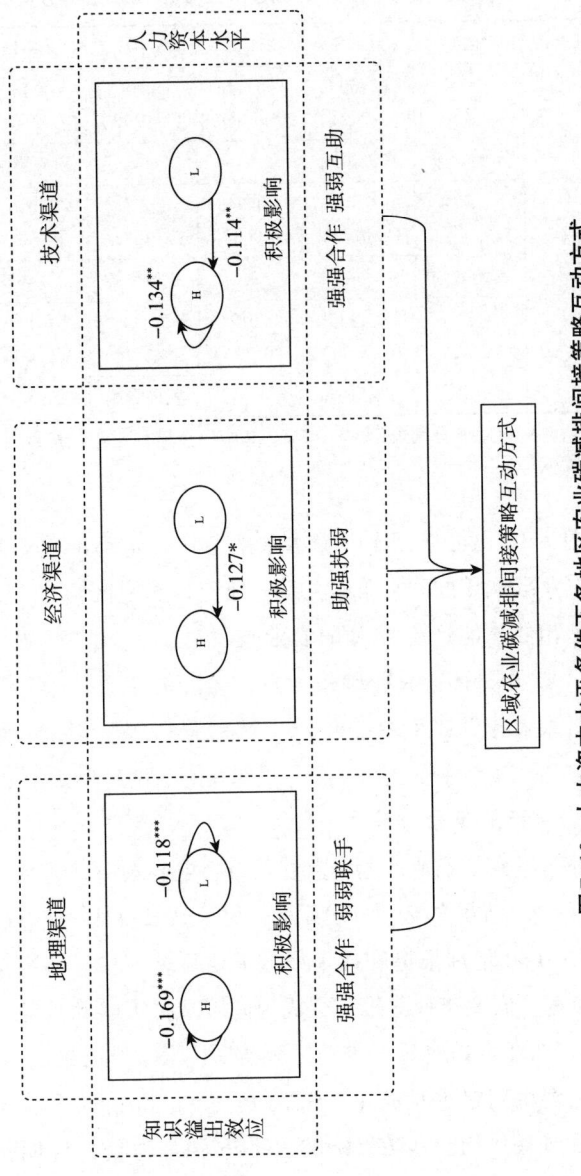

图 7.10 人力资本水平条件下各地区农业碳减排间接策略互动方式

注：***、**、*分别表示1%、5%、10%的显著性水平。

载体实现农业整体减排。其中,农业技术创新在产业集聚程度相似的地区间的溢出效应更明显($|\theta_{HH}|>|\theta_{HL}|$,$|\theta_{LL}|>|\theta_{LH}|$),且高产业集聚地区间技术溢出的农业碳减排效果最好,这是由于产业集聚能够降低原材料成本、人工成本和开发成本,促进劳动生产率的快速提高,相似的产业集聚水平使技术共享更容易实现,进而带动减排。

在技术势差矩阵下,θ_{HH}、θ_{HL}、θ_{LH}和θ_{LL}四个技术空间滞后项系数也至少在5%的水平下显著,同样说明无论地区的农业产业集聚水平如何,技术合作都有利于地区减排。其中L→H方向的技术溢出对农业碳排放的抑制效应最强,主要是由于在产业融合的大背景下,高产业集聚地区通过打造跨区域农业产业链、订单式农业等方式加强与低产业集聚地区的经济合作,将先进的农业技术水平融入低产业集聚地区的农业生产中,提升农业可持续发展水平。

表 7.13　农业产业集聚条件下各地区农业技术创新溢出方向

权重分割标准	矩阵	H→H	H→L	L→H	L→L
按农业产业集聚度分割权重	w_{ijd}	-0.219*** (-3.08)	-0.089** (-2.22)	-0.144*** (-2.63)	-0.174*** (-3.89)
	影响效果	积极影响	积极影响	积极影响	积极影响
	w_{ije}	-0.020 (-0.25)	-0.066 (-1.22)	-0.092 (-1.36)	-0.062 (-1.01)
	影响效果	—	—	—	—
	w_{ijt}	-0.133** (-2.29)	-0.116** (-2.17)	-0.185*** (-2.97)	-0.130** (-2.46)
	影响效果	积极影响	积极影响	积极影响	积极影响

注:***、**分别表示1%、5%的显著性水平,括号内为Z值。

从图 7.11 也可见，农业产业集聚度会在一定程度上影响区域间的间接减排互动，地理邻近和技术接近的地区以技术合作为载体的减排互动比较频繁，以"强强合作""弱弱联手""强弱互助"三种形式为主，但经济接近地区不会产生明显的技术合作。

4. 农业技术研发能力条件

本部分考察了农业技术研发能力是否会阻碍区域间的减排间接互动，结果如表 7.14 所示。可见，θ_{LL} 始终不显著，即 L→L 方向始终不存在农业技术创新溢出效应，但其他方向存在技术溢出，并产生积极的减排效应，仅有一小半的技术空间滞后项显著，表明农业技术研发能力会在一定程度上阻碍区域减排策略间接互动，技术的排他性和门槛会对"产学研效应"带动的区域共享技术减排成果产生影响。

在地理距离权重矩阵下，H→H、H→L、L→H 方向的技术溢出为地区间的农业碳减排做出了贡献，θ_{LL} 不显著则是由于技术排他性在低农业技术研发能力的地区间更为明显；θ_{HL} 估计结果的绝对值最大，θ_{LH} 次之，说明高技术研发能力地区对低技术研发能力地区的技术溢出对农业碳减排的抑制作用最强，主要是由于分布在北京、天津以及东部沿海等的高技术研发能力地区，与分布在中、西部的低技术研发能力地区间，通过技术帮扶等形式相互提升农业生产力，降低农业污染水平，产生"强弱互助"的现象。

在技术势差矩阵下，仅 θ_{HH} 显著，说明某高农业技术研发能力地区的农业技术创新水平增加 1%，与其技术接近

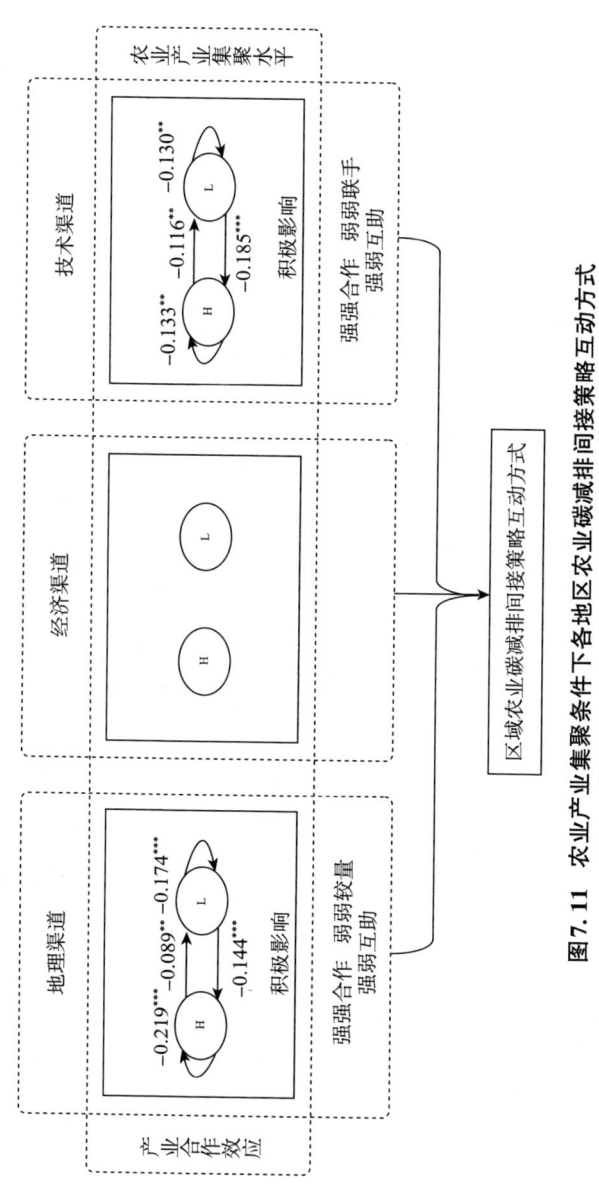

图 7.11 农业产业集聚条件下各地区农业碳减排间接策略互动方式

注：***、**分别表示1%、5%的显著性水平。

地区的农业碳排放强度将减少 0.107%，这是因为高技术研发能力的地区作为技术减排的主力，对技术进步有更为强烈的要求，强者愈强得到充分体现，呈现"强强合作"、谋求技术共赢的发展态势。

表 7.14 农业技术研发能力条件下各地区农业技术创新溢出方向

权重分割标准	矩阵	H→H	H→L	L→H	L→L
按农业技术研发能力分割权重	w_{ijd}	-0.121*** (-3.18)	-0.211*** (-3.36)	-0.171*** (-3.60)	-0.074 (-1.38)
	影响效果	积极影响	积极影响	积极影响	—
	w_{ije}	-0.034 (-0.66)	-0.026 (-0.30)	-0.015 (-0.25)	0.056 (0.71)
	影响效果	—	—	—	—
	w_{ijt}	-0.107** (-2.07)	-0.012 (-0.17)	-0.103 (-1.63)	0.022 (0.34)
	影响效果	积极影响	—	—	—

注：***、**分别表示1%、5%的显著性水平，括号内为Z值。

从图 7.12 也可见，农业技术研发能力的差异会在一定程度上阻碍区域间的农业减排间接互动，地理邻近地区间以技术创新溢出为载体的减排互动较为频繁，出现"强强合作""弱弱联手""强弱互助"三种形式；技术接近且高研发能力的地区为进一步巩固技术主力地位，出现"强强合作"、合作共赢的局面；而经济接近地区没有明显的技术溢出。

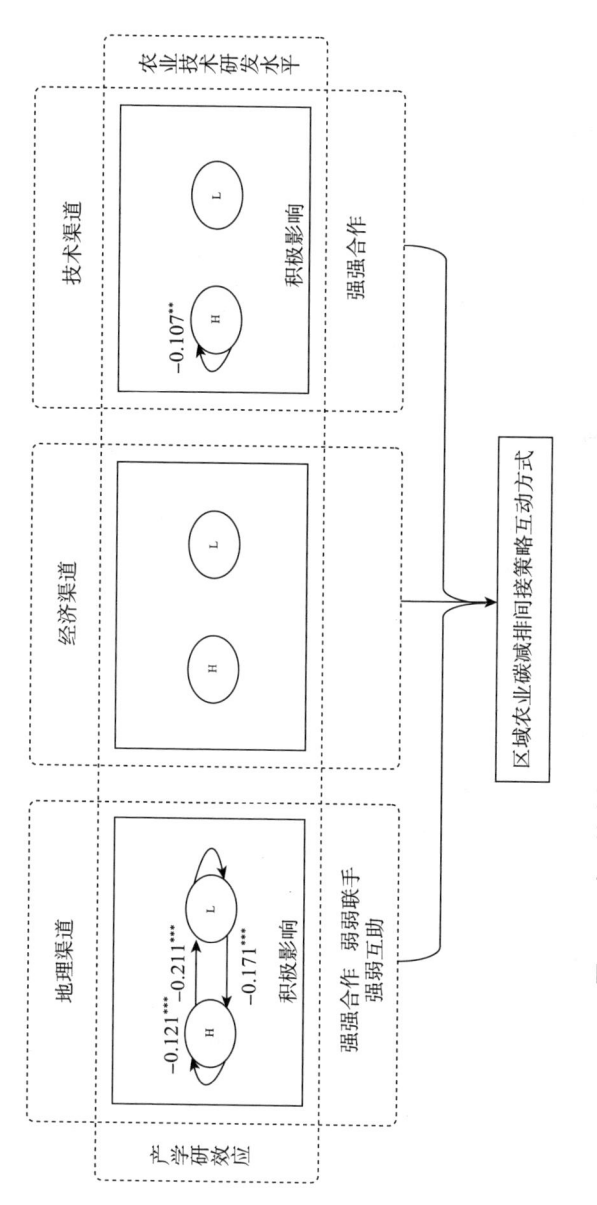

图 7.12 农业技术研发能力条件下各地区农业碳减排间接策略互动方式

注：***、**分别表示1%、5%的显著性水平。

参考文献

[1] 陈德湖,潘英超,武春友. 中国二氧化碳的边际减排成本与区域差异研究 [J]. 中国人口·资源与环境,2016,26 (10):86-93.

[2] 陈怡男,刘鸿渊. 跨区域低碳经济协调发展机制的构建 [J]. 河北经贸大学学报,2013,34 (4):107-110.

[3] 程惠芳,陈超. 开放经济下知识资本与全要素生产率——国际经验与中国启示 [J]. 经济研究,2017,52 (10):21-36.

[4] 程琳琳. 中国农业碳生产率时空分异:机理与实证 [D]. 华中农业大学,2018.

[5] 程强,赵琴琴,辜穗. 协同视域下跨区域低碳经济的协同发展研究 [J]. 经济问题探索,2016,(8):44-48.

[6] 崔晶,孙伟. 区域大气污染协同治理视角下的府际事权划分问题研究 [J]. 中国行政管理,2014,(9):11-15.

[7] 范欣,宋冬林,赵新宇. 基础设施建设打破了国内市场分割吗? [J]. 经济研究,2017,52 (2):20-34.

[8] 符淼. 地理距离和技术外溢效应——对技术和经济集聚现象的空间计量学解释 [J]. 经济学 (季刊),2009,8 (4):1549-1566.

[9] 葛尧. 基于空间视角的产业聚集对创新绩效影响研究 [J]. 统计与决策,2019,35 (16):111-114.

[10] 何丽敏,刘海波,张亚峰. 知识产权保护与经济水平对技术创新的作用机制研究 [J]. 科技进步与对策,2019,36 (24):136-142.

[11] 胡艺,张晓卫,李静. 出口贸易、地理特征与空气污染 [J]. 中国工业经济,2019,(9):98-116.

[12] 蒋黎,王晓君. 环境质量与农业经济增长的内在关系探

讨——基于我国 31 个省区面板数据的 EKC 分析 [J]. 农业经济问题, 2019, (12): 43-51.

[13] 李小平, 余东升, 余娟娟. 异质性环境规制对碳生产率的空间溢出效应——基于空间杜宾模型 [J]. 中国软科学, 2020, (4): 82-96.

[14] 李炫榆, 宋海清. 区域减排合作路径探寻——基于结构效应与二氧化碳排放的空间面板数据实证分析 [J]. 福建师范大学学报 (哲学社会科学版), 2015, 107 (1): 29-35+167.

[15] 刘鸿渊, 孙丽丽. 跨区域低碳经济发展模式与机制研究 [J]. 软科学, 2011, 25 (8): 45-48.

[16] 刘娜, 陈俊华, 王昊等. 城市要素聚集对城市群环境污染的影响——基于京津冀城市群的研究 [J]. 软科学, 2019, 33 (5): 110-116.

[17] 卢娜, 王为东, 王淼等. 突破性低碳技术创新与碳排放: 直接影响与空间溢出 [J]. 中国人口·资源与环境, 2019, 29 (5): 30-39.

[18] 逯进, 赵亚楠, 陈阳. 人力资本、技术创新对环境污染的影响机制——基于全国 285 个城市的实证分析 [J]. 长江流域资源与环境, 2019, 28 (9): 2186-2196.

[19] 沈坤荣, 金刚, 方娴. 环境规制引起了污染就近转移吗? [J]. 经济研究, 2017, 52 (5): 44-59.

[20] 宋维佳, 杜泓钰. 自主研发、技术溢出与我国绿色技术创新 [J]. 财经问题研究, 2017, (8): 98-105.

[21] 孙华平, 耿涌, 孔玉生等. 区域协同发展中碳排放转移规制策略研究 [J]. 科技进步与对策, 2016, 33 (21): 40-44.

[22] 汪明月, 刘宇, 李梦明等. 碳交易政策下区域合作减排收益分配研究 [J]. 管理评论, 2019, 31 (2): 264-277.

[23] 王芳,周兴. 人口结构、城镇化与碳排放——基于跨国面板数据的实证研究 [J]. 中国人口科学, 2012, (2): 47-56+111.

[24] 王庆喜. 多维邻近与我国高技术产业区域知识溢出——一项空间面板数据分析 (1995-2010) [J]. 科学学研究, 2013, 31 (7): 1068-1076.

[25] 吴贤荣,张俊飚,程琳琳等. 中国省域农业碳减排潜力及其空间关联特征——基于空间权重矩阵的空间 Durbin 模型 [J]. 中国人口·资源与环境, 2015, 25 (6): 53-61.

[26] 徐志伟. 经济联系、产业结构与"标杆协同"减排效应 [J]. 经济评论, 2016, 201 (5): 24-37.

[27] 余晓钟,辜穗. 跨区域低碳经济发展管理协同机制研究 [J]. 科技进步与对策, 2013, 30 (21): 41-44.

[28] 余晓钟,江昱洁,辜穗. 跨区域低碳经济协同创新发展动力机制研究 [J]. 科学管理研究, 2013, 31 (2): 55-58.

[29] 张世秋,万薇,何平. 区域大气环境质量管理的合作机制与政策讨论 [J]. 中国环境管理, 2015, 7 (2): 44-50.

[30] 张文彬,张理芃,张可云. 中国环境规制强度省际竞争形态及其演变——基于两区制空间 Durbin 固定效应模型的分析 [J]. 管理世界, 2010, (12): 34-44.

[31] 张友国. 区域间供给驱动的碳排放溢出与反馈效应 [J]. 中国人口·资源与环境, 2016, 26 (4): 55-62.

[32] 赵峰,冯吉光,白佳飞. 产业转移与大气污染:空间扩散与治理 [J]. 财经科学, 2020, (12): 83-95.

[33] 赵新峰,袁宗威. 京津冀区域政府间大气污染治理政策协调问题研究 [J]. 中国行政管理, 2014, 353 (11): 18-23.

[34] 郑怀国,贾倩,张辉等. 基于专利视角的北京涉农领域科技创新现状分析 [J]. 科技管理研究, 2017, 37 (23): 192-199.

[35] 周杰琦,夏南新,梁文光. 外资进入、自主创新与雾霾污染——来自中国的证据 [J]. 研究与发展管理, 2019, 31 (2): 78 - 90.

[36] 周黎安,李宏彬,陈烨. 相对绩效考核:中国地方官员晋升机制的一项经验研究 [J]. 经济学报, 2005, 1 (1): 83 - 91.

[37] 周伟. 京津冀产业转移效应研究——基于河北技术溢出、产业集聚和产业升级视角 [J]. 河北学刊, 2018, 38 (6): 172 - 179.

[38] 朱敏. 海外人才回流与 FDI 技术溢出 [D]. 山东大学, 2013.

[39] Asheim, G. B., Froyn, C. B., Hovi, J., et al. Regional versus global cooperation for climate control [J]. *Journal of Environmental Economic and Management*, 2006, 51 (1): 93 - 109. doi: 10.1016/j.jeem.2005.04.004.

[40] Bera, A. K., Yoon, M. J. Specification testing with locally misspecified alternatives [J]. *Econometric Theory*, 1993, 9 (4): 649 - 658. doi: 10.2307/3532679.

[41] Blanchard, O., Shleifer, A. Federalism with and without political centralization: China versus. Russia [J]. *IMF Staff Papers*, 2001, 48 (1): 171 - 179.

[42] Boschma, R. Proximity and innovation: A critical assessment [J]. *Regional Studies*, 2005, 39 (1): 61 - 74. doi: 10.1080/0034340052000320887.

[43] Breton, M., Sbragia, L., Zaccour, G. A. Dynamic models for international environmental agreements [J]. *Environmental and Resource Economics*, 2008, 45 (1): 25 - 48. doi: 10.1007/s10640 - 009 - 9304 - 6.

[44] Brooks, H. The relationship between science and technology

[J]. *Research Policy*, 1994, 23 (5): 477 – 486. doi: 10. 1016/0048 – 7333 (94) 01001 – 3.

[45] Carley, S. Decarbonization of the US electricity sector: Are state energy policy portfolios the solution? [J]. *Energy Economics*, 2011, 33 (5): 1004 – 1023. doi: 10. 1016/j. eneco. 2011. 05. 002.

[46] Chen, Y. , Lee, C. C. Does technological innovation reduce CO_2 emissions? Cross-country evidence [J]. *Journal of Cleaner Production*, 2020, 263: 121550. doi: 10. 1016/j. jclepro. 2020. 121550.

[47] Costantini, V. , Crespi, F. , Palma, A. Characterizing the policy mix and its impact on eco-innovation: A patent analysis of energy-efficient technologies [J]. *Research policy*, 2017, 46 (4): 799 – 819. doi: 10. 1016/j. respol. 2017. 02. 004.

[48] Elhorst, J. P. , Fréret, S. Evidence of political yardstick competition in France using a two-regime spatial Durbin model with fixed effects [J]. *Journal of Regional Science*, 2009, 49 (5): 931 – 951. doi: 10. 1111/j. 1467 – 9787. 2009. 00613. x.

[49] Fischer, C. , Newell, R. G. Environmental and technology policies for climate mitigation [J]. *Journal of Environmental Economics and Management*, 2008, 55 (2): 142 – 162. doi: 10. 1016/j. jeem. 2007. 11. 001.

[50] Gavard, C. , Winchester, N. , Paltsev, S. Limited trading of emissions permits as a climate cooperation mechanism? US-China and EU-China examples [J]. *Energy Economics*, 2016, 58: 95 – 104. doi: 10. 1016/j. eneco. 2016. 06. 012.

[51] Guo, J. X. , Fan, Y. Optimal abatement technology adoption based upon learning-by-doing with spillover effect [J]. *Journal of Cleaner Production*, 2016, 143: 539 – 548. doi: 10. 1016/

j. jclepro. 2016. 12. 076.

[52] Gu, W., Zhao, X., Yan, X., et al. Energy technological progress, energy consumption, and CO_2 emissions: Empirical evidence from China [J]. *Journal of Cleaner Production*, 2019, 236: 117666. doi: 10. 1016/j. jclepro. 2019. 117666.

[53] He, Y., Chen, X., Wang, F., et al. Spatial correlation of China's agricultural greenhouse gas emissions: A technology spillover perspective [J]. *Natural Hazards*, 2020, 104 (3): 2561 – 2590. doi: 10. 1007/s11069 – 020 – 04285 – 1.

[54] Jin, H., Qian, Y., Weingast, B. R. Regional decentralization and fiscal incentives: Federalism, Chinese style [J]. *Journal of Public Economics*, 2005, 89 (9 – 10): 1719 – 1742. doi: 10. 1016/j. jpubeco. 2004. 11. 008.

[55] Jorgenson, A., Schor, J., Huang, X. Income inequality and carbon emissions in the United States: A state-level analysis, 1997 – 2012 [J]. *Ecological Economics*, 2017, 134 (apr.): 40 – 48. doi: 10. 1016/j. ecolecon. 2016. 12. 016.

[56] Kostka, G., Nahm, J. Central-local relations: Recentralization and environmental governance in China [J]. *The China Quarterly*, 2017, 231: 567 – 582. doi: 10. 1017/s03057410 17001011.

[57] Meadows, D. H., Meadows, D. L., Randers, J., et al. *The Limits to Growth* [M]. Universe Books, New York, 1972.

[58] Polanyi, M. *Personal Knowledge: Towards a Post-critical Philosophy* [M]. Chicago: University of Chicago Press, 2015.

[59] Poumanyvong, P., Kaneko, S. Does urbanization lead to less energy use and lower CO_2 emissions? A cross-country analysis [J]. *Ecological Economics*, 2010, 70 (2): 434 – 444. doi: 10. 1016/j. ecolecon. 2010. 09. 029.

[60] Warner, J., Zawahri, N. Hegemony and asymmetry: Multiple—chessboard games on transboundary rivers [J]. *International Environmental Agreements: Politics, Law and Economics*, 2012, 12 (3): 215 - 229. doi: 10.1007/s10784 - 012 - 9177 - y.

[61] Wooldridge, J. M. *Introductory Econometrics: A Modern Approach (4th Edition)* [M]. South-Western Cengage Learning, 2009.

[62] Xu, C. The fundamental institutions of China's reforms and development [J]. *Journal of Economic Literature*, 2011, 49 (4): 1076 - 1151. doi: 10.1257/jel.49.4.1076.

[63] Yin, J., Zheng, M., Chen, J. The effects of environmental regulation and technical progress on CO_2 Kuznets curve: An evidence from China [J]. *Energy Policy*, 2015, 77 (feb.): 97 - 108. doi: 10.1016/j.enpol.2014.11.008.

[64] Zhang, Y. Interregional carbon emission spillover-feedback effects in China [J]. *Energy Policy*, 2017, 100: 138 - 148. doi: 10.1016/j.enpol.2016.10.012.

第八章　中国农业碳减排区域协同成效和机制

区域之间存在碳关联已是不争的事实，大量学者从贸易、经济、技术的角度探讨了国家间、区域间以及城市间的碳关联（Weber et al.，2008；Abbott，2012；Li et al.，2018；Videras，2014；Wang et al.，2019），发现这种碳关联可能超越了线性形式，而呈现出复杂的网络化形式（Meng et al.，2013）。随着我国产业融合的不断深化，作为农业大国，农业发展绿色化、低碳化是大势所趋。也有部分学者关注我国的农业碳关联，发现农业要素投入的相互模仿、农业生产技术的空间溢出，以及农业经济发展水平的空间合作和竞争都是引起区域农业碳关联的重要原因（武红，2015；程琳琳等，2016；Huang et al.，2019；闫桂权等，2019），并认为在制定碳减排措施时，应当充分考虑碳关联性，以达到更好的减排效果。

早期的节能减排主要以行政命令形式推行，认为农业政策工具的恰当使用不仅可以促进农业资源的合理高效利用，还可以推动农业污染的有效治理（张凡、顾瑶，2019；王会钧，2020）。随着国际和国内碳交易市场的不断发展和完善，学者们注意到在"双碳"目标约束下，减排除了要依靠政府的驱动外，也应强化市场驱动，并通过市场推动微观主体间的协同合作（何可等，2022）。对于地域广阔的中国来说，区域发展不平衡的特征尤为突出，协同减排显得更加重要。Liu 等（2021）发现相邻城市可以通过学习效应进行协同减排，有利于减排政策的实施；Song（2021）指出有效的跨区域经济合作能有效抑制碳排放；Han（2021）说明区域间可进行技术引进，技术协同有利于减排目标的实现；邢华（2015）发现合作减排在一定程度上可以实现区域间的优势互补，激发地区减排潜力；Uddin 和 Taplin（2015）指出合作减排不仅可以弥补区域间信息不对称的劣势，使各地区减排意愿趋于一致，也可以降低地区间碳交易的成本；Cui 等（2021）认为应通过建立农业碳减排补偿机制，加强区域协同合作减排，以提升减排效应。

为推动区域间的农业协同减排，本章从测算区域减排协同度入手，再从降低农业碳减排成本和促进区域减排收敛两个方面探讨了协同减排的效果，最终依据减排社会成本最小化、减排分摊公平化、减排标准差异化和发展权益均等化四个原则，从基础性协同治理机制（资源共享机制、资金合作机制、技术扩散机制、产业合作机制）、动力性协同治理机制（责任分担机制、区域补偿机制、利益共享机制），以及保障性协同治理机制（目标协同、政策协同）三个方面构建农业碳排放的协同治理机制框架，为相关决策提供参考。

第一节　区域碳减排协同度的测度与分析

一　区域碳减排协同度的测度

国内外学者一致认为由于碳排放存在外部性，仅依靠某地单方面行动很难取得理想的减排效果,必须开展区域协同与合作,在合作减排过程中,区域间的人力、经济、贸易等各方面的关联也会更紧密,又进一步加深了区域间各方面的合作和竞争,进而直接或间接影响到碳排放,使碳排放的区域关联更加紧密。因此,碳排放的空间相关不仅是区域协同合作减排的原因,也是区域协同合作减排的结果,可以在一定程度上衡量区域协同减排的程度,因此,本章从区域农业碳关联的角度衡量区域减排协同度。

根据日本学者 Kaya(1989)提出的 Kaya 恒等式,以及 Commoner(1992)提出的 IPAT 模型,将影响农业碳排放的因素归纳为农业劳动力、农业经济水平、农业生产技术和耕地面积四个方面(Wiedmann et al.,2006;Marques et al.,2012;Höhne et al.,2014;Savian et al.,2018)。在借鉴前人研究的基础上,本章选取农业劳动力规模、人均农业增加值、农业碳排放强度、总耕地面积作为核心指标,采用修正引力模型测算区域减排协同度,计算公式如下:

$$y_{ij} = k \frac{\sqrt[4]{P_i G_i T_i A_i} \sqrt[4]{P_j G_j T_j A_j}}{D_{ij}^2} \tag{8.1}$$

其中,y_{ij} 为地区 i 对地区 j 的减排协同度;P_i、G_i、T_i、A_i 分别为地区 i 的农业劳动力规模、人均农业增加值、农业碳排放强度、总耕地面积,P_j、G_j、T_j、A_j 分别为地区 j 的农业劳动力规模、人均农业增加值、农业碳排放强度、总耕地面积;D_{ij}^2 是地区 i 和 j 省会城市球面距离的平方;k 是经验系数，根据区域间农业碳转移量计算：

$$k_{ij} = \frac{c_{ji}}{c_{ji} + c_{ij}} \tag{8.2}$$

其中，c_{ji} 为地区 i 调入地区 j 的农产品所转移的碳排放量，c_{ij} 为地区 j 调入地区 i 的农产品所转移的碳排放量，地区间碳转移量由区域间农产品转移额与各地区农业碳排放强度相乘可得。

二 减排协同度的分析

1. 全国层面的减排协同度分析

由图 8.1 可见，全国农业碳减排协同度以波动态势呈现小幅上升趋势，从 2007 年的 0.45 上升到 2018 年的 0.51，大致可分为三个阶段：2007~2012 年为快速增长阶段，这一时期我国农业机械化推动了种植规模化发展，区域协同发展的国家政策也加强了农产品转移、产业合作、资本流动、资源共享等经济活动，地区间的交流得以加强，加速了农业碳排放的联通互动，使得减排协同度提高明显；2012~2017 年为波动上升阶段，主要原因是这五年里伴随"十二五"规划的顺利完成以及"十三五"规划的持续推进，农业发展水平得到显著提高，但由于各省区市发展程度不尽相同，减排协同度表现出波动态势；从 2018 年开始，随着国家出台越来越多的农业政策，资源在各地区互利互促，合作社、家庭农场、种植基地也逐渐步入正轨，全国减排协同度趋于平稳。

第八章 中国农业碳减排区域协同成效和机制

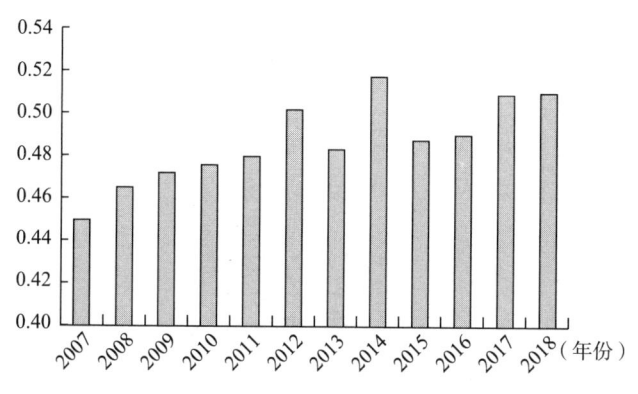

图8.1 2007~2018年全国农业碳减排协同度

2. 区域层面的减排协同度分析

由图8.2可见,将全国各省区市分成八大综合经济区后,各综合经济区内省份的农业减排协同度差异较大,中部和东部综合经济区的减排协同度高于西部综合经济区;长江中游综合经济区的减排协同度最高,为0.95;而南部沿海综合经济区的减排协同度最低,仅为0.19。西部区域经济发展水平相对较低,且地域辽阔,减排政策推行速度缓慢,由于技术吸纳能力有限,农业技术扩散程度较低,需要通过查找自身减排短板,加强各领域合作,主动提高减排协同度;南部沿海综合经济区以第二、第三产业为主,农业生产占比小,大部分减排政策和措施都是针对第二、第三产业,导致农业减排协同度较低;而长江中游综合经济区作为我国传统农业主产区,通过充分利用地理形势、资源禀赋和自然条件的相似性,与区域内其他省区市产生"联动效应",达到较高的减排协同度,可作为其他区域的学习标杆。

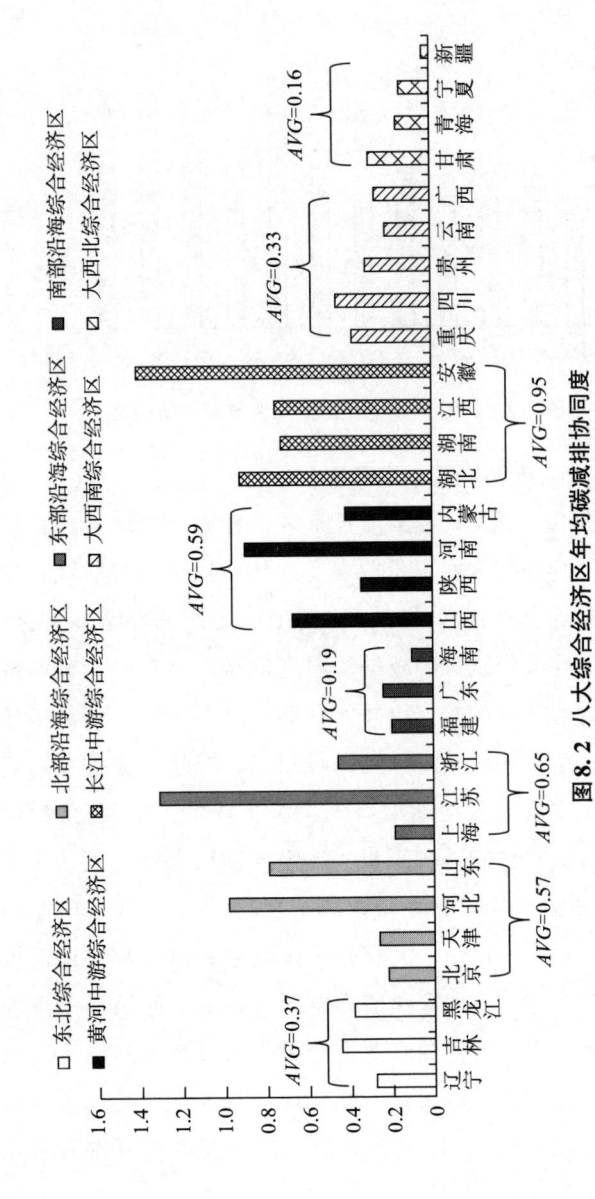

图 8.2 八大综合经济区年均碳减排协同度

注：AVG指年均碳减排协同度。鉴于数据可得性，本章未分析西藏协同减排成效。

第二节 区域协同减排的成效分析

一 协同减排成效的理论分析

近年来,我国在碳减排领域做出了各种有益尝试与不懈努力,但如何合理评估区域减排成效,以便寻找合适的减排路径,依然是目前亟待解决的问题。学者们对此也提出了广泛的意见,陈江龙等(2016)认为碳排放总量的高低是评价减排成效的重要依据;刘晓燕和孙慧(2019)指出能源结构和产业结构的优化才是低碳发展的评价标准;杨子晖等(2019)运用成本函数、距离函数等,从减排经济损失最小化的角度评价了减排成效;邱立新和徐海涛(2018)从碳减排政策角度出发,运用 CGE 模型评价减排政策变动下的减排成效。这些研究均从不同视角探讨了碳减排成效,但均未评价区域协同减排的成效,本章拟分析区域协同减排成效。一方面,区域协同减排将通过经济协同、产业协同、技术协同等多种方式进行,在协同过程中,区域间的经济、产业和技术联系将不断加强,资源要素的配置将更加优化,减排技术和经验的交流将更畅通和频繁,产生"规模效应",进而降低减排成本;另一方面,各地区在协同减排中不断进行合作,相互学习、相互模仿,"减排标杆"的示范力量可能带来"标杆协同效应",进而促进区域减排收敛。因此,本部分将从减排成本降低和区域减排收敛两个角度衡量区域协同减排的成效。

二 协同减排对减排成本的影响分析

1. 模型建立

碳减排成本采用第三章影子价格进行测算，并将其作为因变量，核心自变量为区域年均碳减排协同度，控制变量从经济、技术、人口三个角度选择对碳减排成本影响较大的因素。由于我国农业经济发展仍未到达拐点（Wiedmann et al., 2006），减排成本会随着经济发展程度的上升而上升，农业经济发展水平对碳减排成本有显著影响，所以，本部分首先纳入农业人均 GDP；由于我国农业仍以传统种植业和畜牧业为主，且各子行业的减排难度和潜力不尽相同，在农业产业结构的调整升级中，农业整体的减排成本也会发生变化（Höhne et al., 2014），所以，将种植业和畜牧业增加值占比作为产业结构的衡量指标纳入控制变量；大多数学者认为技术进步是减排的关键因素，是控制减排成本、激发减排潜力的有效手段（Marques et al., 2012），所以，将农业专利授权总量作为技术进步的衡量指标纳入控制变量；城镇化进程的加快会改变人们对能源和产品的需求，带来能源结构和产业结构的调整，进而影响碳减排成本（聂弯、于法稳，2017），所以城镇化率也作为控制变量。

为研究减排协同度对各区域碳减排成本的影响，采用如下变系数面板模型：

$$y_{it} = \alpha + \beta_{1i} c_{it}^2 + \beta_{2i} c_{it} + \beta_{3i} P_{it} + \beta_{4i} E_{it} + \beta_{5i} S_{it} + \beta_{6i} L_{it} + \mu_{it} \quad (8.3)$$

其中，y_{it} 为第 i 个区域第 t 年的农业减排成本；c_{it} 为第 i 个区域第 t 年与其他省区市的减排协同度；P_{it} 为农业技术进步水平；E_{it} 为农业经济发展水平；S_{it} 为农业产业结构；

L_{it} 为城镇化水平;β 为各变量的系数,μ 表示随机误差项。表 8.1 为各变量的内涵、计算方法和数据来源。

表 8.1 各变量计算方法及数据来源

变量类别	变量名称	变量符号	计算方法	数据来源
因变量	农业碳减排成本	y	采用影子价格测算	根据本书第二章计算可得
自变量	碳减排协同度	C	(某省区市对其他所有省区市农业碳的平均依赖度 + 其被其他所有省区市平均碳依赖度)/2	本章计算可得
控制变量	农业技术进步水平	P	农业专利授权总量	中国知网专利数据库
控制变量	农业经济发展水平	E	农业人均增加值	《中国农村统计年鉴》
控制变量	农业产业结构	S	(种植业增加值 + 畜牧业增加值)/第一产业增加值	《中国农村统计年鉴》
控制变量	城镇化水平	L	城镇人口数/总人口数	《中国统计年鉴》

2. 结果分析

表 8.2 的模型一为 Pooled 面板回归,区域碳减排协同度及其平方项估计系数均在 5% 的水平下显著,说明区域减排协同度的改变确实可以显著影响农业碳减排成本,平方项系数为正,说明区域协同减排与减排成本呈"U"形关系,随着区域减排协同度的提升,减排成本先降后升,存在"拐点"。这是因为当各区域碳减排协同度较低时,随着区域农业经济合作的加强,资本、人力、技术以及碳排放的区域关联也会增强,这个时候区域间以合作为主导,会共

享减排经验和成果，为实现快速减排创造条件，减排成本随区域减排协同度的增加而降低，减排朝着有利的方向前进。但当各区域碳减排协同度已经较高时，区域间有了比较深入的合作，相互间的竞争关系开始显现，呈现"你追我赶"的态势，减排过程中可能会出现"劣性竞争"，减排成本到达拐点，如果继续以"协同"为目标实行"一刀切"，反而会导致减排成本的增加。另外，某些地区享受到减排成本降低的成果后，开始谋求经济发展，随着农业生产规模的不断扩大，"反弹效应"的出现也会使减排成本开始上升。所以适度的协同减排有利于减排成本的降低，但过度的协同减排会由于区域间的非良性竞争导致减排成本上升。

模型二将我国各省区市分成了八大综合经济区，利用变系数面板模型来考虑成本降低效应的区域差异。结果显示，有4个经济区的碳减排协同度及其平方项显著，且平方项系数估计结果有正有负，其中北部沿海综合经济区、黄河中游综合经济区和大西北综合经济区的碳减排协同度与减排成本呈现倒"U"形关系，说明随着区域减排协同度的提升，这三个经济区减排成本先升后降，存在"拐点"。北部沿海综合经济区人口密度大，对农产品的消耗量大，造成其碳排放本身较大；而农业经济在整体经济中占比较低，农产品以外地调入为主，使其农业减排成本的控制较难，但当区域间的减排协同度达到较好磨合之后，减排成本也会有所下降。黄河中游和大西北综合经济区内的省区市地域辽阔，是我国种植业和畜牧业主产区，当区域减排协同度提升后，短期内的规模经济促使农业生产规模持续扩张，引起碳排放量急剧增加，减排成本增加，但随着区域间合作的加强、技术的跟进，减排成本达到库兹涅兹倒"U"形曲线的拐点，随后呈下降趋势。长江中游综合经济区的减排协同度与减排成本呈正"U"形关系，减排成本先降后升。长江中游地区以平原为主，有较好的开展机械化种植的地理条件，区域间的协同性会以低成本的方式推动农业种植规模扩大、减排成本下降，但过度协同同样会产生副作用，引起减排成本上升。

从控制变量来看，模型一中，农业技术进步、经济发展水平和产业结构均对减排成本有显著的抑制作用，估计系数均为负数，表明技术进步作为减排的重要手段之一，确实可以通过降低减排成本激发减排潜力；随着绿色发展理念逐渐深入人心，农业发展也逐渐从粗放型模式中解脱，开始走绿色低碳之路，各地农业优势越发突出，农业产业结构和产业布局不断优化，使农业经济发展水平的提升和产业结构的调整都对减排成本起到抑制作用。而城镇化的提升却会使减排成本上升，这是因为城镇化进程加快使农村人口的消费结构不断向城市人口看齐，消费结构的变化促使生产结构也做出一定的调整和匹配，推动了城市规模的膨胀，使农业碳排放更为复杂，减排难度增加，减排成本上升。

从模型二来看，各区域控制变量的显著性，以及对减排成本的影响方向存在差异。技术进步水平对减排成本有显著影响的地区为东部沿海综合经济区、黄河中游综合经济区及大西北综合经济区，且系数均为负。东部地区经济发达，技术先进，但农业占比较低；黄河中游为种植业主产区；大西北畜牧业较发达，其生产极具规模化，这些原因造成三个片区技术进步都能显著降低减排成本。农业经济发展水平对减排成本有显著影响的是北部沿海综合经济区、东部沿海综合经济区、黄河中游综合经济区、大西南综合经济区和大西北综合经济区，其中除了大西北综合经济区随着经济的发展减排成本增加外，其他四个地区均使减排成本下降。大西北综合经济区城市包括甘肃、青海、宁夏、新疆四省区，具有地广人稀的特征且平均经济发展水平较为落后，经济发展是地区的首要问题，随着农业经济发展水平的不断提升，技术也随之进步，经济规模扩大带来的减排难度增加抵消掉技术进步带来的减排难度降低，从而呈现正向关系。城镇化水平对减排成本有显著影响的地区是黄河中游、长江中游和大西北综合经济区，系数有正有负。黄河中游具有较好的种养条件，通过种养结合模式不断推动农业的高效发展；大西北地区有我国五大牧场，地域广阔，有得天独厚的畜牧业发展优势。由于这两个片区农业优势明显，城镇化率的提高促进了技术的有效研发，并通过融入农业生产抑制了减排成本的上升。而长江中游以规模化种植业为主，随着城镇化率的上升，消费结构的调整在一定程度上影响了该区域的生产结构，使以种植业为优势的长江中游减排成本有所上升。

表 8.2　回归结果分析

变量	模型一	模型二	
估计方法	FE	Betas	
C_u	−11.138**	12.668**	（北部沿海）
		6.546**	（黄河中游）
		−2.462**	（长江中游）
		10.843***	（大西北）

续表

变量	模型一	模型二
C_{it}^2	4.781**	-12.229**（北部沿海）
		-1.727*（黄河中游）
		11.535**（长江中游）
		-15.658***（大西北）
P_{it}	-1.203***	-1.215**（东部沿海）、-5.553***（黄河中游）、-1.274***（大西北）
E_{it}	-1.055*	-2.917**（北部沿海）、-1.621**（东部沿海）、-1.490**（黄河中游）、-1.026**（大西南）、0.321**（大西北）
S_{it}	-6.671**	八大综合经济区均不显著
L_{it}	5.844***	-10.234***（黄河中游）、10.444**（长江中游）、-12.018***（大西北）

注：*、**、*** 分别表示10%、5%、1% 的显著性水平。

三 协同减排对区域排放收敛的影响

1. 模型建立

首先需要界定什么是排放收敛，为实现2030年我国碳排放强度下降60%~65%的目标，农业也需要贡献力量。本书将农业碳排放强度的发展速度定义为农业排放收敛，即区域农业碳排放强度的环比发展速度下降，农业朝着更为绿色低碳的方向前进，排放逐渐收敛；当区域农业碳排放强度环比发展速度上升，农业碳污染问题加重，排放仍在扩张。所以，因变量为农业碳排放强度的环比发展速度。自变量除区域碳减排协同度外，还包括农业技术进步、农业产业结构、环境规制水平、能源强度等。农业技术进步和农业产业结构优化都是减排的重要推力；环境规制是利用行政力量实现减排,由于农业并未充分参与碳交易市场,行政管制仍是减排的主导;而农用能源效率的提升也是农业节能减排的重要举措。本部分建立的变系数面板模型如下:

$$\ln\left(\frac{e_{i,t+1}}{e_{it}}\right) = \alpha + \beta\ln c_{it} + \delta\ln x_{it} + \mu_{it} \quad (8.4)$$

其中,e_{it} 和 $e_{i,t+1}$ 分别为省区市 i 第 t 年和第 $t+1$ 年的农业碳排放强度;c_{it} 为省区市 i 第 t 年的减排协同度;x 代表控制变量;β 为收敛系数,μ 表示随机误差项。表8.3为各变量内涵、计算方法及数据来源。

表8.3 各变量计算方法及数据来源

变量类别	变量名称	变量符号	计算方法	数据来源
因变量	环比发展速度	$\dfrac{e_{i,t+1}}{e_{it}}$	农业碳排放强度的环比发展速度	根据本书第二章计算而得
自变量	碳减排协同度	C_{it}	(某省区市对其他所有省区市农业碳的平均依赖度+其被其他所有省区市平均碳依赖的程度)/2	根据修正引力模型测算
自变量	农业技术进步	P_{it}	农业专利授权总量	中国知网专利数据库
自变量	农业产业结构	S_{it}	(种植业增加值+畜牧业增加值)/第一产业增加值	《中国农村统计年鉴》
自变量	环境规制水平	G_{it}	农业环境治理投资占农业增加值的比重	《中国环境统计年鉴》
自变量	能源强度	R_{it}	第一产业能源消耗总量/第一产业增加值	《中国能源统计年鉴》

2. 结果分析

表8.4展示了农业碳减排协同对排放收敛的影响,我

国近一半省区市的碳减排协同对排放收敛有显著的影响，且估计系数均为负，说明农业减排协同度的上升有利于排放收敛。区域间通过经济、贸易和技术的合作，提高了农业生产效率，使农业碳排放强度朝着下降的方向前进，农业发展更具有可持续性。其中，大部分省区市位于我国西部地区，西部地域广阔，经济发展水平和技术水平都相对落后，但减排潜力较大，区域减排协同度的提高有利于激发其减排潜力，推动排放收敛。而东部和中部仅有少量省份的估计系数显著，其中河北、河南、吉林和辽宁均是我国农业大省；海南因其适宜的温度条件，农产品种类丰富；山西以特色农业为主，协同减排有利于共享减排经验。这些省份发挥各自减排优势，使农业排放收敛。

表 8.4 碳减排协同度回归结果

东部地区	系数	Z 值	中部地区	系数	Z 值	西部地区	系数	Z 值
河北	-1.223**	-2.32	山西	-2.012**	-2.78	内蒙古	-3.186**	-2.11
辽宁	-2.247*	-1.72	吉林	-2.845***	-4.73	广西	-5.547*	-1.78
海南	-7.046***	-3.68	河南	-2.103**	-2.96	重庆	-2.976*	-1.97
						陕西	-3.763*	-1.92
						甘肃	-4.840***	-3.26
						宁夏	-12.507***	-4.35
						新疆	-11.601***	-3.56

注：仅列出系数显著的地区，***、**、*分别表示1%、5%、10%的显著性水平。

表8.5显示，我国有近1/3的省区市农业技术进步对农业碳排放收敛有显著的影响，除中部地区的山西和吉林

外,其余地区的估计系数均为负,说明大部分地区农业技术进步都能使农业碳排放向着收敛的方向发展。其中,东部省市占绝对比重,这是因为东部地区节能减排技术的研发能力较强,技术水平也较高,同时,由于其较强的学习和吸纳能力,能够快速对农业新技术做出反应,使得整个区域的农业碳污染朝着收敛的方向前进。所以,要尽可能地发挥东部地区技术优势,增强其农业技术的区域辐射能力,使更多地区受益。而山西、吉林的农业技术进步反倒使农业碳排放朝着发散的方向前进,是因为山西以特色杂粮农业为主,吉林是我国的产粮大省,均以传统种植业为主,农业技术进步在推动农业碳减排的同时,在反弹效应下使种植规模扩大,进而使排放增加。

表 8.5 农业技术进步回归结果

东部地区	系数	Z 值	中部地区	系数	Z 值	西部地区	系数	Z 值
北京	-0.152***	-3.34	山西	0.146***	4.27	四川	-0.719**	-2.14
天津	-0.468***	-4.12	吉林	1.539***	7.06			
江苏	-0.249**	-2.40	湖北	-0.203***	-3.28			
浙江	-0.419***	-3.07						
福建	-0.377***	-3.33						

注:仅列出系数显著的地区,***、** 分别表示 1%、5% 的显著性水平。

由表 8.6 可见,全国约 1/3 的省区市农业产业结构对碳排放收敛有显著的影响,其中,大部分省区市位于中西部地区,且均呈现负相关,说明农业产业结构的调整可使农业碳排放朝着收敛的方向前进。究其原因,对中西部省区市来说,其农业占比较大,多以种植业及畜牧业为主,随着国家对农业可持续发展越发重视，农业技术不断发展，种植业和畜牧业生产的绿色水平都得到了极大的提升，使得农业碳污染得到缓解。而对于东部省市来说，其更重视高附加值现代农业，传统农业占比下降，且由于农业生产条件不如中西部地区，传统农业占比上升反而使农业碳污染更为严重。

表8.6　农业产业结构回归结果

东部地区	系数	Z值	中部地区	系数	Z值	西部地区	系数	Z值
北京	0.389**	2.69	山西	-1.293***	-1.49	四川	-5.488**	-2.19
浙江	1.537**	3.09	吉林	-5.958***	-4.26	贵州	-2.338**	-2.51
			安徽	-2.005***	-2.32	甘肃	-6.134**	-2.99
						宁夏	-4.422*	-1.75
						新疆	-7.349**	-2.93

注：仅列出系数显著的地区，***、**、*分别表示1%、5%、10%的显著性水平。

从表8.7可见，全国有8个省区市的环境规制水平（也即环境污染治理水平）对农业碳排放收敛有显著的影响，除北京、天津、上海外，其余地区估计系数为负，说明大部分地区的环境污染治理水平提高，会使农业排放收敛，原因在于环境污染治理力度的增大会使企业面对更为严苛的环境考核，从而促使企业通过技术进步或者产量调整来应对，进而在一定程度上缓解了农业碳排放污染，使排放朝着收敛的方向前进。而北京、天津、上海三市不仅是国家经济的重要支撑力量，也是对环保要求较高的地区，环境治理投入本身较大，且其技术本身具有优势，环境治理力度难以成为企业技术进步的主要推动力,在边际投资效益递减的情形下,过度的环境治理反而不利于农业减排。

表 8.7 环境规制水平回归结果

东部地区	系数	Z 值	中部地区	系数	Z 值	西部地区	系数	Z 值
北京	4.374***	3.28	山西	-1.664*	-1.76	广西	-20.034***	-4.41
天津	4.766**	2.24	江西	-9.119**	-1.95	内蒙古	-10.375**	-2.27
上海	13.330**	2.32						
浙江	-4.043**	-3.06						

注:仅列出系数显著的地区,***、**、*分别表示1%、5%、10%的显著性水平。

由表 8.8 可知,全国有 80% 的省区市的农业碳排放收敛程度受到农业能源强度的影响,且估计系数均为正,说明随着能源利用效率的提升,农业碳污染问题得到缓解。随着技术水平的不断发展、农业投入产出效率的不断提升,以及"气代煤""电代煤"和清洁能源的运用,农业碳排放朝着收敛的方向前进,农业可持续能力得到增强。

表 8.8 能源强度回归结果

东部地区	系数	Z 值	中部地区	系数	Z 值	西部地区	系数	Z 值
北京	0.998***	11.73	山西	0.684***	9.00	广西	4.217***	3.46
天津	0.924**	2.19	吉林	2.763***	7.68	重庆	0.871***	3.93
河北	2.191***	3.77	安徽	5.730***	3.54	贵州	2.001***	7.77
辽宁	3.575***	3.73	江西	7.142***	3.65	云南	2.450***	5.40
浙江	9.661***	8.74	河南	4.334**	2.73	陕西	4.081***	7.38

续表

东部地区	系数	Z值	中部地区	系数	Z值	西部地区	系数	Z值
福建	1.382**	2.02	湖北	4.182**	2.69	甘肃	1.255***	2.45
山东	3.601**	2.72	湖南	3.427**	3.44	青海	8.898***	6.97
广东	6.377***	3.66				宁夏	1.895***	5.90
						新疆	1.488***	3.45

注：仅列出系数显著的地区，***、**分别表示1%、5%的显著性水平。

第三节 区域协同减排机制的搭建

通过上述分析可以看出，我国农业碳排放省际差异明显，单一减排措施已难以应对。而协同治理是为应对复杂的系统性治理危机而产生的一种治理理念，它以协调发展理论和合作治理学说为基石，强调了各主体都必须通过利益共同体采取集体行动、相互合作、相互协助、共同发展，以达到更好的效果。随着经济社会的不断发展，我国农业碳减排问题也变得日益复杂，为确保区域农业碳减排治理的顺利、高效进行，需要搭建合适的协同减排机制。基于此，本章在借鉴国内外大气污染排放协同控制先进经验、创新做法的基础上，依据减排社会成本最小化、减排分摊公平化、减排标准差异化和发展权益均等化四个原则，从基础性协同治理机制（资源共享机制、资金合作机制、技术扩散机制、产业合作机制）、动力性协同治理机制（责任分担机制、区域补偿机制、利益共享机制），以及保障性协同治理机制（目标协同、政策协同）三个方面构建农业碳排放的协同治理机制框架,具体如图8.3所示。

一 基础性协同治理机制

农业碳减排的基础性协同治理机制主要分为四个部分,分别是资源共享机制、资金合作机制、技术扩散机制和产业合作机制。

资源共享机制是指搭建开放式的区域间协作系统,实现资源合理有效的流动和共享。一般来说,资源可大致分为有形资源和无形资源两种,有形资源通常是指可以被看作有形实物的资源,在农业碳减排领域,可用于共享的有形资源是十分有限的。在这种情况下,人们的目光主要聚集在无形资源共享上,区域间需要共享减排技术、减排经验和减排信息等,以推动高效减排。

资金合作机制是指通过建立资金合作平台使区域间的农业减排资金能够得到最充分的利用,资金合作形式包括投资和补偿两种。投资形式的资金合作,其投资领域可以是低碳机器设备、低碳原材料、低碳技术等,主要是区域间的联合投资行为。而补偿形式的资金合作是指农业碳净受益者对净贡献者的环境补偿,以此让减排成本最低的地区贡献力量,使减排和经济协同发展。

技术扩散机制是指搭建农业减排技术在区域间共享的渠道,发挥高技术研发能力地区的中心引领作用,以其示范作用和辐射效应带动更多地区进行技术研发,形成技术溢出的良性共享,并加速低碳技术成果向现实生产力转化,从而提高我国区域农业整体低碳技术创新能力,从根本上带动我国农业碳减排治理机制的快速、高效发展。

产业合作机制也是基础性协同治理机制的关键要素之一,产业合作通过区域间的横向合作、纵向合作加深地区产业、经济联系,增强地区减排共担意识,进而推动区域协同减排。产业横向合作是以优势产业为载体,充分发展跨区域的农业产业集群,以规模化提升减排效率;产业纵向合作是以全产业链为目标,以各地区为链条核心点,拉长产业链条,形成牢固的上下游关系,以共享减排资源。

二 动力性协同治理机制

农业碳减排的动力性协同治理机制主要分为三个部分,分别是责任分担机制、区域补偿机制和利益共享机制。

跨区域碳排放合作治理的重要举措之一在于横向整合,区域政府需要建立责任共担和合理分担两个机制。其内容主要包括两个方面。一是明确减排必须区域共同担责,各地区都是农业碳排放的重要一员,虽由于农业经济发展情况的差异,碳排放水平有所不同,但需要形成共同排放、共同担责的共识,每个地区都应该积极参与到环境治理中,共同协商治理目标,明确减排任务;二是有区别地承担减排责任,由于各地区农业资源禀赋条件不同,减排潜力也存在差异,不能以同一减排标准衡量所有地区,应实施差异化的考核标准,在兼顾效率性和公平性的前提下,实行"谁污染、谁付费"原则,并在全国"一盘棋"大局意识下,充分调动减排潜力大和潜力小地区间的互动,提升整体减排水平。

区域补偿机制通过搭建农业碳贡献者和受益者之间的桥梁,形成两者的良性互动,以推动农业高效碳减排。碳减排不仅是一个环境技术问题，也是一个复杂的社会经济问题。由于农业的生态效应，通过生态补偿来激励和引导各区域发展清洁农业和低碳农业，已经成为公认的农业碳减排通行做法。生态补偿与农业发展、农户权益息息相关，由于减少碳排放的措施要牺牲一定的发展机会，秉承着"生态受益者要给保护者补偿"的原则，建立合理的农业碳减排的生态补偿机制是必然选择。只有立足于补偿机制，才能继续在低碳农业发展响应程度较低的区域加强适合当地发展的节能减排技术的研发和推广应用，以实现农业生产要素的充分利用和优化配置。

利益共享机制的建立是为了解决区域间的减排利益冲突。要建立一个合理的利益共享机制，需要从全局出发，制定区域联合减排发展战略和发展规划，建立合理的区域低碳农业产业一体化、减排基础设施建设一体化、农业碳减排人才互动和科教一体化、减排资源平台和技术共享平台等。同时给各区域打造共同的利益空间，如加强低碳农业项目合作、实行税收共享、改善低碳农业项目的分配体制，完善区域间监督机制，共同营造有利于区域间低碳农业发展的利益共享机制。

三 保障性协同治理机制

保障性协同治理机制包括目标协同和政策协同两个方面。

目标是工作的方向。只有明确目标和任务，农业碳减排工作才能顺利开展。在协同治理过程中，应充分发挥各区域主体的能动作用，保持区域间目标协同，以及目标运

第八章 中国农业碳减排区域协同成效和机制

行等各个环节之间的相互衔接。由于各区域农业减排情况有所不同，要跨区域实现协同治理需要各主体部门紧紧围绕总目标，横向协调与垂直领导并存，严格落实责任目标，确保农业碳减排任务的顺利实施。通过各区域政府参与、协商、决策，对现阶段区域农业碳排放情况有一个清晰的认知，也对政府、农户、市场进行明确的角色定位，以增强各区域碳减排的意愿。在实施过程中，一方面，要落实责任机制，提高各级部门执行能力，抓好总体目标部署，针对低碳农业热点问题，将责任清单落实到各市、县、区；另一方面，要加强顶层设计，成立完备的领导小组，组织和监督全区各级政府实施农业减排，衡量和评估

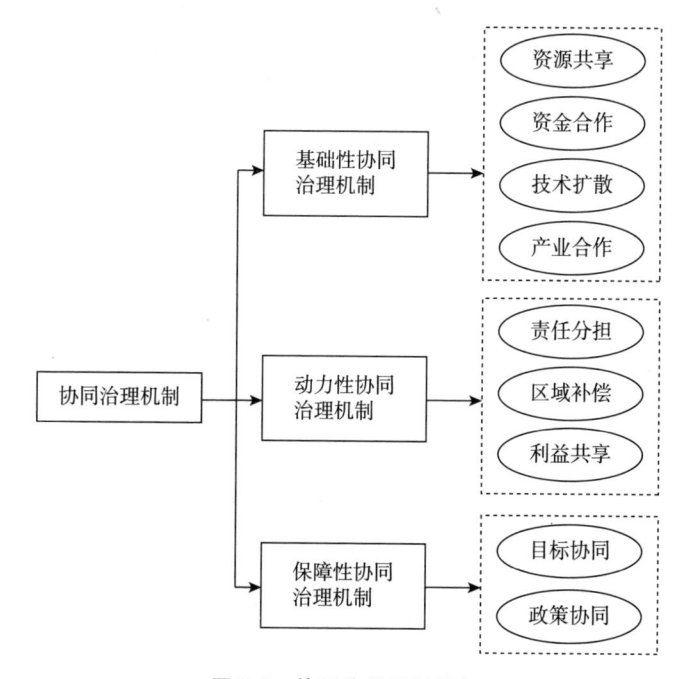

图 8.3 协同治理机制框架

实施过程中目标实现的影响和效果,并在系统过程中有效利用治理成果。

政策协同是指通过沟通和对话来避免政策障碍,在不同地区、不同政府机构之间形成统一的减排政策。就跨区域农业碳减排目标任务而言,跨区域政府是相互联系和影响的主体。政策协同机制的设计应注重政策目标的统一、政策方案的平衡和政策方案的合法性。

参考文献

[1] 陈江龙,李平星,高金龙.1990—2014年泛长三角地区能源利用碳排放时空格局及影响因素[J].地理科学进展,2016,35(12):1472-1482.

[2] 程琳琳,张俊飚,田云等.中国省域农业碳生产率的空间分异特征及依赖效应[J].资源科学,2016,38(2):276-289.

[3] 何可,汪昊,张俊飚."双碳"目标下的农业转型路径:从市场中来到"市场"中去[J].华中农业大学学报(社会科学版),2022,(1):1-9.

[4] 刘晓燕,孙慧.资源型产业碳排放驱动因素演化与低碳发展路径选择[J].统计与决策,2019,35(2):53-57.

[5] 聂弯,于法稳.农业生态效率研究进展分析[J].中国生态农业学报,2017,25(9):1371-1380.

[6] 邱立新,徐海涛.能源经济环境协调发展的最优政策设计——基于CGE模型的实证研究[J].科学与管理,2018,38(5):33-45.

[7] 王会钧.绿色金融如何支持农业产业结构绿色升级——以

黑龙江省为例 [J]. 农业经济, 2020, (5): 108-110.

[8] 武红. 中国省域碳减排: 时空格局、演变机理及政策建议——基于空间计量经济学的理论与方法 [J]. 管理世界, 2015, (11): 3-10.

[9] 邢华. 我国区域合作的纵向嵌入式治理机制研究: 基于交易成本的视角 [J]. 中国行政管理, 2015, (10): 80-84.

[10] 闫桂权, 何玉成, 张晓恒. 绿色技术进步、农业经济增长与污染空间溢出——来自中国农业水资源利用的证据 [J]. 长江流域资源与环境, 2019, 28 (12): 2921-2935.

[11] 杨子晖, 陈里璇, 罗彤. 边际减排成本与区域差异性研究 [J]. 管理科学学报, 2019, 22 (2): 1-21.

[12] 张凡, 顾瑶. "乡村振兴" 背景下农业绿色补贴运行机理与实施策略 [J]. 地方财政研究, 2019, (1): 83-90.

[13] Abbott, K. W. The transnational regime complex for climate change [J]. *Environment and Planning C: Government and Policy*, 2012, 30 (4): 571-590. doi: 10.2139/ssrn.1813198.

[14] Commoner, B. *Making Peace with the Planet* [M]. New York, America, 1992.

[15] Cui, Y., Khan, S. U., Deng, Y., et al. Environmental improvement value of agricultural carbon reduction and its spatiotemporal dynamic evolution: Evidence from China [J]. *Science of the Total Environment*, 2021, 754: 142170. doi: 10.1016/j.scitotenv.2020.142170.

[16] Han, B. Research on the influence of technological innovation on carbon productivity and countermeasures in China [J]. *Environmental Science and Pollution Research*, 2021, 28 (13): 16880-16894. doi: 10.1007/s11356-020-11890-x SpringerLink.

[17] Höhne, N., Den Elzen, M., Escalante, D. Regional GHG reduction targets based on effort sharing: A comparison of studies [J]. *Climate Policy*, 2014, 14 (1): 122 - 147. doi: 10.1080/14693062.2014.849452.

[18] Huang, X., Xu, X., Wang, Q., et al. Assessment of agricultural carbon emissions and their spatiotemporal changes in China, 1997 - 2016 [J]. *International Journal of Environmental Research and Public Health*, 2019, 16 (17): 3105. doi: 10.3390/ijerph16173105.

[19] Kaya, Y. Impact of Carbon Dioxide Emission on GNP Growth: Interpretation of Proposed Scenarios [R]. Paris, France, 1989.

[20] Liu, Q., Wu, S., Lei, Y., et al. Exploring spatial characteristics of city-level CO_2 emissions in China and their influencing factors from global and local perspectives [J]. *Science of the Total Environment*, 2021, 754: 142206. doi: 10.1016/j.scitotenv.2020.142206.

[21] Li, Y. L., Chen, B., Han, M. Y., et al. Tracking carbon transfers embodied in Chinese municipalities' domestic and foreign trade [J]. *Journal of Cleaner Production*, 2018, 192: 950 - 960. doi: 10.1016/j.jclepro.2018.04.230.

[22] Marques, A., Rodrigues, J., Lenzen, M., et al. Income-based environmental responsibility [J]. *Ecological Economics*, 2012, 84 (4): 57 - 65. doi: 10.1016/j.ecolecon.2012.09.010.

[23] Meng, B., Xue, J., Feng, K., et al. China's inter-regional spillover of carbon emissions and domestic supply chains [J]. *Energy Policy*, 2013, 61: 1305 - 1321. doi: 10.1016/j.enpol.2013.05.108.

[24] Savian, J. V., Schons. R. M. T., Marchi, D. E., et al. Ro-

tatinuous stocking: A grazing management innovation that has high potential to mitigate methane emissions by sheep [J]. *Journal of Cleaner Production*, 2018, 186 (10): 602 – 608. doi: 10. 1016/j. jclepro. 2018. 03. 162.

[25] Song, Z. Economic growth and carbon emissions: Estimation of a panel threshold model for the transition process in China [J]. *Journal of Cleaner Production*, 2021, 278 (3): 123773. doi: 10. 1016/j. jclepro. 2020. 123773.

[26] Uddin, N. , Taplin, R. Regional cooperation in widening energy access and mitigating climate change: Current programs and future potential [J]. *Global Environmental Change*, 2015, 35: 497 – 504. doi: 10. 1016/j. gloenvcha. 2015. 05. 006.

[27] Videras, J. Exploring spatial patterns of carbon emissions in the USA: A geographically weighted regression approach [J]. *Population and Environment*, 2014, 36 (2): 137 – 154. doi: 10. 1007/s11111 – 014 – 0211 – 6.

[28] Wang, S. , Huang, Y. , Zhou, Y. Spatial spillover effect and driving forces of carbon emission intensity at the city level in China [J]. *Journal of Geographical Sciences*, 2019, 29 (2): 231 – 252. doi: 10. 1007/s11442 – 019 – 1594 – 1.

[29] Weber, C. L. , Peters, G. P. , Guan, D. , et al. The contribution of Chinese exports to climate change [J]. *Energy Policy*, 2008, 36 (9): 3572 – 3577. doi: 10. 1016/j. enpol. 2008. 06. 009.

[30] Wiedmann, T. , Minx, J. , Barrett, J. , et al. Allocating ecological footprints to final consumption categories with input-output analysis [J]. *Ecological Economics*, 2006, 56 (1): 28 – 48. doi: 10. 1016/j. ecolecon. 2005. 05. 012.

第九章 结论和建议

第一节 结论

一 我国农业碳排放现状

从趋势来看,农业碳排放总量和强度呈现"倒挂"趋势,总量递增,强度递减;从排放结构来看,反刍动物饲养排放有所降低,秸秆燃烧排放反超反刍动物饲养,增长趋势明显,是未来碳减排的重点领域;从排放地区分布来看,碳排放总量由东向西、由北向南递减,排放强度由南向北、由东向西递增,且排放总量地区差异略微扩大,排放强度地区差异显著缩小。

30%的省区市的农业碳排放等级有所变动,中高排放等级和低排放等级的省区市增多,排放省际分布两极分化情况更为明显;大部分排放等级升高或一直处于高排放等级地区排放的长期主导因素都集中在农地利用和农业生产技术(机械)上;一直处于中等排放等级地区排放的长期主导因素集中在反刍动物饲养和两类农业生产技术上。

农业碳排放与农业经济间的脱钩关系经历了"弱脱钩—扩张负脱钩—增长连结—强脱钩—弱脱钩"的起伏,农业经济发展模式以常规型为主;随着时间的推移,各省区市经济与排放间的脱钩关系变得更为复杂多样。

二 我国农业碳减排成本

农业碳减排成本具有阶段性特征和区域差异性，全国以及各个地区的农业碳减排成本均有较明显的上升趋势，中部地区减排成本最低，而西部地区减排成本最高，分阶段、分地区实施差异化的减排成本改进措施有助于高效减排。

农业碳减排成本的经济弹性呈现"增减"波动和"正负"交替的趋势，减排模式始终在"理想模式"和"非理想模式"之间转换，但减排模式整体向好的方向变了；东部和中部地区已经向农业经济与农业排放脱钩的方向转变，农业经济进入了较为理想的发展阶段，成为标杆地区；而大量西部地区属于劣质型，农业经济的快速发展伴随快速提升的农业减排成本。

各地农业减排成本主导因素差异明显，沿海发达地区的主导因素为环境规制水平和产业结构，中部种植业集中区的主导因素为农业经济发展水平和能源结构，以畜牧业发展为优势的西北地区主导因素为农业经济发展水平和环境规制水平，西南地区的主导因素为产业结构和农业技术水平。

三 我国农业碳排放空间关联

地理距离邻近和经济距离较近的地区间会产生农业碳排放行为的相互效仿，产生"同群效应"，即一个地区的排放决策不仅会受到自身农业经济发展状况、减排潜力等因素的影响，也会受到邻近地区、农业经济发展水平相似地区排放决策的影响，从而使各区域呈现比较相似的排放行为，且地理距离近的地区间比经济距离近的地区间"同群效应"更显著。地区间通过农业技术信息溢出产生间接的减排互动,农业技术进步通过"学习效应"和"涓滴效应"在区域间扩散,中心地区通过强大的辐射力将本地技术向其他地区扩散,其他地区通过技术学习使减排效率得以提升。最终,更多地区从农业技术空间溢出中受益,但农业技术进步潜力的减排作用还未充分发挥,反而由于竞争引起了其他地区农业碳排放的增加。农业技术进步空间溢出更可能通过经济渠道产生,经济距离的缩短有利于农业技术进步的空间溢出。

农业产业集聚对农业碳排放空间溢出有显著影响,但是专业化集聚和协同集聚的影响方向不同。专业化集聚提升不仅会显著降低本地农业碳排放,还会缓解周边地区以及农业经济接近地区的碳污染;而协同集聚提升不仅会显著增加本地农业碳排放,还会使周边地区以及农业经济接近地区的碳污染更为严重。农业产业集聚程度的不同对农业碳排放空间溢出有非对称性影响,农业产业专业化集聚对农业碳排放空间溢出的影响主要发生在同类集聚程度的地区之间,而协同集聚对农业碳排放空间溢出的影响发生在高集聚地区对低集聚地区之间。不同农业产业集聚类型对区域碳排放空间溢出的影响不同,农业协同集聚对碳排放空间溢出的影响大于专业化集聚。优化发展区和保护发展区农业协同集聚度的提高会显著降低农业碳排放,而农业产业专业化集聚的提高却会加重碳污染;适度发展区的农业产业专业化集聚的提高会显著降低农业碳排放。

贸易引致的农业碳转移在我国广泛存在,省际农业碳转移交错成网,密不可分。在我国31个省区市中碳排放净调出和净调入省区市之比为1.2∶1。净调出省区市主要分布在西北牧场和种植业密集的长江中游地区，为环境贡献者；净调入省区市主要分布在人口大省和一产占比低的沿海地区，为环境受益者。省域农业碳转移效应明显，彰显了其在我国农业贸易环节中的不同地位，中介者只有河南一省，支配者和依赖者数量比约为1.3∶1，且支配性由西部向东部、内陆向沿海减弱，依赖性由西部向东部、内陆向沿海增强。各省域贸易引致的农业碳转移存在不同程度的环境效益与经济效益，17个净调出省区市均为环境贡献者，以环境影响大、经济贡献大和环境影响小、经济贡献小的地区为主；14个净调入省区市均为环境受益者，均为环境影响大、经济贡献大或环境影响小、经济贡献小的地区。环境影响小、经济贡献大的地区仅有3个，均属于净调出省区市。

农业碳排放关联网络稳定性强，区域排放溢出"等级森严"，农业碳排放关联网络块间关系数明显大于块内关系数，农业碳排放区域关联明显，整体网络密度并不太高，但网络稳定性强，且不平等程度也较高，中部地区处于支配和控制地位。中部地区处于网络核心，西部地区重要性显著提升，东部地区重要性最低，长江中游和黄河中游对农业碳排放关联网络控制力较强，声望较高，处于网络核心；西南和西北地区声望仅次于中部地区，且对整体网络的控制能力较强，两经济区的重要性有上升趋势；北部沿海和南部沿海在整体网络中比较活跃，度数中心性较高，但主要扮演依赖者角色；东北经济区相对独立；东部沿海最不重要。农业碳排放关联网络八大板块所扮演的角色和所处地位差异明显，京、津、辽代表的板块一和川、渝、藏代表的板块八为依赖者，主要体现为块间农业碳依赖关系；晋、内蒙古、冀、鲁、豫、陕代表的板块二和粤、云、桂、琼、贵代表的板块七为中介者，块间接受和发出关系均较多，对网络控制力较强，起到桥梁作用；新、青、甘、宁代表的板块四和鄂、湘、皖、赣代表的板块六为影响者，接受的关系数远大于发出的关系数；吉、黑代表的板块三为孤立者，块间接受和发出关系都较少；浙、苏、闽、沪代表的板块五也为依赖者，对其他板块有较多发出关系。空间关联、经济关联和技术关联三维关联均显著影响农业碳关联，区域空间距离、产业结构相似性、产品转移程度、跨区域农业龙头企业数量和技术水平差异性对农业碳排放区域关联的解释程度超过55%。随着区域协调发展的进一步加深，各区域空间距离将进一步缩短，经济联系将得以加强，生产要素、产品以及技术扩散的渠道更为畅通，农业碳排放区域关联也会增强。

四　区域农业协同减排策略

地区间既存在直接的减排策略互动又存在以技术溢出为代表的间接策略互动，直接互动策略以模仿策略为主，间接互动策略以推动农业减排为主。农业碳排放强度的空间滞后项在各类空间矩阵下均显著，说明一个地区的减排行为会被其他地区学习模仿，从而使区域碳排放存在空间溢出，出现"你增我增，你减我减"的态势；农业技术创新的空间滞后项在地理、技术矩阵下显著，说明区域间还存在以技术溢出为代表的间接策略互动，系数为负，表明技术溢出会给减排带来积极作用，一个区域的技术进步会使更多区域在减排中受益，从而使技术合作成为提升减排效果的重要途径。

直接和间接减排策略互动都可以通过地理、经济和技术三种渠道实现。首先，相邻地区的地理形势、资源禀赋和自然条件的相似性，使得农业碳排放强度与周边地区农业碳排放强度存在"联动效应"；产业转移、贸易往来、资本流动等经济活动方式加速了地区间的农业碳排放强度"联通互动"；以技术交流、技术扶持和技术交易为手段的知识溢出以及跨区域的技术扩散效应使得地区农业碳排放的关系越来越密切。其次，地区间的产业集聚和技术集聚加强了知识在地理上的溢出，而溢出成本又控制了溢出范围；产业转移、直接投资和技术交易等经济活动提高了技术使用率和成果转化率；而政治层面的技术交流和技术扶持活动成为地区技术合作的重要形式，人力资源的流动更是带动了"知识的流动"。

环境规制、城镇化水平和农业经济发展水平也会通过空间溢出对区域农业碳减排产生影响。首先，经济和技术渠道下，地区在加大农业环保投资、带动本地减排的同时，也会促使其他地区面临环保压力，产生"减排策略跟随"；环境规制的溢出门槛在地理距离权重矩阵下较为苛刻，尚未跨越环境规制中的门槛，从而产生间接效应。其次，城镇人口增加的规模效应造成碳排放量增长，但通过农业生产效率的上升，降低了人口增加带来的农业碳排放，导致碳排放强度随之降低。最后，中国农业以牺牲环境为代价的粗放型发展方式，转变为科学化、集约化、规模化的绿色低碳发展模式，当前地区农业经济发展水平的提升不仅会引起本地农业碳排放强度的降低，还会缓解其他地区农业的环境污染。

对农业碳减排直接互动而言，"农业经济发展水平协同""人力资本水平协同""农业产业集聚""农业技术研发能力协同"都有助于推动地区直接协同、合作减排。农业碳排放强度溢出存在"强强对话""弱弱较量"形式，又存在"强弱互补"形式。农业经济发展水平不会成为区域减排策略直接互动的障碍，各类地区间的直接策略互动均为策略模仿。在地理距离权重矩阵下，由于经济环境双重压力，低经济发展水平地区之间的竞争更为激烈；而技术势差矩阵下，低农业经济发展水平地区之间不会将对方作为农业减排策略的互动对象，"标杆效应"明显；在经济距离权重矩阵下，高经济发展水平地区间采取的是对立战略，要么选择"经济优先、环境次之"，要么选择"环境优先、经济次之"。人力资本水平的协同发展有助于地区农业碳减排直接策略的互动，但会影响减排协同的程度。模仿策略下，低人力资本水平地区间的直接策略互动最激烈；任何情况下，各地区优先向高人力资本水平地区的减排策略看齐。农业产业集聚不会成为区域直接减排策略的障碍。在地理距离权重矩阵和经济距离权重矩阵下，高农业产业集聚水平地区呈现"强强对话"的竞争形势。由于高农业产业集聚地区和高农业经济发展水平地区的高重合性，以及低农业产业集聚地区农业的高现代化程度，它们会通过交流学习形成"强弱互补"。而在技术势差矩阵下，低农业产业集聚的地区间呈现"弱弱较量"的局面。农业技术研发能力协同可为区域碳减排协同奠定基础。由于高技术研发能力的地区的集中性和低技术研发能力的地区的农业属性，地理距离越近的地区越容易产生农业减排直接策略的互动；低农业技术研发能力地区不会通过经济渠道探求其他低农业技术研发能力地区农业减排策略。在技术势差矩阵下，各地区优先向高技术研发能力地区的减排策略看齐。

对农业碳减排间接互动而言，"经济竞争效应"不会成为间接策略互动的阻碍，但"产业合作效应""知识溢出效应""产学研效应"的产生都是地区间接协同减排的条件。农业技术溢出存在"强强合作""弱弱联手"形式，也存在"助强扶弱"形式。农业经济发展水平不会成为区域减排策略间接互动的阻碍，"经济竞争效应"带动区域共享"技术减排"成果。在地理距离权重矩阵下，无论经济水平的差距多大，地理相近地区的技术合作都能促进农业碳减排，且经济发展越相似，溢出效应越明显；技术差距越大，经济与减排效应越明显；在经济距离权重矩阵下，技术的回弹效应大于技术的抑制效应，农业技术创新的空间溢出促进了周边地区排放的增加，并产生了负面影响。人力资本水平在一定程度上阻碍了区域减排策略间接互动，这是由于"马太效应"影响区域"技术减排"效果。在地理距离权重矩阵下，地区间"强强合作""弱者联手"，且"强强合作"的减排效果更明显；在技术、经济渠道下，人才总是呈现两极化集聚，最终呈现"助强扶弱"的合作减排局面。农业产业集聚会在一定程度上阻碍区域减排策略间接互动，也会通过"产业合作效应"带动区域共享"技术减排"成果。在经济渠道下农业产业集聚不是选择农业碳减排合作者的参考条件；而地理、技术渠道下，无论地区的农业产业集聚水平如何，只要合作，都有利于地区减排。农业技术研发能力也会阻碍区域减排策略间接互动，这是由于技术的排他性和门槛性对区域"技术减排"效果产生了影响。地理渠道下，通过技术帮扶等形式，"强弱互助"的现象明显，技术排他性在低农业技术研发能力的地区之间更为明显；经济渠道下，农业技术研发能力不是选择农业碳减排合作者的参考条件；技术渠道下，高农业技术研发能力地区间"强强合作"，谋求技术、生态共赢。

五 区域协同减排成效

全国农业碳减排协同度以波动态势呈现小幅上升趋势。2007~2012 年为快速增长阶段，2012~2017 年为波动上升阶段，从 2018 年开始全国减排协同度趋于平稳。全国减排协同度的区域差异较大。其中，北部沿海综合经济区、东部沿海综合经济区、黄河中游综合经济区和长江中游综合经济区的平均碳减排协同度水平较高，尤其是河北、江苏、安徽三省的减排协同度较高，分别为 0.99、1.30、1.40，可以作为其所在经济区内的学习标杆。

在全国视角下，农业碳减排协同度和减排成本之间存在显著的"U"形关系，说明随着区域合作减排的增强，减排成本逐渐下降，而到达拐点后，减排成本又逐步增加，说明各区域需要做到协同减排，但不可"一刀切"；在分区域视角下，北部沿海综合经济区、黄河中游综合经济区、大西北综合经济区的碳减排协同度与减排成本之间呈现显著的倒"U"形关系，通过对各综合经济区的农业生产和经济状况的分析,其呈现倒"U"形关系的原因各不相同,需要根据区域实际情况制定协同减排策略。

区域减排协同度的提升有利于农业碳排放收敛。近一半省区市的农业排放收敛都随协同度的提升而增强,农业朝着更为绿色低碳的方向发展,且大部分省区市位于我国西部地区,西部地域广阔,经济发展水平和技术水平都相对落后,但减排潜力较大,区域减排协同度的提高有利于激发其减排潜力。

第二节 建议

一 制定差异化的减排措施,尽可能降低农业碳减排成本

各地区农业资源禀赋及农业生产条件差异较大,东部地区应从农业生产技术提升、环境治理投资增加和能源消费结构优化这几个方面着手进行碳减排成本的控制,而中、西部地区要从农业经济发展水平的提高以及三大产业结构的优化着手减少减排成本,不能实行"一刀切"的环境治理措施,防止因各地区驱动因素的不同而导致减排成本的反弹。寻找碳减排标杆地区,充分发挥其引领作用,推动其进行资源、技术等要素溢出,起到对其他地区的引导作用;而其他地区要发挥学习和模仿效应,充分吸纳标杆地区农业生产技术和环境治理的经验,早日实现农业碳排放和农业经济发展的整体脱钩。

二 加大农业技术研发力度,增强技术减排效果

一方面,创造良好的技术研发环境,不断完善知识产

权保护制度，通过税收减免、财政补贴和金融贴息的优惠政策，鼓励企业、高校等科研主体进行技术研发，整合人才、资本、信息和技术，促进地区间优势整合互补；加速技术推广应用和产业化；另一方面，降低对石油、化石燃料的依赖，研发可再生清洁能源，鼓励农户使用清洁能源，宣传低碳环保概念，从思想层面增强农户的减排意识，积极转变农业经济增长方式，充分发挥资源优势和内在潜能，鼓励新型低碳农业产业的发展。

三　引导农业技术人才流动，发挥"知识溢出"效应

人力贯穿于技术研发、技术转移和技术吸纳的各个阶段，在农业碳减排中，不仅要发挥人力资本的"强强联合"作用，也要激发人力资本的"强弱扶持"作用。一方面，加大政府引导，通过税收优惠等政策提高低人力资本地区生产要素的收益率，通过"政策留人"方式吸引技术人才向低人力资本地区流动；另一方面，建立人才流动的长效机制，搭建事业平台，凸显地区发展潜力，通过"事业留人"方法吸引技术人才向低人力资本地区流动。

四　促进区域技术合作，实现区域协同减排

一是增强农业经济联系，为技术溢出创造条件，使农业资源能够在区域之间更好地分配，减少农业碳排放的"竞争性向上"；二是促进农业技术研发的"强强合作"，并搭建农业技术传递平台和机制来解决信息不畅、资金约束和技术应用风险等问题，发挥中心区的示范效应和周边区域的学习效应；三是技术研发能力低的地区要加大技术

密集型产业的引资力度，充分借助区域协同发展和产业融合战略，提高自身技术吸纳能力，以产业合作促进技术吸收，进而带动减排。

五 适度引导农业产业集聚，采取差异化的产业集聚手段

优化发展区应充分利用其经济体量和领先的技术水平，加大对农业协同集聚的支持；而保护发展区应充分考虑其生态屏障的作用，适度进行农业协同集聚，优先发展专业化集聚；适度发展区应吸纳高技术水平地区的经验，加强农业基础设施建设，实现农业产业专业化集聚和协同集聚双发展。

六 结合各地农业碳转移的"环境-经济"价值评价和各地在农业贸易中所处的不同角色，调整和优化农业贸易结构

环境影响小、经济贡献大的地区是全国农业经济发展的核心区域，应重点提高其农产品的核心竞争力，打造农产品特色品牌，进一步巩固其支配者地位；环境影响大、经济贡献小和环境影响大、经济贡献大的地区应重点提高农业碳生产率，并加以更多的控污约束以降低其农业碳排放水平；环境影响小、经济贡献小的地区应依托自身优势形成农业优势，并通过省际农业贸易结构的调整提高其经济贡献。

七 加强区域间经济联系，提升碳减排协同度

一方面，加强农业经济联系，扫清技术溢出障碍，减少农业碳排放的"竞争性向上"；另一方面，依托区域协同发展国家战略，鼓励低减排成本地区帮助高成本地区分担减排责任以获取经济补偿，加强八大经济区的农业经济联系，依托政策发展现代化绿色农业产业，实现"帕累托最优"。同时，推动试点工作，打造地区辐射中心，让相邻的省域通过资源共享或技术扩散，分享并传递节能减排经验，增强各区域地区间碳关联度，实现区域一体化减排战略，使减排效果最大化、减排成本最小化。

八 建立区域协同减排机制，加强区域减排合作

构建一个由基础性协同减排机制、动力性协同减排机制、保障性协同减排机制组成的协同治理机制，一方面通过资源共享、资金合作、技术扩散和产业合作等进行积极的减排行动，再通过责任分担、区域补偿和利益共享为减排行动创造良好的环境，起到一定的激励和引导作用；另一方面做到目标协同和政策协同，充分发挥区域各减排主体的能动作用，保持区域间目标内容、目标运行等各个环节之间的相互衔接，进而带动减排。

九 由于我国各地区在农业碳排放关联网络中所处地位和扮演的角色不同，制定和分配减排任务时应充分考虑区域碳依赖

贡献者板块作为重要的农业碳排放承担者和接受者，应和受益者板块、谄媚者板块建立良好的长效互动机制，通过资金投入、技术转移、资源补偿等方式，增强其农业碳减排引领地位，进而提高受益者和谄媚者跟随型减排成效；类经纪人板块作为农业碳排放的传导者和中介者，应进一步激发其"管道"作用，通过政策引导，优化与其他地区间的农业碳关联关系，充分发挥其减排传输功能；对于孤立者板块，需扩大其农业碳关联，使其密切融入农业碳排放关联网络，打造减排溢出的良好接受渠道。

第三节　研究展望

　　本书的研究主线是如何加强区域合作、建立合作机制来实现农业的高效减排，因此，从区域农业碳关联出发，探讨了碳关联的具体形式，解释了碳关联的可能原因，分析了碳关联提升的减排效应，最终落脚到区域协同减排机制的建立，着力从行政机制的角度解决农业减排中"1+1＞2"的问题。但随着我国碳交易市场的不断发展和完善，其在工业减排上已经显示出明显优势和成效，但对农业减排增汇的推动作用还未充分激发出来。自2012年国家发改委颁布《温室气体自愿减排交易管理暂行办法》，提出农林碳汇、畜牧业养殖和动物粪便管理等均可作为温室气体自愿减排项目后，农业就开启了参与碳交易的历程，但整体参与度并不高，农业节能减排仍以任务分配和行政考核为主，始终未形成农业绿色低碳发展的长效激励机制。随着我国碳交易市场由地区试点走向全国统一，其作为推动绿色发展的有效工具，重要性又一次被提到新的高度。生态环境部也于2019年明确提出鼓励和支持农业温室气体减排交易，并提出由试点循序渐进地纳入全国碳市场的政策设想。那么如果充分利用市场手段实现农业减排，市场手段和行政手段如何更好地搭配和结合是农业领域实现低碳绿色转型值得研究的问题。

后　记

本书是在我所主持的国家自然科学基金青年项目"农业碳排放区域关联及协同减排机制研究"（71704127）前期成果梳理总结的基础上形成的专著。在此，非常感谢国家自然科学基金委的大力支持。

本书由团队成员共同打造，主要分工如下：第一、第二、第六和第七章由何艳秋、周作昂、陈柔负责；第三章由王芳、朱思宇负责；第四和第五章由戴小文、王鸿春负责；第八章由唐宏、刘云强、夏顺洁、兰想负责。此外，本书在撰写过程中还得到了众多人士的悉心指导、无私帮助和倾力支持。特别感谢华中农业大学张俊飚教授、中南财经政法大学田云教授、四川农业大学曾维忠教授、傅新红教授、李冬梅教授、冉瑞平教授等给予的指导和帮助。

本书在撰写过程中，认真仔细地将相关参考文献逐一列于文后，以表达对原作者所作工作的敬意和感谢，但仍有可能有所遗漏，由此造成的不当之处，敬请原作者予以谅解。尽管我们努力将本书打造成一部精品，但由于学识水平有限，疏漏和欠缺在所难免，敬请各位读者批评指正。

项目从批准立项、中期考核、成果发表、项目结项、增删成书并出版，团队成员多次召开研讨会，对研究的思路、研究的重难点、研究的内容,以及拟发表的论文进行了多轮讨论和修改。因此,本书是集体智慧的结晶,在此也对团队成员的辛勤付出表示诚挚的感谢。

何艳秋

2022 年 5 月 6 日

图书在版编目(CIP)数据

中国农业碳减排:区域关联与协同机制/何艳秋等著.--北京:社会科学文献出版社,2023.1
ISBN 978-7-5228-0486-6

Ⅰ.①中… Ⅱ.①何… Ⅲ.①农业发展-低碳经济-研究-中国 Ⅳ.①F323

中国版本图书馆CIP数据核字(2022)第133258号

中国农业碳减排:区域关联与协同机制

著 者 / 何艳秋 等

出 版 人 / 王利民
责任编辑 / 陈凤玲
文稿编辑 / 陈丽丽
责任印制 / 王京美

出 版 / 社会科学文献出版社·经济与管理分社 (010) 59367226
 地址:北京市北三环中路甲29号院华龙大厦 邮编:100029
 网址:www.ssap.com.cn

发 行 / 社会科学文献出版社 (010) 59367028

印 装 / 三河市东方印刷有限公司

规 格 / 开本:889mm×1194mm 1/32
 印张:10.375 字数:223千字

版 次 / 2023年1月第1版 2023年1月第1次印刷

书 号 / ISBN 978-7-5228-0486-6

定 价 / 118.00元

读者服务电话:4008918866

版权所有 翻印必究